"주님, 나를 위하여 십자가를 지셨습니다.

주님 최후의 피 한방울까지도 다 쏟으셨습니다.

주님 이렇게 날 위해 죽으셨거늘

내 어찌 죽음을 무서워 하리오."

[주기철 목사의 일사각오]

He Left When the Azalez Bloomed

— The Left of the Martyred Minister, Ki Chul Choo —

by

Paul Choong Nam Kim

Grace Publishing Company
Seoul, Korea

진달래 필 때 가버린 사람

순교자 주기철 목사 생애

| 김충남 지음 |

死覺悟

본 도서는 1962년부터 준비되어
1970년에 완고된 살아있는 역사를 담은 책입니다.
저자 김충남 목사님의 뜻에 따라
옛 그대로의 문체를 최대한 유지하였습니다.

이 책을 집필케 하고
거의 완성될 무렵에
신병으로 더 협조를 못하시고
임종 이틀 전에 필자에게
유서를 남기고 세상을 떠나신
고 명신익(明信翊) 목사님을
추념하면서 이 책을 냅니다.

- 저 자 김충남 -

▲ 순교자 주기철 목사

▲ 4형제를 양육하며 주 목사를 순교의 길로 이끈 오정모 집사

▲ 4형제를 남겨둔 채 34세로 세상을 뜬 안갑수 부인

▲ 차남 영만

▲ 6.25 때 순교한 장남 주영진 전도사의 14세 때 모습

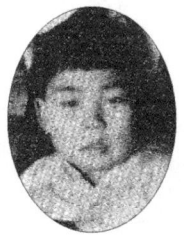

▲ 사남 광조

▲ 삼남 영해

▶ 주 목사가 세례 받은 후부터 기도드리던 처소 (O표) 〈그 곁에 수십길되는 낭떠러지가 보인다〉 (상우)

▼ 주 목사 초혼 후의 웅천 살림집 (상좌)

▼ 주 목사가 집사 피택을 받은 웅천읍 교회(O표: 고 명신익 목사, △표: 김충남 목사) (하)

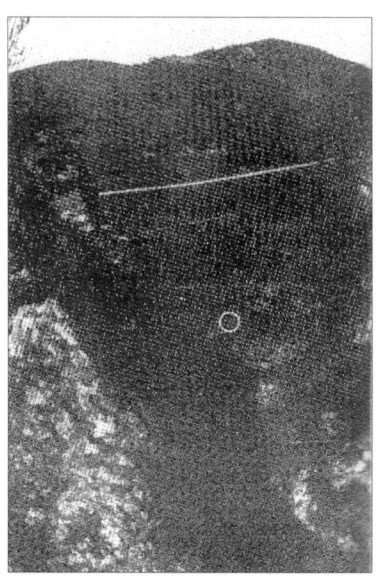

▲ 주씨 가문에서 세운 웅천개통학교 (주 목사는 이 학교에서 신동이란 말을 들었다.)

▲ 주 목사가 제19회로 졸업한 평양신학교

① 주 목사가 목회시 강대용으로 사용하던 성경

② 주 목사 집사시 교적부 내용

③ 웅천교회 교적부 표지

④ 주 목사 집사 피택이 기록된 당회록 내용

⑤ 웅천교회 당회록 표지

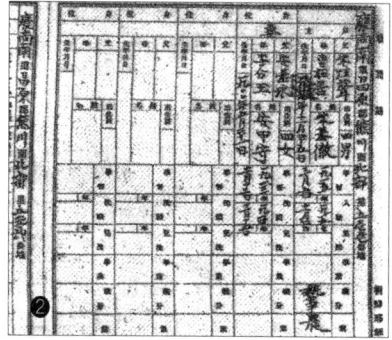
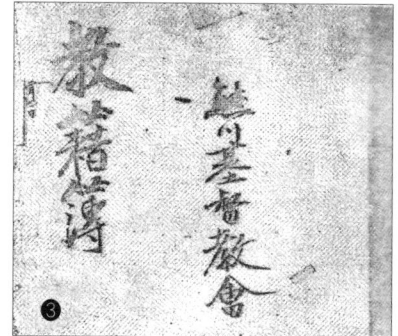
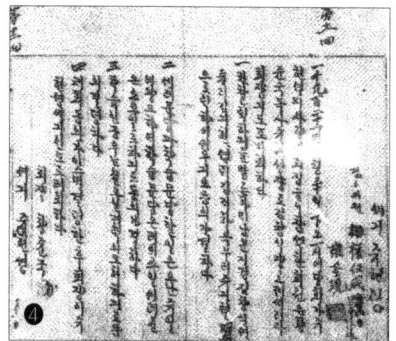

▲ 1937년도의 평양 산정현교회 제직 일동

▲ 1945년 8월 17일 평양에 있는 주 목사댁에 모인 출옥 성도들 (우로부터 서정환 전도사, 손명복 전도사, 오윤선 장로, 공홍봉 목사, 김화준 전도사, 이인재 전도사, 방계성 장로, 한상동 목사, 이기선 목사, 주남선 목사, 최덕지 선생, 조수옥 선생)

▲ 일본에 있는 한인교회 순회 강연시의 주 목사

▲ 서울 국립묘지에 세워진 주 목사 기념비

▲ 백인숙 전도사

▲ 안이숙 선생

▲ 손양원 목사　　▲ 조만식 장로　　▲ 방계성 장로

▲ 최봉석 목사　　▲ 박관준 장로　　▲ 채정민 목사

▲ 양재연 집사　　▲ 유계준 장로　　▲ 길선주 목사

순교자 주기철 목사

모두가 돌아가던 그 길을
한사코 핏자국으로 수놓아
사라지지 않는 이름을 남긴
죽음으로 믿음을 지킨 사람

사신우상 일제의 광란에도 굴하지 않고
7년간의 옥고(獄苦)
뼈마디마다 고통은 더해오고
곤욕에 시달린 멍든 핏망울
그러나 오직 한마디 일사각오

허약한 체질에 쓰러질 때마다
골고다 가시던 주님 생각에
피를 채찍질하고 살 속에 다듬는
아픔도 쓰라림도 즐거이 받아
억울하고 수치스러움도 기쁨으로 여긴
영원한 그 길로 향한 모습

15년간의 목회생활로
굳게 굳게 다져진 몸과 마음
불의와 위협에도 청청한 절개
바람이 불어와도 꺼지지 않고
물결이 몰려와도 흔들리지 않는
훨훨 타는 불꽃이여!

절벽 끝에 핀 그 꽃
주님의 품으로 가서 안긴 그 영혼
한국교회의 이름과 함께
세계교회 위에 빛날
그 이름 순교자 주기철!

노아의 방주와 같이
환난의 물결이 휩쓸고
덮어버린 이 땅
죄악의 홍수에도 기도로 오고 가는
아름다운 이야기는 살아 있고

칠흑 같은 주위의 고독 속에서
더욱 가까워지는 주님과의 대화
그 길 그 발자국을 따라간
골고다의 언덕길

패역한 세대의 저녁 노을에
무서운 독수리는 시신(屍身)을 찾아 날고
하늘도 땅도 어둠 속에 파묻힌 절망 속에
오직 신앙으로 우상을 물리쳐 승리한
선한 목자

영혼의 새벽 종을 울리는
피의 씨앗
길 잃어 허덕이는 양떼에게
사랑의 음성이 메아리 치고
메마른 심령마다 불을 놓아
신앙의 투사로 돌진케 하는

영원히 사라지지 않는 외침으로
심령 속에 파고 든 불굴의 의지

피로 물들은 새 제단 마련하고
남은 그루터기를 보여 준 그 이름
말씀의 문서에 피로 바친 일생
우리에게 좁은 문을 보여 준 발자취
그 이름 순교자 주기철!

일제가 가 버린 오늘날
다시는 우리에게 신사참배는 없는가
거짓으로 신앙을 팔아야 할
육신을 위해 영혼을 죽일
세상의 안일을 위해 천국 기업을 포기할
그런 끔찍한 일이
그런 어리석은 범죄가
다시는 우리에게 없는 것일까?

죄악이 충일한 이 땅에
순교의 피를 흘리며
진달래 필 때 가버린 사람
다시 핏빛 진달래는 피어
오늘도 우리와 함께
길이 사는가…….

| 옥중 동지 이인재 목사의 추천의 글 |

한국에 복음이 들어온 지 80여 년이 지난 오늘날, 우리 교회는 세계교회 역사상 보기 드문 비약적 발전을 가져 왔다고 자랑한다. 그러나 일단 시련이 닥쳐 왔을 때 대부분의 교회들이 풍전초개와 같이 쓰러지고 만 것은 실로 유감스러운 일이었다. 그러나 그중에서도 신앙의 지조를 지키고 순교의 피를 주의 제단에 쏟아 부은 충성된 주의 종들이 새벽 하늘의 샛별처럼 남아 있었다는 것은 불행 중 다행이라 아니할 수 없다.

일제의 식민지 탄압과 아울러 신사참배 강요로 우리 신앙인들은 일대 신앙의 시련기를 당하게 되었지마는 끝까지 그것들에 굴하지 않고 신앙의 정조를 지키다 마침내 순교의 제물이 된 고 주기철 목사의 생애를 소개한 전기 「진달래 필 때 가버린 사람, 순교자 주기철 목사 생애」가 출간되었다.

고 주기철 목사의 생애의 일부를 이미 저작 발표한 사람들이 있으나 저작자의 일방적이요, 자기 주관으로 물들여, 사실 진상과는 거리가 먼 결함도 없지 않은 듯하나 본서는 고 명신익 목사께서 사려 깊은 노력으로 김충남 목사를 지도하여 집필케 하고 사실 진상을 파악케 하였다. 그런데 명신익 목사는 이 책이 완성되기도 전에 먼저 주님 품으로 갔다. 그가 임종 이틀 전에까지 필자를 불러 '주 목사 전기' 집필을 염려하는 유서까지 남겼다는데, 실로 경하할

만하다.

  이 일에 대하여 고 명 목사의 지도 아래 어려서부터 문필 생활로 자라 이미 17세 때에 「홀로 걷는 사람」이란 전기를 쓰고 그 외에 여러 책을 계속 발표한 바 있는, 우리 교계에서 기른 김충남 목사에게 독자와 함께 만공의 사의를 표하는 바이다.

  8년간이나 걸려 자료 수집을 하고 집필에 성공을 한 이 책은 읽는 이마다 한국교회의 보배인 순교자 주기철 목사의 충성된 신앙을 배울 줄 안다. 우리도 이 귀한 순교자의 신앙을 계승하여 앞으로 어떠한 환난이 와도 넘어지지 않을 성도들이 되기를 바란다.

  교역자는 물론 일반 성도, 기독학생 및 불신자에 이르기까지 누구나 한 번씩은 꼭 읽어야 할 것이다.

1974년 3월 3일
옥중 동지 이인재 목사

| 저자 서문 |

　주님을 위해 순교한 고(故) 주기철 목사님의 전기를 집필하게 된 동기는 고(故) 명신익 목사님의 주선으로 그가 이룩해 놓은 [고 주기철 목사 전기 편찬위원회(26명으로 구성)]의 요청을 받았기 때문이다. 그런데 필자에게 본서를 집필하라고 하시고 그 후 끝내 출판을 못 하고 "충남이, 주 목사님 전기를 부탁해, 속히 속히 속히……"라는 유언을 남기시고 가신 고 명신익 목사님은 왜 이 일을 그토록 서둘렀던가?
　그는 주 목사님이 평양 감옥에 갇힐 당시 우연히 같은 감방에 수감되어 그곳에서 전도를 받고 후에 개심하여 목사가 되었기 때문이다. 명 목사님은 모든 옥중 성도들이 그러하듯이 주 목사님을 영원히 잊을 수가 없어 필자에게 이 일을 시켰던 것이다. 필자는 그의 부탁을 받고 7년 동안 주 목사님의 고향, 친척, 유족들을 찾아가 자료들을 수집하는 가운데 여러 가지 놀랍고 기이한 사실들을 발견할 수가 있었다. 그때마다 하나님의 뜻이 어디에 있는가를 생각해 보곤 했다.
　경남 웅천에 생존해 계셨던 주 목사님의 형 주기찬 장로님은 지금까지 교인들도 발견하지 못했던 주 목사님의 당시의 교적부를 찾아 주셨다. 그리고 생애 주 목사님과 가장 많은 시간을 보내신 분들 중 한 분인 주 목사님의 사촌 아우 되시는 주기용 장로님은 그 무렵 서울 오산 중고등학교 교장으로 재직 중이었다. 그런데 심한 눈병으로 미국에 가서 수술을 받고 오신 직후라 두문불출하시고 도저히 앉아서 말을 할 기력이 없어서 누워서 말씀하셨다. 그는 주 목사님과 유년시절, 학창시절에 지나온 날들을 매일 30분씩 보름 동안이나 들려주셔서 그 내용을 다 기록할 수가 있었다. 그렇게 중병이신데도 최선을 다하여 귀중한 자료의 말씀을 해 주시고, 1개월 후에 주 장로님은 세상을 떠나셨다.

또 기이한 일은 이 무렵에 주 목사님이 순교한 평양형무소에서 6년간이나 함께 수감되었던 안이숙 여사의 저서 「죽으면 죽으리라」의 원고의 편집, 교종, 필기 등을 필자가 맡게 되었다. 안 여사를 모시고 6개월 동안을 도우면서 매일같이 대화하던 중에 주 목사님은 감옥에서 병사(病死)하신 것이 아니고, 일본 간수가 공기 주사를 놓아 독살하였다는 새로운 충격적인 사실을 알게 되었다. 그 외에도 주 목사님이 순교하시기까지의 많은 자료를 주었다.

이러한 사실들을 발견한 가운데 세월은 흘러 또 한 해를 맞이했다. 이제는 더 쓸 만한 자료도 얻기가 힘들고 하여, 7년 동안 모은 자료로 1970년에 완성한 이 원고를 당시 극동석유에서 중역으로 일하는 주 목사님의 막내 아드님 주광조 장로님(현 극동방송 부사장을 역임 후 소천하셨음)의 협력을 받아 「순교자 주기철 목사의 생애」 (부제: 진달래 필 때 가버린 사람)이라는 제목으로 출판하게 되었다.

이 책이 나오기까지 물심양면으로 도와주신 고 주기철 목사 전기 편찬위원회 대표이신 당시 총회 신학대학 총장 명신홍 박사님과 편찬위원들, 주기철 목사님의 자제분들이신 주영만 선생님, 주영해 선생님, 주광조 장로님과 내용면에 협조해 주신 박형룡 박사님, 이인재 목사님, 한상동 목사님, 안용준 목사님, 채기은 목사님 그리고 원고, 자료, 연대를 수정해 주시고 오정모 사모님의 병원 기록 등 수년 동안을 도와주시고 저를 어릴 때부터 길러주시며 신학 공부 7년 동안 학비를 도와주신 고 장기려 장로님께 감사드린다.

이처럼 여러 은인들의 도움을 받아 연속적인 세월의 흐름 속에 이 책으로 인연이 된 분들이 많았다. 그 후 안이숙 여사는 저의 스폰서가 되어주셔서 많은 도움을 주셨고, 미국에 초청하여 신학과 문학을 더 배우게 하였다.

때를 같이 하여 조용기 목사님과 고 최자실 목사님이 저를 미국 산호세에 선교사로 파송하여 산호세순복음교회를 개척하게 한 후, 현재까지 40년간 한 교회에서 목회하도록 배려하여 주심을 감사드린다.

이 책이 계속 중판되어 나오기까지 함께 노력한 총회 신학대학 자활회 27명의 동문들과 자료를 계속 제공해 준 남하한 평양 산정현교회 교인이셨던 여러분들과 경남 웅천교회 당회원들과 박종구 목사님, 심재은 선생님, 명돈의 목사님, 초판에서 3판까지 출판한 기독교 교문사 한영재 장로님, 4판에서 11판까지 출판한 백합출판사 김병삼 장로님, 12판을 출판하여 많은 수고를 한 드림출판사 사장 민상기 집사님, 그리고 이번에 은혜출판사에서 초판 때 출간했던 귀중한 34장의 사진들을 다시 복원하고, 증보하여 완벽한 13판을 내놓은 장현덕 팀장님에게 독자와 함께 감사드린다.

목회자들은 물론 일반 성도들과 불신자들까지 누구나 한 번씩은 읽어서 과거 일본 제국주의가 하나님이 가장 싫어하는 계명을 범하고, 신사참배를 강요하다가 멸망 당한 것을 깨달아야 한다. 이러한 신사참배와 야스쿠니 신사 같은 우상숭배가 다시는 일어나지 않도록 주님을 위하여 순교로서 신사참배를 거부하고 물리친 고 주기철 목사님의 신앙을 본받아야 한다.

이 고귀한 순교자 고 주기철 목사님의 일사각오의 신앙을 본받으시기를 기원하며 인사를 대신한다.

2016년 3월 28일 부활절
미국 산호세에서 김충남 목사 드림

― 차례 ―

헌시 14
옥중 동지 이인재의 추천사 17
저자 서문 19

1장 유년 시대
01 천자봉 기슭의 마을 · · · · · · · · · · · · · · · · · 26
02 웅천에 심은 기독교 · · · · · · · · · · · · · · · · · 33
03 개통학교 시절 · 38
04 잠을 깨세 잠을 깨세 사천 년이 꿈속이라 · · · 43

2장 오산학교 시대
01 춘원 선생과 더불어 · · · · · · · · · · · · · · · · · 50
02 고당 조만식 선생 · · · · · · · · · · · · · · · · · · · 57
03 남강 이승훈 선생의 교훈 · · · · · · · · · · · · · 62
04 국가와 민족을 위하여 · · · · · · · · · · · · · · · 68

3장 평양신학교 시대
01 중생 · 78
02 목사로 부름 받다 · · · · · · · · · · · · · · · · · · · 85
03 동양의 예루살렘 · 92
04 어느 길을 택할까 · · · · · · · · · · · · · · · · · · · 96
05 준비 · 104
06 성신과 기도 · 115

4장 목회 시대

01 처음 일터인 초량교회로 · · · · · · · · · · · 126
02 신사참배 반대 결의안 · · · · · · · · · · · · 131
03 사랑하는 아내를 잃고 · · · · · · · · · · · · 139
04 인생의 향기 · 150
05 성전 건축 · 161

5장 순교적 신앙

01 일사각오 · 174
02 아름다운 제물이 되기 위하여 · · · · · · 184
03 주 목사와 한상동 목사 · · · · · · · · · · · · 201
04 영광스런 십자가 · · · · · · · · · · · · · · · · · 208
05 평양형무소로 모인 한국교회 · · · · · · 218
06 안이숙 선생과 손가락 회화 · · · · · · · · 228

6장 순교로 가져온 승리

01 옥중 명상 · 236
02 병사냐? 타살이냐? · · · · · · · · · · · · · · · 241
03 진달래 필 때 가버린 사람 · · · · · · · · · · 253

순교자 주기철 목사 약력　262
항일독립운동가 주기철 목사 기념관　270

진달래 필 때 가버린 사람, 순교자 주기철 목사 생애

1장

유년 시대

Chapter 01

천자봉 기슭의 마을

부산에서 진해로 연결되는 버스길이 완성된 것은 일본 정치가 막 끝나려는 1943년경이었다. 그 길가에 비석 하나가 새로 섰다.

光武隆熙年間, 嶠南敎育界 一人者
광무 융희 연간 교남 교육계에서는 오직 한 사람

여기에 오직 한 사람이란 바로 주기효란 분이다.

이분은 호상으로 부산과 서울 혹은 멀리 평안도까지도 다니면서 팔방에다 솥을 걸어놓고 사는 분이었다. 본래 성질이 대쪽같은 데다 고집이 있고 성격이 매서워서 자기 뜻대로 안되면 죽기 살기로 해 보는 성미다. 그러한 분이 개화 바람에 이 고장에다가 새로 학교를 하나 세웠으니 곧 개통학교(開通學校)인 것이다.

그 무렵엔 창원에 대도호부가 있었고, 웅천은 현감이 와 있었다. 그리고 이곳엔 지금도 임진왜란 때에 소서행장이 쌓았다는 성터가 그대로 남아 있다. 그리고 왜란이 있던 관 터도 남아 있다.

주씨(朱氏) 가문은 수십 호가 모여서 살았다. 효자와 열녀의 정문 셋이 웅천에 있는데 그게 모두가 주씨네 것이라고 한다. 주씨 가문은 효자도 내고 열녀도 내었던 것이다. 그러나 시대의 바람은 언제나 고리타분

▲ 웅천개통학교

한 양반들의 변변치 못함을 참고 있을 수만은 없게끔 만들었다. 1894, 1895년의 청일전쟁에서 청나라가 패전하므로 일본이 승전을 하더니 일본 사람들이 마산포에다가 그들의 거류지를 만들어 놓고 많이 나와서 살게 되었다. 주씨 가문은 노상 사랑방에 모여서 명나라 천자 주원장과 한 집안이라고 이야기하곤 했다. 웅천 북쪽에 우뚝 솟은 천자봉이 바로 그 주원장이 난 산이며 누군가가 그 명나라의 왕실에 가서 물어보니 그들의 선조는 "장검이서향 기선부지"(杖檢而西向 基先不知)라고 하므로 알쏭달쏭한 답변을 했다던가 하는 옛 얘기나 하면서 달콤한 꿈이나 꾸고 있을 수가 없게끔 되었다.

그때 벌써 관서 땅에는 기독교가 전파되고 있었다. 주기효 씨는 개통학교를 설립하자 이 학교를 이 지방의 학자 김창세에게 맡겨서 자제들의 교육을 부탁했다.

주씨 가문의 중심인물은 이 주기효의 삼촌이 되는 주현성이었다. 그는 아전이긴 하지만 말 잘하고 글 잘하는 사람으로 알려졌다.

그는 6남매의 아들을 두고 추수 2백 석을 하는 터여서 비교적 풍족하게 사는 편이었다. 그러다가 상처를 하게 되었다. 그래서 그 부인을 선산에 장사 지냈다. 주씨 가문의 선산은 대개가 성내리에서 서쪽으로 건너다 보이는 서중리 쪽에 있었다.

그는 아직 40전후라 한창때이며 편모 슬하에서 홀아비로 지낼 수는 없었다. 새로 장가를 들었다. 그러다가 주현성이 44세에 새로 장가를 든 조재선이란 부인한테서 아들을 하나 낳았다. 처가는 진동인데 별로 대단치는 않았으나 창녕 조씨 집안이라 양반으로 선비들의 가문이긴 했다. 주현성이 조씨 몸에서 막내아들을 얻어 이름을 기복(基福)이라고 지었는데, 이분이 바로 주기철 목사다. 몸이

▲ 주현성 장로님
부친 주현성 장로는 웅천 아전 출신으로 말과 글 실력이 뛰어났으며 엄하기도 하였다.

허약했으나 어릴 때부터 총명하고 귀염둥이였다.

　서당에 가서 한문 공부를 얼마 동안 하다가 여덟 살에 개통학교에 입학했다. 같은 반에 사촌 주기용과 두 살 위의 형인 기정이 있었고 둘째 형 기은이 윗반에 있었다.

　교장으로 있는 김창세는 늘 갓을 쓰고 두루마기를 입고 학교에 나타나곤 했다. 꽤 먼 곳에서도 책보를 끼고 학생들이 찾아왔다. 그 학교가 점점 커지면서 이규설같이 휘문의숙학교를 나온 분도 오게 되었다. 김창환같은 양반집 자제도 선생으로 왔다. 그리고 제일 기억에 남는 것은 유수성이란 체조 선생이었다. 그는 얼굴만 봐도 장사같이 생긴 분이었다. 이분은 통영의 통제영에 있던 한말의 해군 출신이라고 하는데 구령을 하는 소리가 너무 크기 때문에 안골이나 가덕까지도 잘 들릴 만했다고 한다.

　몸은 허약한 편이지만 기복(기철)은 학교 공부를 월등하게 잘 하기 때문에 여러 선생들에게 귀염을 받을 만했다.

이렇게 7남매의 아버지가 된 주현성은 나이가 들수록 더욱 아이들의 장래를 깊이 염려하고 위하는 마음이 간절했던 모양이었다. 기복이 열 살 때는 벌써 큰 아들 기원은 35세의 대장부가 되어 있었다. 그는 자기 눈으로 군수나 현(縣 監)들이 시골 부자들의 재산을 빼앗아 먹는 것을 안타깝게 보면서 지내온 만큼 부자가 될 생각이 없었다. 부명, 그것은 주현성이 가장 꺼리는 것이었다.

"사람은 그저 먹고 살 만한 토지나 있으면 되느니라." 늘 이렇게 얘기를 했다. 부명이 한 번 나면 아무 죄도 없이 관청에 끌려가서 매를 맞게 되고 재산이 바닥날 때까지 옥에나 들락날락하게 되니 그놈의 부자도 될 것 못된다고 판단을 내렸던 것이다. 이렇게 부자를 괴롭히는 것은 관청만이 아니었다. 도적들이 부자의 묘를 파고는 고인의 두골을 꺼내갔다. 그리고는 '돈 얼마를 내 놔라, 그러면 두골을 돌려주마' 하고 요구하는 것이었다. 그렇게 되어 돈을 주고 두골을 되찾아 봤자 그게 이만저만한 욕이 아닌 것이다. 주현성은 그러한 것을 자기 눈으로 목격했다.

천자봉 기슭에는 밤나무 밭이 있었고 마을에는 집집마다 감나무가 있었다. 그 광천 냇물은 맑고 깨끗해서 은어가 잡혔다.

가을이 되면 소작인들이 볏짐을 지고 밀려들었다. 큰 부자는 아니지만 꽤 큰 광이 있었다. 기복은 그러한 것을 보면서 자라났다. 천성이 얌전하고 맵시 있게 춤도 잘 추었지만 몸이 허약하여 집안에서 주로 놀았다. 또한 무엇이든 예사로 보지를 않았다. 두 살 위의 기정 형의 어머니가 죽고 없다는 사실도 곧 알게 되었다. 그럴 때에 기복은 자신의 친어머니가 있다는 사실이 매우 다행스러운 일이라고 생각했다. 8월 추석에 형들을 따라 형들 어머니 묘에 성묘를 갈 때도 자기는 어머니가 살아 계신다는 사실 때문에 형들에게 미안한 생각이 들었다.

밤이면 기복은 어머니 곁보다 형들 방에서 같이 자는 게 형들에게 예의인 줄 알았다. 왜 같이 자지 않느냐는 어머니의 물음에는 아무 말도 안 했다. 그러나 어린 맘에도 그 이유를 입 밖에 내어 설명한다는 자체가 무서운 것처럼 생각이 되었다. 아버지와 어머니 이렇게 양쪽이 다 있는 아이는 나뿐이란 생각도 들었다.

▲ 주기철 목사 출생 생가

위로 누나가 여럿 있었다. 이따금 시집에서 친정에 올 때가 있었다. 조카들도 많았다. 제일 큰 조카는 이름이 국영인데 네 살 아래였다.

아버지 주현성은 그당시 무슨 책을 쓰고 있었다. 그 책의 제목을 「청야종인(淸夜鐘引)」이라고 붙일 생각이었다. 그는 자기가 죽고 난 후를 생각하고 있었다. 어머니를 잃은 아이들을 생각할 때 그는 기은이와 기정이가 불쌍하게만 여겨졌던 것이다. 벌써 그는 50세를 훨씬 넘은 노인이 되어 가고 있었다. 그는 독서를 몹시 즐겨했다. 그럴 때마다 그는 자기의 선조들의 행적을 생각해 보곤 했다. 그는 양반들이 날뛰는 꼴을 아니꼽게 생각했지만 공맹지도(孔孟之道)[1]는 마음속 깊이 존중하고 있었다.

성현들이 남겨 놓은 말을 정성을 들여서 적어 모으기 시작하고 있었다. 일본이 청나라와 러시아를 쳐부수는 것을 보면서 마음속 깊이 까닭 모를 초조함 같은 것도 느끼는 것이었다. 막내 기복이가 바닷가에 가서 러시아 군함이 침몰되면서 러시아 해군의 시체가 밀려 온 걸 보고 와서 하던 얘기를 생각하고 있었다.

"아부지."

"응."

---

1. 공맹지도(孔孟之道) : 공자와 맹자가 주장하는 인의의 도덕

"멀끄딩이(머리털) 노오란 사람 송장하고 러시아 사람 물건이 바닷가에 밀려 왔습니더."

"응."

"전쟁이 인자 끝났습니꺼?"

"곧 끝난다."

"일본이 이깁니꺼, 러시아가 이깁니꺼?"

"일본이 이기지."

힘이 있어야 사는 세상인 줄을 느끼면서도 도덕이 없어서는 안 된다고 생각하는 주현성이었다. 을사보호조약이 되면서 온 나라가 발칵 뒤집혔다. 세상은 많이 달라져 가고 있었다. 곧 서울에는 일본의 통감부가 들어앉게 되고 딴 나라의 공사들은 다 한국 땅에서 물러가고 말았다. 그는 조카 주기효가 세운 학교와 조카가 떠들어대는 얘기를 생각해 보고 있었다. 부산, 대구에 외국인들이 와서 많은 학교를 세우는 모양이지만 학교를 세우는 일에 있어서는 경상도의 양반들이 뒤떨어지고 있다는 것도 사실이었다.

"평안도에서는 학교를 세우고 모두 야단입니다. 이대로 나가면 서양 사람들한테 먹힙니다. 경상도만 깜깜하지 타도에서는 야단입니다."

"허위나 신돌석도 꽤 날뛰는 모양이군."

"무력으로는 도저히 일본을 당해내지 못합니다."

그는 이따금 학교에서 들리는 창가 소리를 들으면서 신식교육이 전과는 많이 다르다는 사실을 깨닫게 되었다.

그의 아버지는 주경우고 그의 외가는 김씨였다. 모두 재간이 있고 덕망이 있었다. 그러나 모두가 천자 주원장의 전설에다 꿈같은 한을 안고는 저 세상으로 떠나가고 말았다. 그는 인간이 속절없이 죽는다는 사실을 자기 아내 이씨가 죽는 것을 보면서 절실하게 느낀 바가 있었다. 그래서 「청야종인(清夜鐘引)」의

전반은 성현의 말을 적고 후반에는 「유제자서(遺諸子書)」란 것을 만들어서 7남매나 되는 아이들에게 유언 삼아 하고 싶은 얘기를 적어 두기로 했다.

봄이 되면 이 산 저 산에 진달래꽃이 아름답게 피었다. 그럴 때마다 봄 풀은 해마다 푸르되 한번 간 사람은 다시 돌아오지 않는다는 사실을 실감했다.

Chapter 02

웅천에 심은 기독교

그 당시에 웅동면에 김이라고 하는 분이 살고 있었다. 그런데 어느 날 주기효의 친구 천도교인 김이 별안간 바다에서 자살했다는 것이었다. 그 김은 며느리와 손자 하나와 그렇게 세 식구가 살았다고 한다. 그런데 그 며느리와 좀 다투고 나서 자살을 각오했던 모양이었다. 바닷가 절벽 위에 올라간 이 중늙은이는 칡넝쿨을 걷어서 큰 돌을 자기 몸에 결박해 물에 뛰어 들었던 것이라 한다. 시체에 칡넝쿨이 엉켜 있더라는 것이었다.

이 얘기가 주현성에게는 예사 얘기같이 들리지 않았다. 남의 나라를 빼앗고 빼앗긴다고 세상이 시끄러워지는 데도 질색이지만 나라 안에서 관리가 백성의 재물을 뺏는 것도 야단이었다. 이 세상은 그야말로 도적의 소굴같이 생각되었다.

'가난하면서도 아첨하지 아니하고 부자가 돼도 교만하지 않아야 된다' 란 말과 같이 안빈낙도(安貧樂道)를 생각을 해 보는 것이다. 그러나 너무 구차한 것도 좋지는 않다고 그는 생각하고 있었다. 그는 불교 신자는 아니었지만 적선지가 필유여경(積善之家 必有餘慶)[3]이란 말을 기억하고 있었다.

어느 해던가 몹시 흉년이 든 해가 있었다. 한발로 모포기 하나 꽂지 못하고 가을을 맞이한 해였다. 백성들은 여기저기서 굶어 죽는 판이었다. 그러한 해에 주현성은 광문을 열고 양곡을 대여한 일이 있었다. 그랬더니 양식을 갖다 먹은 사람이 모두 논문서를 가져왔다.

"가져가시오. 내년에 갚아 주시오."

"살려 주는 것만도 고마운데 그럴 수가 없지 않습니까?"

하면서 굳이 논문서를 주고 가더니 그다음 해부터 어디 있는 논인지도 모르는 전답에서 소작료가 꾸역꾸역 들어와서 당황한 일도 있었다. 도리어 모여서 걱정이 되는 재물이 따라 다녔다. 그렇다고 해서 돈을 함부로 낭비하는 일도 없었다.

기복은 늘 끝 형님과 한방에서 잤다. 제일 큰형은 장가를 들어서 딴 방에서 잤다. '엄마하고 안방에서 자는 얘가 다 남자 아이인가?' 기복은 속으로 그렇게 생각했다. 그리고 '그는 자기 형들의 어머니가 죽어서 얼마나 슬퍼할까' 하고 속으로는 울고 있었다. 또 한편으로는 자기 자신에게는 친형과 누나와 동생이 없어서 고독하다는 생각도 했다. 제일 큰형이 "기복아" 할 때와 "기정아" 이렇게 부를 때는 무엇인가 다르다고 생각했다. 그러나 이러한 것은 인간의 힘으로는 어쩔 수 없는 일이었다. 둘째 형이나 셋째 형과 놀러 다니기도 했다. 남산에 있는 왜성을 구경하기도 하고 왜성 위에서 새파란 바다에 일본인들의 군함이 새까맣게 산더미처럼 떠서 연기를 토하며 뭉그적 뭉그적 일본 쪽으로 사라져 가는 것을 보기도 했다.

"대포 한 방 쏘면 저런 것 다 없어지겠지?"

---

2. 안빈낙도(安貧樂道) : 구차하고 궁색하면서도 그것에 구속되지 않고 평안하게 즐기는 마음으로 살아감. 가난에 구애 받지 않고 도를 즐김
3. 적선지가 필유여경(積善之家 必有餘慶) : 착한 일을 한 집안에는 반드시 경복이 남아 있다.

기복은 대포와 군함에 대해서도 생각해 보곤 했다. 향교의 도유사를 한다는 향교의 제사를 지낼 때는 떡을 굉장히 많이 했다. 이때는 짚신을 신고 다니는 아이들이 많았다. 학교의 선생님은 말총모자를 쓴 분도 있었다. 기복은 눈으로 보는 것은 곧 배워버렸다. 어디서 춤추는 것을 봤는지 멋들어지게 춤을 추어서 어른들을 놀라게 했다. 기복은 자기 집이 부잣집이긴 하지만 대단한 양반은 아니란 사실도 곧 알게 되었다. 인간을 차별한다는 유교가 좋지 않다는 생각도 이때부터 하게 되었다.

기복이 열 살이 되었다. 기복의 집에 아버지 밑에서 서사 노릇을 하는 분 중 김상우란 사람이 있었다. 이분은 친구들과 바둑 두기를 좋아했다. 이따금 기복의 아버지 현성과 둘 때도 있었다. 그러면 기복은 바둑 놓는 것을 옆에서 보고 있다가 몇 번인가 어떻게 되면 이기는 것인가 물어 봤다. 그때마다 김상우는 자세하게 가르쳐 주었다. 그랬더니 기복은 어른들이 바둑을 두는 것도 열심히 보곤 하였다.

개통학교는 여러 가지 방면으로 다른 학교의 모범이 되었다. 사람들은 모이기만 하면 주기효를 칭찬했다. 학교를 지을 때는 학교 생도들과 선생 교장 할 것 없이 개울에 가서 돌을 주워다 나르고 톱이나 망치를 들고 손수 일을 했다.

"오늘 공부는 이것으로 끝낸다. 모두 광천 내에 가서 돌을 날라온다. 알았나? 우향 우, 앞으로 갓!"

소리를 지르면 학생들은 모두 유 선생의 목소리가 큰 데 놀라는 것이었다. 기복이는 모양이 예쁘고 반듯한 돌을 들고 많은 학생 가운데서 땀을 흘리면서 학교 울타리의 담장을 쌓는 일도 했다. 화단에는 여러 가지 꽃을 심었다. 무궁화도 심었다. 오산학교를 설립한 남강 이승훈과 비길 만한 인물이야 못 되지만 주기효에게도 그만한 자부심만은 가지고 있었다.

관서에는 오산학교, 교남에는 개통학교란 기개만은 가지고 있었다. 썩어 빠진 양반사회에서는 발견할 수 없는 진취적인 민족정신을 길러 내겠다는 생명의 피가 끓고 있었다. 김창환 같은 역사 선생은 남산 왜성이나 관 터에 소풍을 가서 옛날 얘기를 들려주었다.

"일본 놈들은 우리 동포의 젊은이나 늙은이나 많은 사람을 저희 나라로 끌고 가서 종놈으로 부려먹었어. 너희들도 분하다고 생각하지?"

"네."

"지금도 그들은 우리나라를 빼앗으려고 노리고 있는 거야."

기복은 왜성 이쪽저쪽에 피어 있는 진달래꽃을 보고 있었다. 활촉을 주웠다고 떠들어대는 아이도 있었다. 유수성 선생도 바라보고 있었다. 기복은 이토록 평화로운 세계가 인간들의 도둑심리와는 맞지 않는다고 생각했다.

"부산의 영도, 통영, 삼천포, 포항, 감포 등지에 일본의 어민들을 불러내어 바다의 고기까지 일본인들이 다 잡아먹게 한다는 거야. 이순신 장군이 이걸 알면 통곡하지. 그뿐인가? 우리나라의 금은도 다 캐어간대."

기복이도 유 선생이 통제영에 있다가 이 학교로 오게 된 얘기를 하면서 우는 것을 보고 가슴이 들먹거리는 것을 느낀 일이 있었다. 기복은 유 선생이 마음 든든한 영웅같이 보였다. 꽃을 꺾어 들고 있는 기복을 보고 유 선생이 물어보았다.

"기복이는 꽃을 좋아하나?"

"예."

"나라는 죽어도 봄이 오면 꽃만은 저 혼자 핀다."

유 선생은 그렇게 말했다. 기복은 성내에 있는 학교로 되돌아가면서 일본을 쳐부셔야 한다고 생각했다. 까닭도 없이 어떤 불안을 느꼈다. 일본 군함이고 노국 군함의 대포 소리는 계속 들려 왔다. 그 포 소리는 일본 군함이 포 쏘는 연습을 하느라 계속되고 있는 것이었다. 대포를 얼마나 쐈던지 진해 앞바다가 그 연기로 구름이라도 덮어 버린 것 같이 보였다는 것이다. 기복은 사람이 사람에게 총질을 하여 마구 죽인다는 사실이 무시무시했다. 또 틀려먹은 일이라 생각했다.

학교생활도 그럭저럭 1년이 지났다. 1학년에서도 제일 작은 기복이지만 성적은 월등하게 우수했기 때문에 온 학교의 얘깃거리가 되었다. 상급학생들이 서로 다투어 업어 주고 안아 주고 귀염둥이로 어린아이로만 알고 있던 기복이가 일등을 하니까 모두 크게 놀랐다. 기복은 자기가 모든 점에서 제일 못한 줄만 알고 있었는데 스스로도 놀랐다. 학교에서 새 학기가 되어 새 교과서를 받았다.

이해에 러일전쟁이 끝났다. 일본이 크게 이겼다. 이때에 경부선 철도가 개통되었다. 개통학교를 설립한 주기효는 곰개에서 배를 타고 부산으로 가서 부산서는 기차를 타고 서울로 간다는 것이었다.

나뭇잎이 피어나기 시작했다. 살구꽃이 아름답게 피었다. 상급반 아이들은 모이기만 하면 윤강회를 한다면서 우리나라가 어떻게 해야 한다고 떠들어대는 것이었다.

"발전해서 사느냐, 퇴보하고 죽느냐, 이 두 길밖에는 없습니다."

기복은 가끔 안질이 있어서 고통을 받으면서도 지수왕, 배운환 등과 어울려서 공부도 하고 놀기도 했다. 사촌형이지만 같은 나이인 주기용과도 잘 지냈다. 학교 성적은 기용이 기복이 다음으로 잘했다. 기복은 저희 형 기정의 어머니가 죽고 없다는 사실을 늘 염두에 두고 불쌍하다고 생각하며 또 어린 마음에 미안하게 생각했다. 그런 관계로 되도록 이 형과 한방에서 자기도 했다.

Chapter 03

개통학교
시절

큰 형수의 성은 황씨였다. 조카도 잇달아 낳았다. 네 살 아래인 국영은 항상 따라다니기도 했다. 큰형 기원은 돌아다니다가 기독교의 전도를 듣고 왔다. 그러나 완고한 아버지를 어떻게 설득시키느냐가 걱정거리였다. 기원은 기효에게도 의논을 했다. 한번 믿음의 마음이 생긴 기원은 자꾸만 예수를 믿는 쪽으로 마음이 기울어지는 것이었다. 그리고 성경책을 사와서 부지런히 읽기 시작했다. 그리고는 가족들이 모인 자리에서 장남이기도 하니 하나님의 뜻대로 안 하면 벌을 받는다는 얘기를 한마디씩 하였다. 그렇게 되면 그의 아버지 현성도 언제나 큰 아들의 말이라면 타당하게 생각하는 것이었다.

여기 웅천이란 곳은 묘한 곳이었다. 웅천읍 성내리에서 보면 바다를 가리운 산이 있다. 이것이 남산인데 이곳에 성이 있다. 임진왜란 때에 왜군은 웅천을 점령하고 남산에 성을 쌓았던 것이다. 성은 외성과 내성으로 겹으로 돼 있었다. 여기 와 있던 왜장 소서행장이 천주교를 믿었기 때문에 이 진중에 외국인 신부가 있었다는 것이다.

그런데 이 외국인 신부는 진중에서만 전도를 하다가 근방의 민간인에게도 차츰 하나님의 말씀을 전했다고 한다. 그때 뿌린 복음의 씨앗을 왜군이 물러감과 동시에 이럭저럭 소멸해 버린 듯했다. 이렇게 과거에 눈앞에까지 예수의 도가 왔다가 갔다는 얘기를 생각하면 기독교가 무척 가깝게도 생각이 되는 것이다.

소서행장은 남산에다 성을 쌓아 놓고는 한국 사람을 7천 명이나 끌어다가 일을 시켰다. 그의 진중에는 포르투갈 사람 세스페데쓰란 신부가 있었다고 한다. 그리고 또 한 분 조선 사람으로 권 빈센트란 분은 일본서 신학교를 졸업하고 조국에 전도하러 오던 중 입국이 허락되지 않아 일본 장기에 머물러 있다가 거기서 순교했으며, 덕천막부에 여관으로 등용됐던 율리아도 여러 가지 유혹을 물리치고 순교했다고 한다. 남해 대흥사에 보물로 금십자가와 서산대사의 보석 염주 등이 보물로 전해 내려왔다는데 이것이 소서행장 당시의 왜란을 전후로 하여 일본서 건너 온 것이 아닌가 한다. 이러한 여러 얘기를 들을 때마다 기원은 자기 사촌이 학교를 세웠으니 자기도 무엇인가 이 지방의 민족주의 정신의 중심인물이 되어야겠다고 생각했다. 주기효와 주기원 등은 썩어빠진 영남 유림의 송장 곁에 오직 하나의 새 생명체인 개통학교가 자라나기 시작한다고 자부하고 있었다.

일본도 서양문명을 받아 가지고 청일전쟁과 러일전쟁에 승전했다. 갑오년 이후로 점차 싹트기 시작한 시대성이 뚜렷하게 나타나는 서양문명과 기독교를 바라보면서 기원은 천도교가 내뿜고 있는 곰팡내를 이미 맡고 있었다. 서울에 배재학당이 설립된 것은 1886년이었다. 또 같은 해에 세브란스 의전이 설립되었고, 1980년에는 신약성경이 번역 출판되고 있었다. 1896년 4월에는 독립신문이 창간되었으며, 1900년에는 연희전문학교가 창립되었다. 그러나 당시 웅천읍 장에서는 바다를 건너서 신기한 일본제 잡화가 밀려들었다. 이것들이 편리하니까 날개가 돋친 듯이 팔렸다. 가정에서 무명이나 삼으로 짜내는 삼베나 무명베 대신에 일본제 광목이 물밀 듯 들어왔다. 한국 정부에서 만들어 낸 백동전과 엽전은 맥을 못 추고 일본인들의 동전이 판을 치는 시대가 되었다. 막대한 한국의 금이 일본으로 흘러 들어간다는 말이 났다.

1907년 헤이그 밀사 사건으로 고종 황제는 왕위를 황태자에게 물려주게 되었다. 이것을 반대하다가 박영효는 제주도로 유배가게 되었다.

그때 마산에 장지연이 있었는데 '시일야방성대곡(是日也放聲大哭)'이란 논설을 써서 명성이 높아진 사람이었다. 이따금 마산에 드나드는 관계로 장지연 선생을 만나보고 오는 사람도 있었다.

이 무렵 개통학교에서는 윤강회라는 것을 꾸며 시사문제에 대한 연설을 시켰기 때문에 모두 시대의 변천에 대해서 비교적 민감했다. 학교 교장 격인 김창제는 마산서 장지연을 만나고 와서 우리 청소년 학생들의 나갈 길에 대해서 유익한 얘기를 했다.

서양 학자가 말하기를 지리학이 일어나지 아니하면 애국심이 발생하지 아니한다. 예전에 프랑스가 프러시아에 패했을 때 2주를 잃으니 지도상에 특히 일색을 더하여 나라 안의 학생을 가르치는, 발연히 부끄러운 마음을 일으켜 보복을 계획하게 되어 프러시아 쪽에서도 이것을 알고 크게 두려워하였다고 얘기를 하는 것이었다.

기복은 무슨 일에나 흥미를 가지고 알고자 했다. 그리고 우리나라가 잘 돼야 할 것을 늘 마음속으로 원했다. 이럭저럭 하는 동안에 기복은 개통학교 3학년이 되었다. 나이도 열한 살이 되었다. 어느 날 아버지의 서사 김상우와 그의 친구가 바둑을 두고 있는 것을 보고 기복이 훈수를 했다.

"애들이 뭘 안다고 야단이야?"

이렇게 말했지만 사실 알고 보니 그게 용한 수라, 김상우와 그 친구가 놀랐다. 그래 김상우와 어린 기복이 바둑을 한판 두게 되었다. 두다보니 김상우가 판판이 지고 만다.

"언제 배웠노?"

"옆에 보고 있으면 알지. 배우긴 그런 걸 누구한테 배워."

이렇게 하여 기복이 신동이란 이름이 났다. 바둑만이 아니었다. 윤강회에 나가서는 제법 연설을 조리있게 했다. 그해 겨울이었다. 개통학교에서는 얼마 후에 순종 황제가 마산까지 행행을 하신다고 인근 학교가 마중을 나가기 위해서 단체훈련을 하느라고 매일같이 유 선생이 아이들을 운동장에 정렬을 시켜 놓고 "우향 우" "좌향 좌"로 구령을 걸고 있었다. 겨울이라 찬바람이 몰아쳐서 꽤 추웠다.

"이까짓 추위가 뭐냐?"

유 선생은 학생들에게 기운을 내라고 야단을 쳤다.

순종 황제가 오는 날은 마산 천지가 인산인해를 이루었다. 하얀 두루마기와 새까만 갓을 쓴 사람이 구름떼같이 모여 들었다. 그 많은 사람이 5적, 7적을 보고는 이를 갈아 붙였다. 그러나 우리 임금님을 보고는 우는 선비들도 있었다. 황제와 대신들은 양복을 입고 있었다.

교장과 체조 선생이 인솔하는 대로 개통학교 학생들도 운동장에 서서 황제가 나타나는 것을 기다리고 있었다. 그렇게 많이 모인 선생들 가운데서도 유 선생의 구령 소리가 제일 우렁찼다. 누구 말로는 일본 군대와 일본군 사령관 장곡천호도도 있다는 것이었다. 어디서 왔는지 옛날식 관복을 차려 입은 시골 선비들이 황제에게 인사를 드리러 가는 것을 기복은 좀 지루하게 보고 있었다. 새 세대와 낡은 세대가 교체되고 있는데, 새 세대에는 힘이 있고 낡은 세대에는 힘이 없다고 판단되었다. 기복은 마산 가서 임금님을 뵙고 와서 가슴이 뭉클해졌다. 초등과 4년의 과정을 졸업했다. 곧 계속해서 고등과에 진학했다.

이 무렵에 천도교가 왕성한 때라 천도교를 믿는 선생들이 이따금 천도교에 대한 얘기를 했다. 기독교는 서학인데 우리는 동학으로 서양 사상을 막아야 한다고 말하는 것이었다. 그러나 개화를 해야 한다는 사조와 함께 기독교도 믿어야 한다는 선생이 많았다. 서울에 있는 학교가 거의 다 기독교 학교인 관계도 있었다.

동학 사상이 양반 상놈의 계급을 타파하는 것은 좋지마는 서양 사상을 막으면 나라의 문명이 뒤떨어질 것 같이 생각되었다. 천도교에서 말하는 하나님과 기독교에서 말하는 하나님이 다르다는 것을 기복은 느꼈다.

학교 공부를 하면서 한편으로는 한문 공부도 했다. 읽어보면 읽어 볼수록 한문 공부도 재미날 때가 있었다. 서울서 오는 「소년」이라는 잡지를 읽기도 했다. 이때는 벌써 맏형 기원이 예수를 믿기로 단단히 결심하고 있었다. 그는 할 수만 있다면 웅천읍에다 교회를 세울 생각이었다. 담배도, 술도 입에 대지 않았다.

제사 때도 빠지기 때문에 아버지와 옥신각신 시비가 생기는 것이었다. 그러다가 어떻게 부자간이 다 믿기로 작정이 된 모양이었다. 그러나 기복의 조모 김씨가 그때 70노인으로 생존해 계셨기 때문에 어머니가 세상을 떠나기까지만 연기하기로 한 모양이었다.

기복은 민족주의 정신을 조금씩 파고 들어갔다. 동학의 교리를 배우고 유교를 공부하면서 넓은 의미의 하늘이란 개념에 익어가고 있었다. 기복 역시 주씨 가문이 명나라 천자와 한 집안이 되어 자기 집이 정승 판서의 집안이 되어 호사를 하면서 지냈으면 좋겠다고 생각한 적도 있었다.

Chapter 04

잠을 깨세 잠을 깨세
사천 년이 꿈속이라

1908년 기복이 열두 살 되던 해는 도처에서 의병과 수비대 사이에 싸움이 벌어졌다. 총칼을 든 일본 수비대와 몽둥이를 든 의병과의 싸움으로 죽는 것은 우리 동포들이었다. 기복은 어디서 누구누구가 의병으로 나가 싸우다가 죽었단 말을 듣고 분통이 터져서 울기도 했다. 이때 벌써 조정은 일본 정부에게 많은 빚을 지고 나라가 일본으로 넘어갈 것이라는 소문이 나고 있었다. 보호조약 당시의 군부대신인 이근택(李根澤)⁴⁾이란 자는 집이 장교다리 근처에 있었는데 이근택의 밥상에는 일본 음식이 떨어질 날이 없었다. 일본식 생선회가 없으면 술을 마실 줄 몰랐고, 나마가시를 들고 다니는 아이들을 보고 근처의 가난뱅이 아이들이 침을 흘렸다고 한다. 이러한 소문을 듣고 개통학교 학생들까지 모두 흥분했다. 이게 모두 썩은 양반과 유교의 죗값이라 인식하게 되었다.

이따금 역사 선생인 김창환은 아이들을 데리고 삼포의 하나인 제포가 있던

---

4. 이근택 : 을사오적(乙巳五賊) 중의 한 사람이다. 일본으로부터 국권침탈의 공으로 자작(子爵) 작위를 받고, 조선총독부 중추원 고문이 되었다.

자리에 가서도 옛날 얘기를 했다. 삼포의 왜란이 일어날 때까지는 여기 제포의 여러 군데 여관에서 일본과 무역을 했다는 것이다. 일본인들이 열두 대 이상 가는 모시를 사고 싶어했지만 팔지 않았다는 얘기도 했다. 왜란이 있던 자리에는 성곽이 있었고 그 성 안에서만 감독관 입회하에 일본인과 거래를 했다고 한다. 인삼으로 돈을 상당히 번 사람도 있었다.

기복은 푸른 바다를 바라보며 가만히 한숨을 내어 쉰다. 바로 그때 누군가가 "군함이다"하고 소리를 쳤다. 과연 푸른 바다 저쪽에 군함이 한 척 연기를 날리면서 진해 쪽으로 가는 것이 보였다. 새 시대는 다가오고 있었다.

"공부를 열심히 해야 한다."

김 선생의 목소리는 울음소리로 변해버린다. 장터에 가 보면 일본서 온 연필과 지우개와 그림 그리는 물감 같은 것도 와 있었다. 공책도 모두가 일본서 만든 것이었다.

1909년에 이토 히로부미(이등박문)[5]이 안중근의 총을 맞고 죽었다는 소문이 퍼졌다. 모두 나라의 원수를 갚았다고 기뻐했다. 그 이토 히로부미(이등박문)을 죽인 안중근이 천주교 신자란 얘기도 함께 퍼졌다.

기복이 개통학교 고등과를 졸업한 해 8월에 일본은 기어이 우리 땅을 집어먹고 말았다. 사촌형 기효나 친형 기원이나 기정이나 지수왕, 배운환 등과 모여서 크게 통곡했다. 어떻게든지 일본인들을 무찌르고 이겨내야만 한다고 결심을 했다.

그때 맏형 기원이, 여기 웅천에다 처음으로 교회를 세웠다. 기복은 이 교회에 잘 다녀서 소년 목사란 칭호를 들을 만큼 되었다. 개통학교 시대에 윤강회에서 언제나 조리있는 연설을 잘한 신동인 그는 설교도 곧잘 했다. 그러나 그

---

5. 이토 히로부미(이등박문) : 일본의 원로 정치이자 총리로 메이지 헌법의 초안을 마련, 안중근에게 저격당하여 사망하였다.

주변에는 비분강개⁶⁾한 청년들이 늘 술을 마시고 떠들고 야단치며 다녔다.

'나라가 망했는데 교회고 뭐고 살림이고 학문이고 무슨 소용이냐'는 것이었다. 기복은 그들의 말 이면에 숨어 있는 병이 무엇인지를 알았다. 그들은 덮어놓고 먹고 마시고 하는 것이었다. 먹고 마시고 호강이나 하려는 이근택의 정신 상태와 오십보 백보의 심리란 생각을 할 때 정말 우울해지는 것이었다. 그러나 기복도 마지못해 그들과 한 자리에 앉을 경우도 있었다.

"우리들이 이럴게 아니라 우리부터 정신을 차려야 한단 말이야."

그는 충심으로 그렇게 감정을 토로하고 있었다.

"걱정도 팔자네."

"성경에는 일하지 않는 자는 먹지도 말라는 말이 있어."

기복은 그렇게 말하면서 좌중을 한 번 휘둘러본다. 거기 배운환은 없었다. 배운환은 1898년 2월생으로 기복보다 한 살 아래였다. 운환의 어머니 정씨는 젖이 많이 나오고 기복의 어머니는 젖이 나오지 않았기 때문에 기복은 운환이 먹을 젖을 나눠 먹고 자랐다. 주일학교도 같이 다니고 학교도 같은 학교에 다니고 의좋게 잘 지내기도 했다. 기복은 문을 박차고 나오면서 그들이 불쌍하다는 생각을 했다.

'내가 가야 할 길은 너희들 하고는 다르단 말이야.'

기복은 그렇게 생각하면서 북쪽에 우뚝 솟아 있는 천자봉 위의 시리바위를 쳐다 봤다. 들에는 가을 추수하느라고 꽤 바쁜 모양이었다. 바람에 감나무 잎이 서렁서렁 떨어져 내렸다.

'잠을 깨세, 잠을 깨세, 사천 년이 꿈속이라' 창가를 입속으로 불러 본다. 병풍을 둘러 놓은 것만 같은 고향 풍경이었다. 기복은 일본이나 미국 같은 문명한 나라에 가서 공부를 하고 싶었다. 기원과 기효는 마주 앉기만 하면 천도교

---
6. 비분강개 : 의롭지 못한 일이나 잘못되어 가는 세태가 슬프고 분하여 마음이 북받침을 일컫는 말

와 기독교에 대해서 토론이 벌어지는 것이었다.

"성인도 세상을 따른다는데……."

이렇게 기원이 얘기를 하면,

"누가 서양놈들의 종교를 믿어? 왜놈들 종살이 하기만 해도 억울한데 난 그런 것 싫어."

옹고집도 이만저만이 아니었다. 그러나 개통학교의 학생들이 기원이 세워 놓은 교회의 주일학교에 나오는 것을 막으려고 하지는 않았다.

주일학교 학생 수는 매주 늘어 갔다.

아이들의 찬송가 소리에 교회가 떠나갈 듯 했다. 천자봉도 자마산도 남산도 빙글빙글 웃는 것만 같았다. 그때 교회가 시작되던 초창기에 주일학교에서 이러한 일이 있었다.

"아브라함이 그의 아들 이삭을 하나님께 바쳤지요?"

"네."

"하나님이 아브라함에게 그 외아들을 바치라고 할 때에 아브라함이 바치려고 했지요?"

"네."

"여러 학생들! 여러 학생들에게 제일 소중한 것이 뭐예요?"

"연필?"

"조카?"

"동생?"

그러니까 기복이 손을 번쩍 들었다.

"우리 자신의 산 몸입니다."

그래서 주일학교 선생은 깜짝 놀랐다고 한다. 이건 벌써 여러 해 전의 일이었다. 기복은 싫은 건 아주 싫고, 좋아하는 것은 죽기 살기로 좋아하는 성격의 소유자였다. 기복이 가만히 생각해 보니 일본인이 탐을 낸다는 게 기껏해야 재물인 것만 같았다.

　기복의 할머니는 꼬부랑 할머니였다. 머리칼이 배꽃같이 하얀 할머니였다.

　"산에 가도 높은 바위 위에는 가지 마라, 깊은 물에는 들어가지 마라."

　뭐든지 하지 말라고만 했다. 설이 되어 세배를 하면 주머니에서 동전을 하나씩 끄집어내어 주기도 하고 춥겠다면서 손을 만져 주기도 했다. 집안에는 꽃밭도 있고 광도 있었다. 아버지는 화초를 좋아했기 때문에 갖가지 꽃을 심었다. 함박꽃이 제일 좋다고 생각했다. 벽오동 나무와 감나무와 석류같은 과일나무도 있었다. 아버지는 틈만 있으면 그때도 무슨 글을 쓰고 있었다. 맑은 밤에 종소리가 인도한다고 그 글의 제목을 「청야종인(清夜鐘引)」이라고 한다는 얘기는 기복이도 알고 있었다.

　어느 때는 기복은 자기가 요셉이 아닌가 생각해 보기도 했다. 배가 다른 많은 형이 있으니까 말이다. 그렇다면 자기에게 베냐민 같은 아우가 있어야만 했다. 그토록 애굽의 총리대신이 된 요셉을 부러워하기도 했다.

　주희의 영정을 모셔 놓은 강당에 가보기도 한다. 어떻게 보니 그 주희의 얼굴 모습이 자기 아버지의 얼굴 모습을 닮은 것 같기도 했다. 할머니도 아버지도 어머니도 나를 지극히 사랑하고 있다고 기복이는 생각했다. 형들도 나를 사랑하고 있다. 덜커덩 덜커덩 방아찧는 소리가 들린다. 가난한 집 계집애가 저희 어머니와 함께 방아를 찧고 있었다. 등에 땀이 나서 옷 위에까지 땀이 배어 올랐다. 얼굴에도 땀방울이 맺혀 있었다. 다리가 아플 거라고 생각했다. 십자가를 짊어지고 기진맥진 골고다를 올라가는 예수님을 환상 속에 그려본다.

　일본 통치가 되면서 웅천읍에도 칼을 찬 일본인 순사 부장이 와 있게 되었다. 일본인 순사 부장은 턱에 수염이 많고 시꺼먼 게 인종이 좀 달랐다. 눈초리도 무서워보였다.

마산에서나 부산에는 일본인 수비대가 기관총이나 대포를 갖고 와서 의병이 일어나면 언제든지 뛰어가서 그곳을 재로 만들어 버린다는 것이었다. 일본인 순사가 와 있는 주재소 앞을 다닐 때는 모두 조심해서 다녔다. 그만큼 그들은 무서웠던 것이다.

천도교에서도 마음의 문제에 대해서 얘기를 많이 했다. 그런데 예수를 믿고 나서 어슴푸레하게나마 짐작이 가는 것은 마음이 변해졌다는 사실이었다. 한일합방같은 것도 문제가 안되는 것만 같았다. 일본인들과는 다른 곳에 우리 한국 사람의 살 길이 열려 있다는 신념이 생겼다. 어떻게 생각하면 전 세계의 모든 인간이 다 제 갈 길을 잘 모르고 있는 것 같기도 했다.

기복은 예수를 건성으로 믿고 있다고 생각할 때도 있었다. 그러나 자기 자신도 그것을 자기 힘으로 어떻게 고칠 수는 없었다. 우울한 세월이 흘러갔다. 공부도 이럭저럭하고 집에서 놀고 있으면 아까운 자기의 생명이 재가 되어 버릴 것만 같아서 초조한 생각이 들기도 했다. 바로 그러한 때에 부산 지구로 순회 강연을 나왔던 춘원 이광수가 개통학교에 대한 얘기를 듣고 마산으로 지나는 길에 들렸다. 그때는 이광수도 아직 젊은 학생 시절이었다. 그래서 기용과 기복 그리고 배운환이와 모두 함께 웅포에까지 마중을 나갔다.

개통학교에 온 이광수는 젊은 청년은 큰 뜻을 가지고 배우고, 부지런히 일해야 한다는 뜻으로 얘기를 했다. 공부하고 연구하기만 하면 우리도 세계의 일등 국민이 될 수 있다고 자신을 가지도록 얘기했다. 그리고 정주 오산학교 얘기도 했다. 정주 오산학교라면 전국적으로 이름이 나 있었다. 그래서 기용과 기복은 오산학교에 입학하기로 결정이 되어 곧 춘원을 따라 평안도로 떠나게 되었다.

진달래 필 때 가버린 사람, 순교자 주기철 목사 생애

2장

오산학교 시대

一死覺悟

Chapter 01

춘원 선생과
더불어

기복은 1913년 9월 오산학교에 오기 직전에 이름을 기철이라 고쳤다. 오산학교에 온 기철과 기용은 잠시 동안은 어리둥절했다. 둘은 기숙사에서 같이 기거를 하게 되었다. 재실같이 지은 집이 중학교 교실로 되어 있었다. 그 재실같이 된 집의 동과 서에 각각 두 줄로 기숙사 건물이 있었다. 안쪽의 건물은 경의재에 딸린 건물이고 그 밖에 한 줄씩 지은 건물은 남강 선생이 이 학교를 설립할 때에 지은 것이었다. 기숙사에서 나와서 층계를 내려가면 운동장이 있었다. 운동장 앞에는 포플러(미루나무)가 줄지어 있고 그 앞에는 시냇물이 흘렀다. 뒤로는 황성산이 솟아 있고 동편에는 사인산, 서편에는 제석산이 버티고 있었다.

얼마 안 되는 곳에 경의선 철길이 있어서 기적 소리가 들렸다. 바로 학교 앞은 냇물을 건너서 논들인데 이것이 오산학교의 소유지로 여기다가 물을 끌어 넣어서 겨울이 되면 스케이트장을 만들기도 했다.

기철은 같은 방 아이들과 함께 새벽에 일어나서 냇가에 나가 세수를 했다.

제석산 꼭대기에도 아직 햇볕은 걸려 있지 않고, 동쪽 사인산 위가 장미빛으로 물들고 있을 뿐이었다. 기철은 먼 옛날 고구려를 생각해 보기도 했다. 억센 평안도 사투리도 귀에 설었다. 타관에 나온 외로움을 자아내게 했다. 좀 있으니까 박우병 선생이 나타났다.

>   티벨하반 주먹 같은 철강 위에서
>   만천하를 호령하던 용장한 그들
>   머리에선 지식 새암 쏼쏼 솟건만
>   익은 근육 날쌘 골격 더욱 용장타

운동가를 부르면서 박우병 선생을 선두로 산을 오르기 시작하는 것이었다. 기철은 이때 16세의 소년이 되어 있었다.

>   백두산의 상상봉에 깃발이 날고
>   두만강의 두 언덕에 정기 씩씩타
>   십년 갈은 날랜 칼이 번쩍이는데
>   근화강산 삼천리에 자유종 우네

산 중턱쯤만 올라와도 오산학교 전경이 손바닥같이 내려다 보이는 것이었다. 남쪽으로 남산과 남서쪽으로 천주산이란 산이 솟아 있었다. 산길에는 아직도 풀잎에 축축이 이슬이 맺혀 있었다. 학생들은 산 위에서 사인산에서 솟아오르는 아침 해를 바라보았다. 학교에서 7분이나 8분 걸리면 남강 선생이 사는 용동까지 갈 수가 있었는데 여기 오산학교의 설립자 남강 이승훈(李昇薰)[1] 선생의 집과 그의 형과 여수 이씨의 문중이 살고 있었다. 그런데 남강 선생은 무관학교 사건과 105인 사건으로 십 년 징역 언도를 받고 대구 감옥에서 복역하

---

1. 남강 이승훈(李昇薰) : 3.1운동 민족대표 33인 중의 한 사람으로 오산학교를 세우고 민족의 자립과 계몽에 힘쓴 독립운동가이자 교육가이다.

▲ 남강 이승훈

▲ 오산학교 전경

다가 경성 감옥으로 이감되었다. 그는 옥중에서 신약성서를 백 번이나 읽었다고 한다. 그러한 관계로 그때 남강은 용동 마을에는 없었다. 등에는 땀이 나고 이 산 저 산의 단풍을 비치는 고운 아침 해가 눈부시게 방글방글 웃기 시작할 때는 학생들이 기숙사로 돌아와서 아침 식사를 하였다. 오산학교 1910년 남강이 한석진 목사의 인도로 기독교를 믿기로 작정한 후부터 교육주지(教育主旨)를 기독교 정신으로 고쳤다.

기철은 여기서 자기를 이 학교로 데리고 온 이광수 선생이 이 학교의 교장 대리로 영어와 문학을 가르치고 있는 것을 알게 되었다. 아직도 스물 셋 밖에 안 되는 청년이었다. 이광수 선생은 얼굴이 반반한 데 우뚝한 코, 넓은 이마에 총명한 눈이 반짝거리고 있었다. 그는 학생들에게 열렬한 사랑을 받고 있었다. 늘 책을 읽고 있었다.

> 뒷뫼의 솔빛은 항상 푸르러
> 비에나 눈에나 변함없이
> 이는 우리 정신 우리 학교로다.
> 사랑하는 학교 오산학교

이러한 창립 당시 여준 선생이 지은 교가도 있었지만 이광수 선생은 많은 노래를 지었다. 그는 여준 선생이 지은 교가를 시원찮게 생각했던지 자기가 다시 교가와 여러 가지 창가를 지었다.

　　네 눈이 밝구나 엑스 빛 같다.
　　하늘을 꿰뚫고 땅을 들추어
　　온갖 진리를 캐고 말련다.
　　네가 참 다섯 뫼의 아이로구나.

기철은 신기한 것이 많고 가슴이 벅차기만 했다. 이 학교의 3회 졸업생이라는 서춘 선생에게 수학을 배웠다. 또 물리, 화학 공부를 했다. 영어를 배우면서 눈동자가 하늘 빛 같이 푸른 선교사들을 만나곤 했다. 학생들은 학교 공부가 끝나고 나면 기숙사에서 제가끔 독서를 하기도 하고 운동장에서 운동경기에 열중하기도 했다. 기철은 곧 품행이 단정하고 신앙심도 돈독하고 공부도 잘했기 때문에 실장이 되어 주기철 방이라는 것을 갖고 거기 동창 학우들과 같이 있게 되었다. 같은 반에는 나중에 미국에 건너가 농장을 한 김주항이 있고, 고려대학교 건물을 설계한 건축가 박동진이 있고, 남강의 둘째 아들 이택호가 있었고, 한반 위에 외과 의사 백인제가 있었다. 4회 졸업생에는 나중에 유명한 시인이 된 김억이 있었다. 그리고 선배들 가운데는 벌써 유명 인사가 된 분들도 많았다.

평안도의 겨울은 빠르게 온다. 이 산 저 산엔 불이 붙은 것 같이 아름다운 단풍도 한가하게 감상하고 있을 사이가 없다.

　　삭풍한설(朔風寒雪) 거슬리고 달려 나감은
　　북빙루(北氷樓)에 우리 기를 세우렵니다.

이러한 씩씩한 운동가의 구절처럼 씩씩한 오산의 건아들은 산조라고 하여 번복하고는 산과 골짜기에 복병하여 전투 연습을 시키기도 했다. 기철은 상급생들에게 여준 선생 얘기와 설립자 남강 선생 얘기를 귀가 아프도록 들었다. 아침에는 돌아가면서 기도를 하고 설교를 했는데 모두가 잊지 않고 감옥에서 복역 중인 남강 선생에 대해서 하나님의 가호가 있도록 기도를 올리는 것이었다.

대개가 출애굽기를 읽었다. 거기서 자기의 설교를 구상하는 것이었다. 우리는 현재 일본인들의 압제로 노예 상태로 놓여 있으니 해방자가 나와서 우리의 주권을 되찾아야 한다고 생각한 까닭이었다. 그리고는 남강 선생이 수감되어 있는데 마치 그것은 모세가 시내산에 가서 율법을 받아 올 때와 같다고 얘기하는 친구도 있었다. 이 학교에 기독교를 제일 먼저 가져와서 가르친 것은 유영모 선생이다. 유 선생의 성경 강의 중에서 산상보훈이 특히 인기가 있었다. 그리고 고린도전서 13장 사랑장이라고 하는 것도 잘 가르쳤다.

기철은 구 한국시대의 군인인 박우병 선생의 인솔하에 맨발로 눈 위를 뛰어다녔다. 평소에 자기가 약하다고 생각했는데 딴 학생들과 같이 이러한 훈련도 견뎌 낼 수 있는게 자랑스러웠다. 맨발로 눈 위를 뛰어다니고 나면 전신이 후끈해졌다. 박기선 선생은 한땐 한문 선생으로 교장 대리를 보다가 이광수 선생에게로 넘겨 주었다. 이광수 선생은 장가를 들어 용동에다 방을 얻어가지고 살고 있었다.

겨울 방학이 되었다. 기철은 오산학교에 대해서 알면 알수록 남강 선생과 박우병 선생 그리고 여러분을 마음으로 존경하기 시작했다. 학교를 사재로 설립한 남강 선생은 눈오는 날 아침이면 빗자루를 들고 마당을 쓴다는 것이었다. 학교에는 소사가 없었다. 모든 학생과 선생이 소사였다. 남강 선생은 가난한 선비의 아들로 태어났다. 생후 여덟 달 만에 어머니를 여의고 열 살 때에는 아버지마저 여의고 고아가 되었다. 열 살이 될 때까지는 과거를 하여 집 앞에 솟

대나무를 세우겠다고 열심히 공부를 했지만 아버지를 여의고 나서는 임박천네 집에 방 사환으로 갔다는 이야기에 감명 깊었다. 기철은 중학교 교실로 돼 있는 승천재 벽에 서도의 선비들 중에 초시에 합격한 진사급 사람들의 이름자가 적혀있는 것을 볼 수가 있었다.

기철은 평안도 사람들도 자기네 집안 같은 아전 출신이란 이유로 출세를 못하고 서민으로 눌려 지내온 역사를 잠시 생각하면서 이제 그러한 시대가 지났다고는 생각되었지만, 남강 선생의 얘기처럼 우리 민족 전체가 종살이를 하게 되었으니 기가 막힌다고 생각했다. 2학기 말 시험 때부터 기철과 기용은 단연 같은 반에서 첫째와 둘째를 차지하게 되었다. 특히 수학 선생인 서춘 선생은 무척 기뻐했다.

"수학을 주기철 군같이 잘하는 학생은 처음이오."

이렇게 서춘 선생의 칭찬을 듣곤 했다. 오산학교에서는 설립 초부터 선생들이 학생들에게 경어를 썼다. 기철은 기용보다도 교회에도 열심히 출석했다. 모든 면에서 거의 완벽에 가까우리만큼 남의 모범이 되지 않고는 견디지 못하는 성품으로 태어나기라도 한 것만 같았다. 크리스마스 때 기철은 성극에 출연했는데 주연을 맡아서 했다.

수신, 성경, 역사, 지리, 영어, 산술, 대수, 헌법대의, 물리, 천문학, 생물, 창가, 체조, 조련 등의 공부를 하는 동안 모든 학생들은 산 보람을 느꼈다. 새 시대의 주인공이 된다는 자부심이 생겨나는 것이었다.

청천강에서도 훨씬 더 북쪽에 있는 여기 오산학교 주변은 꽤 추웠다. 영하 20도를 더 내려가는 날씨가 계속되었다.

1914년 세계대전이 터지는 해였다. 아침에 기숙사 안에서 돌아가며 기도를 하고 성경을 읽고 설교를 했는데 대개가 양계초의 「음빙실문집(飮氷室文集)」에서 읽은 새 지식이나 「미국독립사(米麴獨立史)」나 「서국입지전(西國立志

傳)」「월남망국사(越南亡國史)」같은 책에서 읽은 지식이 판을 치는 것이었다. 모두 비분강개하고 있었다. 어떻게 하면 우리도 다른 나라같이 독립하고 잘 살 수 있느냐 하는 민족주의적인 입장에 서는 것이었다.

모든 학생이 의병에 대한 얘기를 하면서 우리도 과학 교육을 받아가지고 기계화하지 않으면 안 된다는 의견으로 일치하는 것이었다. 의병에 동원된 총 인원 수는 6만 명이고 사상자의 수가 1만 5천 명이나 되었다. 그런데 일본인 군경의 피살자의 수는 간신히 1백 27명에 불과했던 것이다.

기철은 방학 때라 고향에 돌아갔다가 왔다. 남쪽으로 내려 갈수록 눈에 덮여 있던 들에 눈이 없어지고 맨 땅과 산의 푸른 빛이 드러나면서 봄이라도 된 것 같이 날씨는 온화해졌다. 양반만 사람인 줄 아는 사회에서 평민의 사회로 모든 사람이 일하는 모습을 보고 온 기철은 새삼스레 여러 가지로 자기를 반성해보았다.

기철은 방학 동안 웅천교회에 가서 오산학교에서 배운 지식으로 설교도 하고 기도도 했었다. 똑똑하고 조리 있게 얘기를 하기 때문에 모두들 소년 목사라고 불렀었다. 이해까지 웅천에는 군청이 있어서 웅천읍에는 원님이 와 있었는데 군청 소재지는 창원으로 옮겨 가고 웅천은 면이 되었다.

Chapter 02

고당 조만식 선생

1914년 가을에 이광수 선생이 이 학교를 떠나가고, 옥중에 있는 남강의 간청으로 조만식 선생이 교장으로 부임하게 되었다. 꿈을 좇던 소년들은 모두 새롭게 정신을 차리게 되었다. 조만식 선생은 비를 맞으면서 학생들과 함께 체조도 하고, 기숙사에서 학생들과 같이 자고 같이 먹으면서 성경을 가르치고 학생들의 훈육을 담당하였다. 무릎에 겨우 닿는 짧은 수목 두루마기를 입고 머리를 박박 깎고, 말총모를 쓰고 있었다. 한국의 간디란 별명도 이때 오산학교 학생 중에 누군가가 시작한 말이다.

고당 조만식 선생[2]은 1913년에 명치대학 법과를 졸업하고 평양 집에 계셨는데 옥중에서 남강 선생이 수차 권하기 때문에 한 학기만 있겠다고 온 것이 9년 동안이나 오산학교에 있게 되었다고 한다.

조만식 선생은 한 번도 학생들에게 강압적으로 무슨 일을 시키는 일이 없었

---

2. 고당 조만식 선생 : 한국의 독립 운동가이자 일제 강점기 시절 교육자, 종교인, 언론인, 정치인으로써 무저항 민족주의 운동을 이끌었다.

다. 기철은 이광수 선생이 가고 나서 퍽 서운했지만 곧 조만식 선생과 친한 사이가 되었다. 어떤 면에서는 더 깊은 맛이 있는 분이었다. 이광수 선생보다는 연상인 32세의 청년이었다.

조만식 선생은 법제, 계제, 세계지리를 가르쳤는데 학생들에게 제일 인기 있었던 것은 세계지리였다. 세월이 가고 모든 것을 가라앉은 마음으로 사려 볼 때 남강 선생은 애당초의

▲ 고당 조만식 선생

욕심으로는 이 오산학교 졸업생이 곧 조국 재건의 중견 인물이 되기를 바라는 마음으로 헌법대의 법학통론도 가르치곤 했다. 경서라도 많이 읽은 학생이라면 별문제가 되지 않았지만 보통학교를 졸업하고 처음 들어오는 소년들에겐 너무나 어렵고 또 깊은 뜻을 전하기가 어렵다는 사실도 차츰 깨닫게 되었다. 점차 대학과정이 필요하겠다는 생각이 드는 것도 그런 연휴였다.

기철은 어느새 다시 나뭇잎이 지는 가을이 다가와서 학교 운동장 앞에 포플러(미루나무) 잎이 물들어서 떨어지더니 개울가에 소복소복 쌓이는 것을 바라보게 되었다. 기복이란 이름으로 불리면서 집에 있을 무렵의 자기 자신을 머릿속에 그리워해 보기도 했다. 성내리에 바닷가 포구로 오릿 길을 걸어서 포구에서 배를 타고 바닷길로 부산을 거쳐 기차로 기나긴 여행을 한 끝에 서울을 지나고 평양을 지나 여기 오산 땅에 온 자기 자신을 생각해 보는 것이었다.

기철은 박우병 선생을 통해서 한국의 군인 정신을 배웠다고 생각했다. 군대 해산을 할 때에 자살한 박성환 소좌가 자살할 때의 심정 같은 것도 생각해 보는 것이었다. 기철은 어릴 때에는 백락천의 「장한가」를 읽기도 했다. 문필취미

를 가져 본 때도 있었다. 그러다가 약 1년 동안 이광수 선생에게 문학을 배웠다. 이 우주에는 무엇인가 가슴속에 호소해 오는 사랑이 있다는 것을 느꼈다. 지는 나뭇잎을 보면서 용동마을 근처를 산책할 때가 있었다. 집의 구조는 남도의 집보다는 좀 큼직한 듯했지만 가난하게 살고 있는 것은 별반 차이가 없었다. 저녁 때였다. 어디서 누가 부르는지 오산경시 노래 소리가 들려왔다. 절골에서 부르는지도 몰랐다. 제석산에는 제석사란 절이 있고 그 밑에 마을을 절골이라 했다.

> 사인산에 올려 솟은 아침 햇빛을
> 담뿍 받아 반공중에 솟아 오른 듯
> 팔자 풀어 고이 지은 크나큰 저 집
> 젊은 우리 자라나는 어미학교라.

그러더니 1절에서 껑충 3절로 뛰어 가지고는 구성지게 부르기 시작했다.

> 백두산서 자란 범은 백두호라고
> 범 중의 범으로 불리느니라.
> 우리들은 오산에서 자라났으니
> 어디를 가든지 오산이어라.
>
> 아아 우리 오산은 어미학교
> 어미학교 오산은 이런 꽃이라.
> 홍안의 기력 장한 이백 건아야
> 영원히 이 경개를 노래하여라

노랫소리는 제석산을 울려서 장준바위가 춤이라도 출 듯했다. 기철은 이런 노랫소리를 들으며 이광수 선생이 고읍역 다음다음 역까지 걸어 이곳을 떠날 때를 잠시 생각해 봤다. 기철은 인간의 진정과 진실이 통하지 않을 때도 있다는 슬픈 사실 하나를 발견했던 것이다. 이광수 선생은 성경 말씀을 배도한 중혼자이기는 하지만 열심히 낮과 밤을 가리지 않고 일을 한 부지런한 선생이었다.

"우리는 일본 사람을 인격적으로 눌러서 이겨야만 하겠습니다."

남강(南崗) 선생은 이러한 얘기도 했다.

옛날 이 땅은 고려 때에 익주 옛 성이 있었던 자리이면서 도의 청천강 이북 선비들의 본거지인 경의재가 있던 자리였다. 그러나 지금 이곳에는 합방과 함께 도산 안창호와 이 학교 창립 당시의 중심인물 여준 선생도 망명의 길을 떠나가고 없었다. 북간도나 해삼위로 또는 시베리아로, 북경이나 상해로 망명가고 말았다. 특히 이 오산학교의 여준 선생은 간도에 있는 동흥 군관학교로 갔다는 얘기를 들었다.

기철은 우리 한국의 망한 원인이 죄에 있었다고 느꼈다. 불신 사회에서는 인간들이 사랑의 하나님만 알고 하나님의 무서운 면은 모른다. 얘기를 하지 않았기 때문에 기독교를 달콤한 꿀 사탕으로만 알고 있는게 병폐라고 생각했다. 얼마 전에 기철은 「음빙실문집(飮氷室文集)」을 거의 독파했다. 「보전지나(保全支那)」, 「우승 열패지리(優勝劣敗之理)」 같은 것을 읽고 기독교 윤리하고 다른 이질적인 한 면도 알게 되었다.

중국에도 애국자가 나타나서 민중을 각성시키기 위해서 새 구호로써 부르짖고 있다는 사실도 알게 되었다. 기철은 여러 학생과 함께 저녁 식사를 했다. 태산 같이 무게 있게 보이는 분이 조만식 선생이었다. 기도를 하고 저녁을 마친 학생들은 방에 드러누워서 책을 보기도 하고 밖에 나가서 달을 구경하는가 하면, 단심강에 나가 앉아 있는 학생도 있었다. 기철은 그쪽에 가 보니까 김주항이 거기서 세계 대세를 얘기하고 있었다.

"우리 한국 사람은 일어서서 살아야 한다고 생각해요. 우리는 지금까지는 누워서만 살았어. 명심보감을 읽어보면 온통 욕심을 버리고 잠자고 있으라는 자장가야. 서양문명은 진보하고 발전하고 번영하는 정신이란 말이야."

"옳소, 옳소!" 박수를 친다.

기철은 바로 이 자리가 남강 선생이 학생들과 여러 가지 얘기를 하던 자리란 생각을 했다. 남강의 목소리를 흉내 내어서 얘기를 하는 장난꾼도 있었다.

"바르고 덕스럽고 힘 있는 청년이 되십시오."

1880년대 이후 우리에게 큰 자취를 남긴 회가 셋이 있는데 그 첫째가 독립협회, 그 다음에는 신민회요, 그 다음에 신간회였었다. 독립협회는 서재필 박사가 이끌었고, 신민회는 도산 선생이 일으켜서 남강 선생이 물려 받았다. 남강 선생은 도산 선생이 해외로 망명하고 나서 국내의 유일한 책임자가 되었다. 대성학교와 오산학교가 그 정신을 만들어내는 도장 역할을 맡아서 하게 되었다. 남강 선생은 옥중에서 벌써 51세의 봄을 맞이하고 있는 것이었다. 저녁 노을이 제석산 위에 붉게 물들고 있었다. 천주산과 제석산 사이에 있는 도니생이 고개로 올라가는 길은 먼 바다를 말하는 긴 꼬리 깃발처럼 바라보이고 먼 고을 논들에는 까마귀 떼가 가랑잎 같이 날아다녔다.

'나라를 위해서는 무슨 일이든지 하는 분, 그게 아무리 고생되는 일이라도 헌신하는 정신, 그게 얼마나 귀하단 말인가!'

기철은 그러한 생각을 하면서 차차 운동장에 어둠이 쌓이기 시작하는 것을 바라보면서 기숙사로 되돌아 왔다.

기철은 남강이 옥중에 들어간 후에 입학해서 만 1년 동안 오산에서 공부를 했다. 그동안에 이광수 선생을 마음으로 의지하다가 그가 가고 나서는 조만식 선생을 의지하면서 점차로 하나님을 의지하는 학생으로 자라나기 시작하고 있었다.

Chapter 03

남강 이승훈 선생의 교훈

1915년 2월 기철이 오산학교 3학년 때에 남강 선생은 형기를 마치고 용동 자기 집으로 돌아왔다. 형무소에 갇혀있는 동안에 신약성서를 백번이나 읽고 신앙의 맹장이 되었다.

출옥 후 그는 장로로 피택되었다. 감옥에 가기 직전에 신민회의 국내 책임자로 마산동에다 자기 회사를 세워서 민족 산업의 독립을 일으키자는 깃발을 세우고 운수회사와 석유 판매 등 여러 가지 사업에 손을 뻗칠려고 했지만 일본의 동양 척식회사와 일본의 재벌에게 눌리고 말았다. 겸이포(兼二浦)에는 미쓰부시의 제철소가 설립되고 평양에는 오노다 시멘트회사와 제당회사가 설립이 되는 세월이었다. 평북에도 미국인들이 와서 금광을 경영하고 있었다.

1921년경에는 벌써 평양에 상공회의소의 평의원을 뽑는데 일본인이 20인이고 한국인은 10명밖에 되지 않고 회장에는 일본인 후꾸시마 소오헤이가 당선되는 형편이었다. 감옥에서 나오자 남강 선생은 평양신학교에 입학했다. 이 무렵에는 매일같이 관부 연락선을 타고 일본인들이 물밀 듯 몰려 나왔다. 아이들을 업고 안고 보따리를 지고 이고 전국 각지 방방곡곡에 자리를 잡았다. 구 한국시대에 역에 소속된 땅은 모조리 일본 사람의 소유가 되었다. 일본인은 금세 부자가 되고 한국 사람은 거지떼가 되어 만주로 떠나야만 되었다. 한국 사람의 공업은 여지없이 파멸되고 말았다.

　기철은 이해 3월에 학습을 섰다. 그리고 수석으로 4학년에 진급했다. 기숙사 안에서는 누가 시작했는지도 모르게 성 프란시스의 기도문을 벽에 붙여 놓고는 아침 저녁으로 외우는 것이 유행하고 있었다.

　　오 주여 나로 하여금
　　당신의 도구로 삼으소서
　　미움이 있는 곳에 사랑을
　　범죄가 있는 곳에 용서를
　　분쟁이 있는 곳에 화해를
　　잘못이 있는 곳에 진리를
　　회의가 자욱한 데 믿음을
　　절망이 덮힌 곳에 소망을
　　어두운 곳에는 당신의 빛을
　　설움이 쌓인 곳에 기쁨을
　　전하는 사신이 되게 하소서

　남강 선생은 조회 시간에 나가서 설교도 하고 학생들과 함께 기도를 올리기도 했다. 바르고 덕스럽고 힘찬 인격을 만들어서 쓰러져 가는 나라의 한쪽 모퉁이를 떠받들고자 하는 남강 선생은 감옥에서 나와 얼마 동안 평안한 생활을 하게 되자 곧 허전해서 견딜 수가 없었다. 그런데 3학년에서 수석으로 4학년에 진급한 주기철에 대해서 여러 가지로 어떻게 그를 이 학교 교사로 붙들 수 있을까 궁리하고 있었다. 그래서 제일 신임하는 조만식 선생에게 기철에 대해서 의논했다.

"신앙이 어떠합니까?"

남강 선생은 조만식 선생을 보고 제일 먼저 기철의 신앙을 물어 봤다.

"신앙이 제일 좋은 편입니다. 지난 겨울 방학에도 나하고 전도를 다닌 일이 있습니다."

"학과 성적은 어떠합니까? 아 그렇지! 학과 성적은 수석이니까 물어 볼 것도 없지……."

"품행은요?"

"신앙이 좋으니까 말할 것도 없지요."

"……."

"굳이 흠을 잡자면 몸이 허약한 편이지만 체조나 조련 시간을 빼어 먹을 정도는 아닙니다."

고당 선생과 남강 선생은 그러한 얘기를 하면서 특별히 기철에 대해서 유의하게 되었다.

학생들은 신앙심에 불이 붙으니까 토마스 아 켐피스가 지은 「그리스도를 본받아」라고 하는 책도 어디서 구해다 읽은 모양이었다. 그러나 학생들 간에 토마스 아 켐피스의 열의는 성 프란시스에 대한 열의만큼은 불이 붙지 못했다.

제6회 졸업생은 황봉기, 백인제, 백봉제, 박유승, 이기순, 노문희 등이었다. 남강은 졸업생들을 자기 집에 불러다가 졸업 후에 되도록 농촌에 들어가서 교육사업에 종사해 달라고 부탁했다. 졸업반이 된 기철의 반은 6회 졸업생이 전부 6명 밖에 안 되는데 비하면 생도수는 훨씬 많아졌다. 모두 전문대학에 들어가서 크게 이 나라에 이바지할 꿈을 갖고 있었다. 1회 졸업생 김도태는 일본에 가서 와세다 대학 사학과에서 공부하다가 중퇴했다. 집에 돌아와 모교인 오산학교에 와서 역사를 가르치고 있었다. 3회 졸업생 서춘은 동경제대 경제과를 졸업하고 모교에 와서 교편을 잡았다. 그는 나중 국내에서 유명한 경제학자가 되었다. 김여제는 제2회 졸업생으로 도산 선생과 함께 흥사단의 발기인이 되었다. 남강은 학생들에게 늘 훈시를 했다.

"밝고 덕스럽고 힘 있는 사람이 되기 전에는 모든 일이 헛된 수고가 될 것이다. 10년 앓은 병에 10년 묵은 쑥이 약이 된다고 하거니와 그 쑥이 현재 없으면 이제부터라도 길러서 묵혀야 할 것이다. 나는 우리 학교 졸업생들이 방방곡곡에 흩어져 백성 속에 들어가 그들을 깨우치고 그들의 힘을 길러 민족 광복의 참된 기틀을 마련하는 자가 되기를 바란다."

이러한 얘기를 할 때에 학생들은 무엇보다도 먼저 나라와 민족을 위하는 일이라면 무슨 일이든지 서슴지 않고 할 수 있는 분의 얘기란 것을 생각하는 것이었다.

남강 선생은 무관학교 사건과 105인 사건으로 옥살이를 하다 바로 몇 개월 전에 감옥에서 나와서 활동하기 시작하고 곧 경의재 건물 뒤에다가 신식건물을 지었다. 이 건물의 건축 공사를 할 때에도 이승훈 선생과 조만식 선생과 학생들은 재목을 운반하는 일부터 함께 노동을 했다. 이때 조만식 선생은 교장으로 여러 해 근무를 하고 있었다.

1915년부터 1919년까지가 이 오산학교 교육의 황금시대라 할 수가 있었다. 신앙에 불이 이글이글 붙어서 나온 남강 선생과 교육자로 원숙해지면서 더욱 더 지성스러운 고당 선생이 일월같이 군림하고 있었기 때문이다. 기철은 이 두 분의 넘치는 자애와 사랑과 촉망을 받으면서 졸업반에서 열심히 공부했다.

어려서 장기와 바둑에 천재였던 기철은 수학에도 뛰어난 성적을 나타내어 수학 박사란 별호를 얻게 되었다. 그러나 그는 늘 몸이 약해서 약을 달여 먹으면서 지냈다.

남강 선생이나 고당 선생 두 분은 모두가 민족의 경제적 부흥을 늘 염두에 두고 학생들에게도 농과나 토목과 같은 기술계통으로 나가도록 장려를 했다. 그래서 결국 남강 선생이나 고당 선생 두 분은 교육자로서도 민립대학의 중심 인물이 되고, 운동 때에도 큰 역할을 했지만 어디까지나 사업가로서 머물게 된 것은 그의 자라난 환경의 소치일 것이다. 그러나 그들은 그 사업을 통해서 나타낸 정신이 불멸의 빛을 나타내었다. 그러한 면에서 예수의 정신에 접근했다. 그의 시체를 이과의 표본으로 제공하겠다고 유언한 사실도 그러한 정신의 나타남이었다.

기철은 자기가 할 일을 생각해 봤다. 민족이 올바른 정신으로 돌아와서 경제적으로 부강해야 한다는 사실을 깊이 깨닫게 되었다.

어느 겨울날이었다. 남강 선생은 학교를 깨끗하게 한다는 것이 그대로 민족사회를 미화하는 일이라 생각하고 있었다. 겨울이라 변소에 가 보니 학생들의 오물이 얼어 올라와서 학생들이 대변을 보기에 불편하게 되어 있었다. 남강 선생은 서슴지 않고 자기 손수 도끼를 들고 와서 그것을 찍어 넘어뜨리고 있었다. 이것을 발견한 학생이 얼른 뛰어 나와 도끼를 빼앗고 나오게 했다. 조형균 장로가 뒤따라 나와

"선생님, 좋은 것 잡수십니다" 하면서 웃으니까

"뭐든지 먹으면 좋지."

하고 대답했다는 그 열심을 기철은 생각하고 있었다. 확실히 이 오산에는 낡은 한국에 없는 새 빛이 있다고 생각했다. 새 백성이 될 정신이 있다고 생각하는 것이다.

1915년 11월 7일에 기철은 세례를 받았다. 제자의 발이라도 서슴지 않고 씻겨 주는 예수님의 앞에 제자들도 어린아이가 될 수밖에 없었던 것처럼 학생들의 똥이라고 치워주려는 남강 선생의 커다란 사랑 앞에 2백여 명의 건아들도

모두 어린아이가 되고 말았다. 열심히 열심히 산 생명을 만들고 있다는 사실을 기철은 눈으로 봤다.

　기철은 오산학교가 발전하는 그 비밀을 깨닫는 것 같이 생각했다. 소금으로만 양치질을 하고 팥비누로 세수를 하는, 평생에 국산 밖에 모르는 철저한 민족주의의 화신 조만식 선생을 통해서 기철은 우리 한국에 나타난 모세를 접촉하는 것만 같았다. 근로정신인 동시에 또 민족정신이었다. 그게 민족의 독립정신의 피가 되는 것이었다.

　그해 겨울에 기철은 또 조만식 선생을 모시고 다니면서 전도 여행을 할 귀중한 시간을 갖게 되었다. 기철이 사회자가 되어 고당 선생을 소개하기도 하고 고당 선생이 기철을 출중한 청년, 촉망되는 천재라고 소개하기도 했다. 그럴 때면 기철은 무척 송구스러움을 느끼기도 했다. 기철은 이 기간이 무한히 길기를 원했다. 또 사랑하고 존경하는 고당 선생께 흠이라도 잡힐까 조심스럽게 행동을 했다. 기철은 이 기간에 신기독이란 말과 참 경건의 의미를 다소간 깨달은 것 같이 생각했다. 경건한 행복의 맛을 본 것 같았다.

Chapter 04

국가와 민족을
위하여

1915년 겨울 방학을 맞이하여 기철은 남강 선생 댁에 가서 남강 선생을 모시고 얘기를 들을 기회가 있었다. 이 무렵 기철은 벌써 불과 같이 뜨겁고 칼과 같이 예리한 그 세 치도 안 되는 혓바닥으로 남의 가슴을 찌르고 태울 만한 웅변가가 되어 있었다. 꿈과 이상으로만 줄달음질 치는 소설을 쓰는 이광수 선생에게 배웠던 1년도 물론 그에게 무엇인가를 남겼지만 사업가이며 교육가로서 사업과 실천을 통해서 높고 깨끗한 정신을 연극과 같이 보여 주는 남강 선생이나 고당 선생을 통해서 기철의 변론은 더욱 강렬한 힘을 갖게 되었다. 개통학교 때부터의 변론의 명수는 벌써 국내적인 존재로 자라날 기틀을 보여 주고 있었다. 기철은 너무나 편안하니까 무섭다는 생각을 늘 하다가 또 한 번 더 절실하게 그런 생각을 되풀이하면서 불안에 사로잡히기도 하는 것이었다.

졸업반 시험을 볼 때부터 기철은 이제 포근히 정이 들고 은혜를 태산같이 입은 오산을 떠나가나보다 생각하니 섭섭했다. 3학년에는 김항복이 있고, 1학년에는 한경직이 있었다. 남강 선생은 벌써 52세의 초로의 나이였다. '독립협회가 수구파에게 패배한 원인이 너무 일을 서둘렀기 때문'이란 말은 남강 선생이 학생들에게 언제나 두고두고 하는 말이었다. 그리고 '그때의 적은 동족인 수구파 속에서 나타난 일진회가 나라를 팔았다는 사실과 현재 신민회가 싸워야 할 적은 일본 총독부와 거기 아부하는 친일파니 그때보다 훨씬 더 힘든 상대와 대결하는 전쟁이다. 하지만 우리는 살기 위해서 하지 않을 수가 없으며 하나님이 도울 것'이란 얘기를 졸업생을 앞에다 두고 열심히 얘기하는 것이었다.

기철은 자기 자신이 양과 같이 약하고 아무 힘이 없다고 생각했다. 학교에서 배운 지식 같은 건 창해일속(滄海一粟)³⁾이란 것을 알고 있었다. 또 그는 남강 선생의 말을 생각하다가 저쪽 제석산 너머 서해 바다가 있다는 것을 생각했다. 어떻게 생각하면 자기 고향 웅천과 비슷하다고 생각했다. 웅천도 남쪽에 소서 행장이 지었다는 왜성이 있는 남산이 바다를 가리고 솟아 있었지만 여기도 제석산이 바다를 시야에서 차단하고 있는 것이었다. 옛날에는 바로 이 학교 근처까지 바다의 조수가 밀고 들어왔다고 한다. 저 이름 높은 우물이 있는 곳에는 바다에서 들어온 배를 매었다는 몇백 년이 되었는지 헤아릴 수도 없는 고목이 된 들매 나무가 서 있었다. 상전이 벽해가 되고 벽해가 상전이 된 산예라고도 할 수가 있었다. 더 공부를 해야만 하겠다고 생각했다.

有弗學 學之 弗能 弗借也 有弗問 問之 弗知 弗借也 有弗思 思之 弗得 弗借 弗借也 有弗辨 辨之 弗明弗借 有弗行 行之 弗篤 弗借也 人一能之 己百之 人十能之 己千之

비록 배우지 않을 수는 있지만 배우기를 시작했으면 능치 못하고는 덮어 두지를 않는다. 한번 알겠다면 기어이 알고야 만다. 생각 안하면 모르

---

3. 창해일속(滄海一粟) : 큰 바다에 던져진 좁쌀 한톨이란 뜻으로 아주 큰 것 속에 매우 작은 존재를 뜻함.

지만 생각한다면 반드시 무엇인가 깨닫고야 말며 판단을 안하면 모르지만 판단을 시작하면 기어이 분명하게 판단하도록 하며 행하는 것도 끝끝내 득실히 행하고야 만다. 딴 사람이 한 번 해서 잘 한다면 나는 백 번을 하고 딴 사람이 열 번해서 잘 하면 나는 천 번을 해서 잘 하도록 익히리라.

어릴 때 읽은 중용(中庸)에 있는 말이 생각났다. 열심, 그렇다. 열심, 그것이 불씨라고 생각했다. 졸업이 가까워지니까 졸업반 학생들 19명에게 남강 선생의 댁에서 기별이 왔다. 예년대로 남강 선생이 베푸는 졸업 잔치였다.

이번 7회 졸업생들 가운데는 남강 선생의 둘째 아들 이택호도 있었다. 그러나 마치 모두가 남강 선생의 아들이나 된 것만 같았다. 남강 선생의 집은 학교에서 7분이나 8분 동안 걸어가면 갈 수 있는 용동에 살고 있었다. 이 용동은 남강 선생이 국내 제일의 무역상이 된 후에 여주 이씨네들의 문중을 만들기 위해서 자기의 백씨와 가까운 친척들을 모아서 만든 마을이었다. 용동 주변에는 다섯 산이 에워싸고 있었다. 기철은 졸업반 동료들과 같이 남강 선생이 베푸는 졸업 잔치에 가면서 이택호를 유심히 보기도 하고 자기 사촌 주기용을 유심히 보기도 했다. 박동진, 김주항이 남다른 힘을 가진 청년같이 보이기도 했다. 장

◀
오산중학교 제7회 졸업
둘째 줄 왼쪽에서 세 번째가 주기철 학생이고, 다섯 번째가 그의 사촌인 주기용이고, 맨 윗줄 왼쪽에서 다섯 번째가 이약신이다. 후에 그가 오산학교 교장을 맡게 된다.

가를 간 학생도 있었다. 기철은 자기 주변의 열여덟 사람이 자기를 부러워하는 따가운 시선을 느끼는 것이었다. 2학년에서 3학년으로 진급할 때부터 졸업할 때까지 계속 수석을 유지했고 모든 점에서 모범되는 인물이었기 때문이다.

기철은 어릴 때부터 이렇게 자기에게 집중되는 것이 무슨 지시라도 기다리는 심정들을 대하게 되는 것 같아서 자기 자신은 하나님에게 의지해야만 되겠다고 느끼고 고독을 느끼기도 하고 그 고독한 회색의 땅이 그대로 하나님의 은총의 대문이 열리는 비옥한 땅이 되기도 하는 것이었다.

여러 가지 생각들에 잠긴 채 졸업생 일행은 어느덧 길은 파도와 같이 두 개의 고개로 기복되어 있는 곳까지 왔다. 국내 제일의 무역상 남강 선생의 집은 규모가 대단히 컸다. 사랑에 자리잡고 앉아서 기다리고 있으니까, 저녁 식사가 나오고 준비가 끝나자 남강 선생이 기도를 했다. 음식은 모두가 남강 선생의 정신이 그대로 나타나서 합리적이고 영양 본위로 세련된 것이었다. 남강 선생은 자기가 처음에 오산을 세울 때는 졸업생이 금시라도 쏟아져 나가서 그게 그대로 팔도를 호령할 인재들이 되어 주기를 기다렸지만 졸업생은 아직도 어린 애였다. 그러나 더욱 학업을 계속해서 대학 과정을 밟지 않으면 안 된다는 사실을 여러 차례 졸업생을 내어 보내면서 알게 되었다. 일모도원 격이었다. 모두 귀여운 얼굴들이었다. 학생들과 남강 선생의 긴 수염과 인자한 얼굴을 쳐다봤다. 젊은 구 한국의 참봉의 얼굴에도 기쁨을 참지 못하는 것이 역력히 나타나 있었다. 남강 선생의 그러한 노골적인 그 야인다운 기품을 뜨겁게 느낄 때에 기철의 가슴도 뭉클해지는 것이었다.

이해에 폴란드에서도 독립을 선언했다. 남강도 오산학교의 교가를 같이 불렀다. 또 졸업생과 함께 두둥실 춤도 추었다. 53세의 노청년이나 20대의 청년이나 모두가 같은 나라의 주초가 되고 대들보가 될 결심을 다짐하고 있었다. 오산 경가로부터 운동가를 부르다 지친 학생들은 무겁고 감격적인 남강 선생의 심사를 알기라도 하듯이 청년 학우회가를 부르기 시작하는 것이었다. 기철은 가을 하늘에 단 한 개 남아 있는 나무 잎새같이 막막한 것을 느끼고 있었다. 이제부터 어떻게 가야 하나 망망대해에 나가는 일엽편주(一葉片舟)[4]가 된 자기 자신을 느끼기도 했다.

기철은 가만히 박박 머리를 깎은 고당 선생의 머리를 쳐다봤다. 고당 선생은 그때 34세가 되어 있었다. 아직도 청년이었다.

　　무실 역행 등불 밝고
　　깃발 날리는 곳에
　　우리들의 나갈 길이 숫돌 같도다.
　　영화로운 우리 역사 복스러운 국토를
　　빛이 나게 할 양으로 힘을 합쳤네.

　　용장하던 조상의 피
　　우리 속에 흐르니
　　아무러한 일이라도 겁이 없도다.
　　지성으로 이루려고 노력하는 정신을
　　자강 충실 근면 절제 용감이로세.

남강 선생을 남강 선생되게 한 것이 도산 선생이었다고 한다. 더 깊이 원인을 따진다면 하나님이라 해야 되겠지만 말이다. 기철은 뭔지도 모르게 자기의 어깨 위에 무겁게 짓눌려 오는 책임감을 느끼고 있었다. 그것은 망해가는 민족의 시체같기도 했다. 아틀라스는 우주를 메었다고 하지 않는가. 나는 우리나라를 메어야 한다. 주기용은 신앙면에서 기철이보다 많이 떨어지고 학과에 있어서는 백중했다. 그래서 종형제간에서 수석을 다투는 사이가 되었다. 그러나 기

---

4. 일엽편주(一葉片舟): 물 위에 떠있는 작은 나뭇잎 같은 배. 바다같이 넓은 세상에서 힘겹게 살아가는 인생을 비유한 말

철이 언제나 조금씩 나은 편이었다.

"참 잘 했어! 기철이, 언제나 그 정신으로 힘써야 해."

"네."

기철은 남강 선생의 굵고 따뜻한 손을 잡고 눈시울이 뜨거워 오는 것을 억제할 수가 없었다.

이렇게 기철은 학교를 졸업하고 차차 봄 단장으로 변모되어 가는 여선의 풍경을 거의 하루 진종일 차창 밖으로 내다보면서 고향으로 돌아왔다. 얼마 동안 기철은 자기의 참 아버지는 오산에 있는데 웅천에 여행이라도 온 것 같이 생각이 될 정도였다.

오산학교가 점점 멀어지면서 기철은 자기가 이 고장 이 땅에 던져진 한 알의 밀알인데 그게 그 흙 속에서 죽고 썩어 거기서 새싹이 나야 한다는 사실을 깨닫게 되었다. 그러나 그는 곧 연희전문학교 상과에 입학하게 되고 사촌 기용은 일본 동경으로 건너 가서 관립 동경 고등사범학교에 입학하게 되었다. 연희전문은 감리교 계통 선교회에서 세운 학교였다. 그러니 학생들의 기풍은 오산과 많이 다르다고 생각했다.

▼ 연희전문학교

평안도 산골서 서울로 이사를 온 셈이 된 기철의 눈에는 서울이 큰 도시라는 사실을 깨닫게 되었다.

김도태 선생에게 배운 국사적 지식이 하나씩 생각이 났다. 덕수궁 대한문 앞에서 찔려 죽은 김홍집, 일본인의 흉악한 수중에 들어가서 돌아가시게 된 민중전, 모두가 원통하고 억울한 사실들이었다. 서울은 인구가 24만인가 된다는 것이었다. 서울은 도처에 일본인이 활개치면서 그 그늘에 우리 동포는 찍소리도 못하고 눌려 있다는 사실을 알게 되었다. 그러한 꼴이 몹시 보기가 싫었든지 기철은 눈이 아프기 시작했다. 어릴 때부터 눈병으로 늘 눈이 아팠다. 그의 아버지가 눈병이 있었는데 전염이 된 것인지도 모른다. 안약을 넣어도 소용이 없었다. 칠판의 글이 보이지 않았다. 노트를 정리하기도 어려웠다.

그때 웅천 집으로부터 재산상속 문제로 불화가 있다는 편지를 받았고 눈도 아픈 터라 학업을 중단하고 집으로 돌아가고 말았다. 그 후 상속 문제도 어느 정도 해결을 보고 눈도 나았지만 기철은 몹시 비관된 나날을 보내게 되었다. 그래서 교회라도 더 열심히 나가 하나님을 의지하면서 세월을 보낼 심산이었다.

기철은 고독의 공간을 메꾸기 위하여 적극적인 선행책으로 웅천교의 학생들을 가르치기도 하고 새벽 기도나 청년 집회에도 부지런히 나가서 봉사를 하였다. 그래서 그해에 집사 피택도 받게 되었다. 이젠 연희전문학교나, 오산학교도 차츰차츰 먼 곳으로 작게 나타나는 것을 느끼는 것이었다. 그러나 기철은 충실한 민족주의자요, 그 교가에서 노래한 것처럼 오산의 건아임에는 틀림이 없었다.

그때에 김해교회에 이기선이란 분이 있었다. 이기선 목사는 평북 사람인데 울산교회에 있다가 1915년 경에 김해교회로 온 분이었다. 김해교회와 웅천교회를 맡아 목회를 하는 분인데 엄격한 보수신앙을 가진 신령한 어른이었다. 실의와 절망에 쌓여 있던 기철의 가물거리는 생명의 불을 좀 더 밝게 돋구어 놓게 했다. 기철이 김해에 가기도 하고 저쪽에서 일부러 찾아오기까지 하였다.

기철은 교남학교에서 어린이들을 가르치기도 하고 신간회의 간부 오상근을 따라다니며 청년운동에 힘을 썼다. 그때 전국 각지에는 청년단체가 다 결성이 되어서 표면으로는 일본 정치에 협력하는 체 하면서 일단 유사시에는 나라를 위해서 목숨이라도 내어던질 긴밀한 유대를 갖도록 노력을 하고 있었다. 이럴 때 늘 남강 선생의 훈시가 귀 가까이 종소리 같이 쾅쾅 울리는 것이었다.

웅천 장에는 일본 상품이 많이 들어와서 날개가 돋친 듯이 팔리고 있었다. 기철은 세상이 하루하루 변해 가는 것을 느낄 수가 있었다.

진달래 필 때 가버린 사람, 순교자 주기철 목사 생애

3장

평양신학교 시대

一死覺悟

Chapter 01

중 생

김해읍교회는 김해 사람 배성두가 부산에 가서 복음을 듣고 고향으로 돌아와 전도를 시작하여 신자를 십여 명이나 얻게 되었고 이것이 교회를 세운 시초이다. 1905년에는 교인수가 2백 명이 넘어 큰 교회로 발전했다. 그러자 선교사 심익순의 인도로 7백 원이란 헌금을 모았다. 그리고는 33평이나 되는 기와집 예배당을 지을 수 있도록 발전했다.

이 김해읍교회에 하나님의 능력을 받은 사자 이기선 목사가 와서 시무하게 되었다. 이기선 목사는 평안북도 의주군 사람인데, 울산교회를 맡아볼 때에도 교인들에게 계명을 가르치는 데 엄중했다. 그는 늘 말세라는 것을 지적해서 말했다. 일본이 사신우상을 섬기는 나라로 망하는 날이 멀지 않다는 얘기를 강조했다. 그러니 누구든지 다니엘과 같이 물불을 가리지 않고 하나님에게 충성을 지켜서 영원한 하늘나라의 복락을 누리도록 할 것을 강조했다. 그런데 그의 열성은 언제나 사람들에게 권세 있는 자 같았으며 새 생명을 일으켜 놓는 데 힘이 되었다.

▲ 주기철 목사가 다녔던 웅천교회 (주현성 장로가 설립)

기철의 아버지가 장로요, 당회의 서기로 받들고 있는 웅천교회에도 이따금 갔다. 설교도 하고 교회 일을 돌봐주기도 했다. 웅천교회의 당회록에는 이기선 목사가 검사를 했다는 서명과 도장 찍은 게 남아 있다.

기철이 안질이 있어 집에 와 있을 때였다. 그는 이기선 목사의 설교에도 적지 않게 감동을 받았다. 오상근 선생을 모시고 다닐 때는 그의 스피커였다. 서울 이남 각지에서 청년운동에 불을 붙이는 변사였다. 그의 총명과 웅변은 한때 꽤 유명하기도 했다. 그러나 그는 점점 기독교와 민족운동과의 사이에는 본질적으로 다른 것이 있다는 생각을 하기 시작하는 중이었다. 사내 총독은 물러나고 장곡천호도가 총독 자리를 맡아가지고 와 있었다.

매년 수천수만의 일본인 동척이민이 관부 연락선을 타고 우리 땅으로 밀려들었다. 우리 민족의 발전에 이바지한다고 말하며 돈과 재료를 가져와서 학교와 병원을 세웠다. 기독교 국가와 우리나라를 일시동인(一視同仁)[1]이란 명분으로 동양평화를 위한 일이라고 주장하면서 자기네 배만 불린 일본인들이었다. 이런 행동들을 볼 때 기독교가 아니고는 세계평화도 인류의 구원도 있을 수 없다는 신념이 굳어져 갔다.

또 생각해 보면 지금 유럽에서는 세계대전이 참혹하게 전개되고 있었다. 그리고 영국은 인도를 점령하고, 기독교 국가가 동양의 약소 민족을 전부 식민지로 영유하기 시작하고 있다는 사실도 기철은 알고는 있었다. 그러나 기독교 안에 진리의 빛이 있다는 인식은 날이 갈수록 깊어만 지고 있었다.

부산에 가보니 일본인의 거리로 변화하고 있었다. 부산만 그런게 아니었다. 마산도 그랬다. 진해에는 일본인만의 시가지가 만들어져 있었다. 러일전쟁 승리를 기념하는 전승기념탑이 하얗게 반 공중에 치솟아 있었다.

이러한 시기에 묵시록을 만독했다는 길선주 목사와 김익두 목사가 기사와 이적을 행하면서 전국 각지에서 부흥운동으로 잠자는 심령에다 신앙의 생명력을 집어넣고자 순회하고 있었다.

일본이 총독 정치도 이럭저럭 10년이 되어갔다. 일본인 순사란 것이 한국의 부녀자들을 강간을 했는데도 일본 경찰은 그것을 똑똑하게 처벌하려고도 하지 않았다. 그들은 권총과 칼을 휴대하고 다니며, 마구잡이로 우리 동포를 짓밟아 버렸다.

인천이나 군산 같은 항구에는 일본인의 큰 정미소가 있었다. 그리하여 일년에 약 4백만 석의 쌀이 일본으로 건너간다는 것이었다. 교육을 일으키고 국민을 각성시켜서 경제적으로 자립을 하도록 하고 나라의 독립을 찾겠다는 것이 오산학교 이래의 기철의 정신이었다. 그래서 기철은 연희전문학교 상업과를 지망했던 것이다. 그러나 민족의 도덕적인 타락을 고치지 않고는 만사불성이

---

1. 일시동인(一視同仁) : 모든 사람을 하나로 평등하게 보아 똑같이 사랑한단 뜻으로 일제시대 일본 본토와 조선은 한 몸이며 천황은 모든 국민을 한 눈으로 같이 사랑한다는 뜻으로 사용되어짐

란 생각도 한편으로는 갖고 있었다. 부산만 해도 그랬다. 우리 동포까지도 모두 일본인의 거리에 가서 그들의 상점의 물건을 산다는 것이었다. 에누리가 없고 속지 않는다는 것이다. 그러나 일본인은 포학했다. 일본인 집에 고용살이를 하던 우리 동포의 여자들 가운데는 그들의 발길에 채어서 죽는 사람도 있을 정도였다. 면마다 청년회가 조직되어 야학을 일으키고 우리도 문명개화를 해서 일본인을 대항해야 한다고 하는 것이 모든 청년의 이상이었다. 그러나 현실적으로는 일본인의 상점에 가서 물건을 사고 일본인에게 땅을 저당잡혀서 돈을 얻어다 썼다. 화가 난다고 술을 먹고는 대낮에 비틀거리며 다녔다. 일본인들은 그들의 창기 수천 명을 데려다가 곳곳에다 유곽을 만들었다. 그러면 우리 청년들은 일본인에게 땅을 팔아가지고 화류계에 미쳐 놀아나는 것이었다. 1918년에는 적어도 25만 정보 이상의 땅이 일본인 손으로 넘어가고 막대한 전답이 저당이 되어 버렸다.

창원군 대산면에는 무라이가 큰 농장을 건설했다. 낙동강에다 뚝을 쌓고 갈밭을 옥토로 만들었다. 일본인들은 은행에서 융자를 잘 해주니까 연줄만 있으면 어렵지 않게 그렇게 할 수가 있었다. 이 일본인 무라이의 농장에서 일하는 사람만 5천 명이 넘었다.

이렇게 정치만 일본인에게 넘어간 것이 아니었다. 우리 동포들은 조선 전래의 기업을 잃고 북간도로 밀려가는 사람이 100만이 넘었다. 그 대신 일본인 40만이 우리 땅에 자리를 잡았다.

기철은 나병환자의 걸인들이 떼를 지어 다니는 것도 봤다. 어린애를 업은 부녀들의 걸인도 보게 되었다. 조선 강토에는 거지떼가 점점 늘어만 갔다. 차마 눈 뜨고는 그냥 볼 수가 없을 광경이었다. 오랑캐가 약탈을 하듯 일본인의 검은 야욕에 우리들이 먹히고 있다는 사실을 절실하게 깨닫지 않을 수가 없었다. 이때 그는 안질 때문에 몹시 고난을 겪고 있었다. 순조롭게 동경 유학을 간

사촌 기용을 생각해도 그가 자기 소원대로 된 것을 질투하는 건 아니지만 혼자 지내기가 더욱 적적해지는 것만은 어찌 하는 수가 없었다. 개통학교에 나가서 학생들을 가르치기도 하고 웅천교회를 도와주기도 했다.

두 형 기정과 기은은 교회 생활에 그다지 재미를 돈독하게 붙이고 있지는 않았다. 다만 기철의 아버지만은 장로로서 열심이었다. 5년이나 끌어오던 세계대전이 끝이 났다. 독일은 전패했다. 일본도 독일에 선전포고를 했던만큼 독일이 중국으로부터 물려받았던 산동성에 있는 청도를 인수하게 되었다. 그런고로 북지에 세력을 뻗을 수 있게 되었다. 큰 돈을 번 사람이 많았다. 도시마다 돈바람이 불었다. 곳곳마다 흥청거리게 되었다. 유럽의 여러 나라가 전쟁으로 생산을 못하니까 일본 상품이 날개가 돋쳐서 세계 시장에서 팔리게 되었다.

전쟁이 끝나면서 윌슨은 민족자결을 내세웠다. 그렇게 전후 처리를 하게 되자 전 세계에 많은 민족으로 신생 독립국이 일어나게 되었다. 이때에 한국의 독립 운동에 뜻이 있는 분들이 활발하게 움직이게 되었는데 그중에도 남강 선생은 침식을 잊어버리고 평양과 서울 사이를 뛰어다니게 되었다. 상해와 일본서 연락을 받은 것이다.

1918년 무오년에 벌써 오산학교에 있던 여준과 김좌진, 유동열 같은 33인이 독립 선언서를 받아가지고 뿌렸다는 소문이 넘어오고 동경 유학생들도 독립운동을 위해서 오산에 있던 이광수와 송진우, 김성수 등이 뭉치고 있다는 소식을 서춘이 오산에 있는 남강에게로 가져왔던 것이다.

1919년 3월 1일 서울 탑골공원에서부터 폭발한 만세 운동은 전국적으로 파급되었다. 기철은, 오상근이 바로 그 독립운동의 주모자였으므로, 자기가 할 수 있는 일은 몸을 아끼지 않고 무슨 일이든지 했지만 표면에 나서지는 않았다.

창원에서는 동면에만 해도 의열단에 가입한 사람이 세 사람이나 있었다. 창원군 진동에서는 변상태가 독립운동의 본부의 지시를 받아가지고 맹렬히 활약했다. 기생들까지 50명이나 나서서 유치장 신세를 졌다. 수천 명의 군중은 도처에서 창원읍을 중심으로 웅성거렸다. 3월 23일로부터 4월 초까지 여러 차례에 걸쳐서 도처에서 일본 군대와 충돌을 일으켜서 붉은 피를 뿌렸다. 총소리에 산이 찌릉찌릉 울렸다. 기철은 애굽의 바로 왕같이 완악한 일본 총독을 봤다. 그리고 자유를 찾고자 하는 동포들의 열성 어린 몸부림을 본 것 같이 생각되었다.

"만세, 만세, 만세, 대한독립 만세!"

깊이 잠들었던 산천마저도 잠이 깨는 듯했다. 그러나 그 만세 소리가 햇빛에 금시 녹아내리는 나뭇가지의 눈송이 꽃같이 맥이 빠져있다고 느껴졌다. 만세 소동이 질풍과 같이 지나가고 2천만 우리 동포는 더욱 무서운 일본의 압제 밑에 기어들게 되었다. 기철은 일본인과 무력항쟁으로는 도저히 이겨낼 가망이 없다고 생각했다. 의병 난리 때와 같이 우리 민족만 많이 상한다는 것을 슬프게 생각했다. 은사인 남강 선생이 33인 중 한 사람으로 체포되어 서울 감옥에 갇혔다는 소문도 들었다. 독립선언서에 서명한 33인 가운데 기독교 계통의 인물이 과반수가 넘는다는 것도 알게 되었다. 이러한 판국에 대 부흥사 김익두 목사가 마산교회에 왔다.

기철은 자기 자신도 만세 소동이 일어나는 것을 계기로 미국이나 외국에서 우리에게 독립할 길을 열어 주겠거니 생각을 전혀 안 한 것도 아니지만 안개와 같이 서렸던 독립의 꿈은 쨍쨍한 햇빛이 나타남으로 개이고 말았다. 또한 가정적으로는 재산상속 문제로 과민한 상태인 데다 안질로 인하여 연희전문학교 공부도 집어치우고 집에서 공상만 하고 있는 터에 심령이 몹시 초조하고 공허했다. 그래서 더욱 하나님이나 의지해야 겠다는 마음으로 기울어지는 것이었다.

그는 김익두 목사님의 설교를 듣고 있었다. 바로 그때였다. "성신을 받으라!"고 외치는 김익두 목사의 고함소리에 기철은 문득 자기의 깊은 죄를 깨달고 통회, 자복하고는 중생을 하게 되었다. 이 지상에 참 도는 하나님의 도 이외에 없었다는 것을 깨닫게 되었다. 그러다가 더욱 이기선 목사의 강도로 이 지상의 나라라고 하는 것이 다 소멸되고 예수님이 친히 주관하는 영원한 왕국이 반드시 오고야 만다는 것을 알게 되었을 때는 너무나 기뻐서 목이 메일 정도였다. 이러한 은혜 가운데 기철은 문득 오산학교 재학시에 고당 선생을 따라 전도하러 다닐 때 듣던 평양신학교를 생각하기도 했다. 그리고 나부열 선교사도 생각났다.

'그 나라와 그 의를 구하라'고 하신 예수님의 말씀은 영원한 하늘나라를 가르치는 진리의 말씀인 것이다. 그런데 이 지상의 나라는 죄가 너무나 많다는 것을 기철은 깨닫지 않을 수 없었다. 모든 나라가 죄로 이루어지고 있다고 생각되기도 했다. 한국 말년의 우리 정치인들의 죄도 컸다. 또 부패한 백성도 죄가 많다고 생각했다. 그리고 일본인들의 죄는 그것을 합한 것보다도 더 컸던 것이다.

Chapter 02

목사로 부름 받다

꽃이 피는 봄이 왔다. 햇빛은 더욱 밝아 눈이 부셨다. 이때는 벌써 이기선 목사의 주례로 기철은 안갑수 양과 결혼을 한 후였다. 안갑수 양은 신앙이 돈독하고 현숙한 배필이었다.

1920년 기철의 나이는 24세가 되었다. 기용은 마산형무소에 복역 중에 있었다. 만세 소동으로 혼이 난 일본인은 그게 진정이 되니까, 다시 기

▶ **주기철 목사와 안갑수 사모**
두 사람은 이기선 목사의 중매로 만나, 1917년 가을 결혼한 후 슬하에 영진, 영만, 영해, 광조 네 아들을 낳았다. 안갑수 사모는 서울정신여고 출신으로 교양있고 총명하였으며 2천 석이나 되는 김해 부잣집 딸이었다. 갑작스러운 병환으로 서른세 살의 나이로 별세하였다.

세 번째 · 평양신학교 시대

| 85 |

를 펴기 시작하는 것이었다. 1920년 4월에 조선일보와 동아일보가 발간되었다. 월간잡지「개벽」도 발간되었다. 남강 선생은 3년 선고를 받고 감옥에 들어가 있었다. 오산학교는 일본 경찰이 와서 불을 질러서 불타고 말았다는 소식도 들었다. 보고 듣는 것이 모두 우울하고 기가 막히는 일이었다. 평안남도만 해도 일본 경찰에게 고문을 받아 정신병자가 된 이가 100명이 넘는다는 얘기였다.

그렇게나 많은 죄를 짓고 사는 일본인은 말짱한데 오히려 피해를 많이 입고 사는 우리 민족은 정신병자가 되어간다는 것은 우리가 정신적으로도 패배하고 있는 거라고 생각하지 않을 수가 없었다. 기철은 하나님 앞에서 맑고 깨끗하며 단정하고 경건해야만 산다는 사실을 알 수가 있었다. 교회에 몸을 바칠 결심이 되었다. 이기선 목사한테 물어보니까 경남노회에서 시취를 통과해야만 평양신학교에 갈 수 있다는 사실을 알게 되었다. 교회란 성신만으로 복을 누리며 하는 거룩한 단체란 것을 머릿속으로 가만히 그려보기도 했다. 하나님을 사모하는 간절한 정회, 또 하나님에게 부름을 받았다는 소명감이 마음속에 뚜렷해지는 것이었다.

마침 이기선 목사가 경남 노회의 부회장이 되어서 힘차게 밀어주었기 때문에 그렇게 힘들지 않고 노회의 허가는 받을 수가 있었다. 강상은, 우봉석, 김준홍, 최영돈, 진종학, 주남고 등과 함께 노회의 시취를 받게 되었다. 무한히 깨끗한 마음으로 돌아오는 것을 느끼는 것이었다.

마산 문창교회에는 많은 사람이 모여서 새로 교역자가 될 결심을 한 6명의 신학 입학자들을 위해 기도를 해주었다. 기철은 다니엘과 같이 풀무불이나 사자굴 속에라도 들어갈 믿음의 용사가 되겠다고 마음속으로 다짐했다. 이기선 목사는 1915년에 평양신학교를 졸업한 분이므로 기철은 평양신학교에 대한 간단한 얘기를 들었다. 신학생들은 거의 다 교회의 조사 일을 보는 분들이란 것도 알게 되었다. 평양신학교에서 출판하는「신학지남」같은 잡지도 얻어다가 읽어봤다.

입학시험 과목으로는 특수 과목으로 구약상식과, 신약상식, 성경지리 같은 과목이 있었다. 기철은 오산학교를 졸업했기 때문에 보통과목은 면제가 될 수 있었다. 그

▲ 평양 장로회신학교

러니 산술 시험도 볼 필요가 없고 만국지리도 면제된 것이었다.

1921년 4월부터 기철은 평양신학교에서 공부를 하게 되었다. 일반 전문학교 학생이 사각모를 쓰는데 신학생은 육각모를 썼다. 그는 이 학교에 다녔다는 김익두 목사와 또 이기선 목사를 생각했다. 그러나 한문공부나 하고 보통학교 정도의 산술 지식이 있으면 입학할 수 있는 신학교는 일반 전문학교보다는 정도가 낮다고 하지 않을 수가 없었다. 그러나 훌륭한 선배 목사의 그 어려운 발자취를 따라가기란 쉽지 않다고 믿었다. 신학교에는 기숙사가 일곱 개나 있었다. 그리고 신학교 교사는 새로 신축한단 말이 있었다. 바로 건너편에 양촌이라고 선교사들의 주택이 언덕 위에서 내려다 보이는 위치에 있었다. 숭실학교가 바로 앞에 있었다. 대동문통을 지나서 보통문 쪽으로 가면 윗쨰번 거리를 왼편으로 꺾어 들어간 자리에 있었다. 처음에 기철은 경남노회에서 시취를 볼 때부터 안면이 있던 동기생들과 함께 기거를 했다.

1910년 오산학교 입학 당시부터 알게 됐던 나부열 박사가 신학교 교장으로 있었다. 그는 기철을 무척 반갑게 맞이했다. 학교가 그대로 내 집과 같이 생각이 되는 것이었다.

"많이 자랐소."

"나 박사님은 조금도 늙지 않았습니다."

"그럭저럭 5년이 되지 않았소?"

1915년에 오산학교를 졸업했으니 꼭 5년이 되는 것이었다. 단편적으로 배우던 성경지식도 계통적으로 배웠다. 먼 데서 생각하기보다는 평양의 시가지는 대동강에 바싹 달라붙어 있었다. 항구와 같은 인상을 주는 것이었다. 모란봉이 강가에 닿아 있고 그 넘어 안전지대에 평양 시가가 있는 줄만 알았더니 평양은 대동강가의 항구같이 위태롭게 자리잡고 있었다. 서기산 쪽으로 일본인들의 77연대가 있었다. 또 헌병대도 있었다. 숨이 막힐 듯이 여기도 일본 세력이 우리를 꽉 누르고 있었다. 평양 구시가의 한국 사람 부민들은 새로 대동강에 철교를 가설하게 되는데 그것을 자기들이 있는 쪽으로 편리한 곳에 가설해주기를 바란다고 떠들어대고 있었다.

일본 사람들이 사는 신시가는 인도와 차도의 구별도 되어 있고 하수도 공사가 잘 되어 있었다. 그러니 시가지가 깨끗했지만 우리 한국 사람이 사는 시가지는 거리마다 쓰레기가 산더미같이 쌓여 있었다. 파리가 웅등그려 한결 불결했다. 그리고 칠성문 쪽으로는 매일 30전 벌이로 먹고 사는 빈민굴이 자리잡고 있었다. 모란봉 아래 청류벽 근처의 수양버들이 한창 보기 좋은 초여름철이 되었다. 기생촌으로 유명한 장별리도 물론 난관이긴 했지만 평양은 한국서 제일가는 종교도시임에 틀림이 없었다. 큰 거리의 상점도 주일날엔 가게를 닫아버리는 것이었다. 장대현, 산정현, 서문외, 남문외 등의 교회의 종소리들이 한창 물들어가는 신록 속의 많은 공기를 흔들어 대는 것이었다. 기철은 정말 외국에라도 온 느낌이 들었다.

이해 6월 26일부터 5일간 평양신학교에서 만주와 한국에 와있는 예수교 장로교파 선교사가 미국인만 백여 명이 모여서 비밀회의를 열 것이라는 얘기가 있었다. 과거에는 한국 사람과 일본 사람이 합동해서 교역자 전원이 협조하도

▲ 평양신학교 재학 중 양산교회 전도사 시절
1921년 4월부터 평양신학교를 다니게 된 주기철 목사는 1923년도 봄부터 경남양산교회 전도사로 시무하였다.

록 되어 있었는데 그 관계를 깨뜨렸다. 그리고 미국인만 모여서 회의를 한다고 하기에 한국인 신학생들은 무슨 일이 생기나 하고 주목했다. 머리털이 노랗고 눈동자가 푸르고 코가 쪼뻣한 미국인만 백여 명이 모이면 미상불 장관이라 할 수 있었다. 그때 벌써 학교는 방학 중이었다. 나중에 전해 들은 얘기로선 일본 관헌이 예수교 선교사를 압박하니까 거기 대항책을 세웠다는 얘기를 듣고는 무척 기쁘게 생각했다.

그리고 간도에서 일본 관헌이 유린한 예수교의 교권 회복을 해야겠다는 결의를 다졌다. 또한 작년 여름 동경에서 개최됐던 일요학교 대회에 출석한 미국대표의 보고는 한국 실정을 일본 정부의 이익을 위해 고의로 와전한 것이고, 이번에 우리들 단체는 분기하여 한국 통치의 실상을 폭로하고 미국 동포에게 알리기 위해서 조처를 할 것이라고 했다. 마지막으로 한국 각지에 신학교를 많이 세우는 동시에 한국인 교도를 원조하여 미국에 유학을 시키기로 결의를 했다는 기쁜 소식이 들려왔다.

기철은 방학 동안은 집에 와서 교회를 도와주고 부녀들을 위해서 웅천교회에서 야학을 시작하는데 협조를 했다. 그러다가 가을학기에 다시 평양으로 돌아갔다. 산정현교회에 유대인 닉쓰가 와서 '예수교와 유대인의 과거와 장래'

란 제목으로 강연을 한다기에 가서 이젠 직접 눈으로 유대인을 봤다. 예수님과 혈연적으로 가장 가까운 분이란 생각도 드는 것이었다. 기철은 미국이 점점 배일적으로 기울어져 가는 형편을 신문을 보면서 태평양의 파도가 높아간다고 느끼지 않을 수가 없었다.

2학기의 공부는 출애굽기, 공관복음, 사도행전, 신도론, 현대신학의 난문, 개인전도, 교회사, 강도학 등이었다.

출애굽기의 강의는 어드만 박사가 했다. 부두일 박사와 업아력 박사는 교회사를 가르쳤다. 발음이 좀 이상하긴 했지만 우리말을 다 잘하는 외국인이었다. 성경 사전도 평양신학교에서 편찬한 것이 있었고, 교과서도 이눌서 박사의 지도로 교수들이 친히 집필한 것을 사용했다. 평양신학교는 미국의 북장로교의 전통을 고수하는 개혁주의 정통 신앙을 보수하는 것을 방침으로 삼고 있었다. 1학기 때 여러 번 들은 얘기지만 더욱 성경이 얼마나 중한가를 알게 되었다. 성경은 신령한 지식의 원천이요, 우리 생활과 행위에 대해서 하나님이 주신 준칙이니 이것을 정당하게 이해하고 성심으로 사랑하고 명확하게 해야했다. 성경 가운데 나타난 복음을 완전하고 단순하게 열심히 전파하는 사역자가 되기 위해서 기철은 열심히 기도하고 공부해야만 되었다.

태평양을 건너온 인류 구원이라는 이상에 불타 있는 선교사들의 인격을 보면 자연적으로 머리가 숙여졌다. 처음 시골에 가서 사람들을 교회에 모을 때는 교회에 나오는 사람에게 15전씩의 월급을 주고 지방에서 오는 사람에게는 1원 50전씩 여비까지 주었다고 한다. 게다가 필기용으로 조선 종이 한 권(20매)과 모필까지 주었다고 한다.

이때 평양의 전체 인구는 팔만이 되어가고 그중 일본인의 인구는 근 2만 명이나 되었다.

기철은 창세기로부터 출애굽기를 배우는 동안에 하나님을 사모하는 간절한 심정이 마음속에서 자라나는 것을 깨닫는 것이었다. 공관복음에도 마태는 이스라엘 사람인 예수를 그리기 때문에 그 시조는 아브라함부터 적었는데 누가는 하나님에서부터 시작한 차이 같은 것도 생각했다. 누가는 민족을 초월해서 생각한 것이다.

기철은 오산학교 때의 은사 조만식 선생을 이따금 만날 때가 있었다. 그는 주로 물산장려 방면에 일을 했다. 기독청년단체도 이끌었지만 양말 직공조합 같은 데도 일을 했다. 숭의여학교에서 결백회를 만들었을 때에는 조만식 선생은 학교에 초빙을 받아서 강연을 했다.

주일학교대회에서 영화 쿼바디스를 상영할 때, 기철도 가서 보고 많은 감동을 받았다. 평양신학교의 모든 교수들은 일심 합력해서 강의를 했다. 이상적인 목자의 의무를 다하도록 교육한다는 학교의 정신이 신학생들에게도 성경의 말과 함께 선명하게 뇌리에 찍히게 되었다. 선한 목자는 그가 맡아보는 양을 위해서 위급할 때는 목숨을 바쳐야만 하는 것이다.

이해 남강 선생이 옥중에 계실 때 부인 이씨가 세상을 떠났다. 기철은 이에 몹시 애통하게 생각하면서 기도를 했다. 조만식 장로는 오산학교에 가 있을 때가 많았다.

1922년에 기철은 양산교회의 전도사 일을 맡아보게 되었다.

Chapter 03

동양의
예루살렘

평양에는 신흥공업으로 양말 공업이 불같이 일어나고 있었다. 그러나 대국적인 견지에서 보면 일본인의 재벌들을 당해낼 수가 없었다. 일본인은 승호리에 오노라의 시멘트 회사와 제당회사와 탄광 같은 것을 갖고 있었다. 도저히 일본인과 맞설 수 없는 형편이었다. 평양의 생산공장의 출자액 총 17,479,000원 중에 일본인의 것이 17,016,000원이고 한국의 것은 453,000원으로 간신히 30분의 1을 차지하는 처참한 형편이었다. 그때 조만식, 김성업, 임석규 같은 분이 선두에 나서서 수옥리에다 조선물산장려회를 만들어서 경제자립을 해야 한다고 북을 울리고 있긴 했다. 그러나 한국 사람의 차례에 오는 생산업은 고무공업과 양말짜기 정도였다. 게다가 작년부터 상공회의소에서는 일본인과 한국인 사이에 싸움이 벌어졌고 아직도 해결을 하지 못하고 있는 형편이었다.

후쿠시마가 회장으로 선출되었는데 일본인 중 고소란 자가 후쿠시마는 한국인의 표로 당선되었으니 그러한 회장 밑에 있을 수 없다는 취지의 인쇄물을 박아가지고 돌렸고 그 이유로 한국인과 일본인 사이에 싸움이 벌어지고 말았다. 상공회의소의 인원수는 일본인이 20명이고 한국인 수는 10명이었다. 부회장 한 사람은 한국 사람이 하도록 되어 있었다.

부협 의원의 수도 일본인이 30명이고 우리는 10명이었다.

한국 사람이 더 많은 곳은 개성뿐이었고 그다음 많은 곳이 평양이었다. 평양은 한국 사람의 맥박이 비교적 살아 있었다고 할 수 있었다. 그런데 1년 예산 1,300원이면 할 수 있는 실비진료소를 일본인들은 말만 내었다가 그만두고 말았다. 부의 비용을 3분의 1밖에 안 되는 일본인만을 위해서 쓰면서 뭣 때문에 한국 사람에게도 세금을 받느냐는 등등의 문제가 되었다. 기철은 이러한 사실을 보지 않고 모르고 지낼래야 모르고 지낼 수가 없었다. 일시동인이니 하는 합병 때의 일본 정부의 약속이 거짓말이고 일본인의 수탈이 지나치다는 사실은 사사건건으로 나타나는 것이었다. 한 달이나 두 달 만에는 평안도 어느 지방에서든지 독립단이 나타났다면서 평양역에 오르내리는 승객은 검문을 당해야만 되었다.

일본 관헌은 예수교인과 목사와 신학생을 눈엣가시와 같이 여겼다. 기철은 평양에 있으면서 곰곰이 여러 가지를 생각했다. 평양에서 일어나는 여러 가지 문제가 평양에만 국한된 문제가 아니고 우리 민족 전체의 문제라고 생각했다.

이렇게 바닥으로 구멍 뚫린 배와 같이 가라앉히려는 민족의 생명을 인간의 힘으로는 구할 길이 없다고 생각했다. 공업은 기술인데 기술이 없고, 자본이 필요한데 자본도 고갈되어 없었다. 그러한 형편에서도 서울서는 한국인이 일본 상점에 가서 물건을 사는 게 8할이 되고 일본인이 한국 상점에 와서 물건을 사는 건 5부에 지나지 않는다는 신문 보도도 있었다. 이게 모두 우리의 양심이 병든 까닭이라 생각했다.

기철은 눈도 나쁘고 몸도 약해지고 있었다. 그러한 때에 서울에는 안창남 비행사가 모국 비행을 한다고 흥분의 도가니 속에 파묻힌 것을 신문지상으로 보았다. 우리 한국 사람도 현대 과학을 습득할 수 있다는 자신과 희망을 주는 새로운 선전 같기도 했다.

1925년 4월 말에는 시내 전차가 새로 개통되었다. 역전에서 신창리까지 다니게 되었다. 평야의 부호이며 상공 회의소 부회장을 지낸 박경석은 7만 원이란 거액을 들여 제일관이란 이름의 큰 극장을 지었다. 1923년 8월엔 대동강물이 25척이나 증수를 했다. 유실가옥이 700호에, 침수가옥이 6,000호나 되는데 칠성문 밑쪽으로는 물이 넘어 들어 바다같이 되어 배가 왕래할 정도가 되었다. 황주와 평양 사이의 22마일이 흑물 바다로 화하는 형편이었다. 밤중에 "물이야" 소리를 들었을 때는 벌써 거리는 개울과 다름없이 돼 버렸다는 것이다. 평양 시내만 12명이 죽고 대동군 내에서는 50명이나 죽었다.

물이 빠지고 나서 한참 동안 침수된 10,000호가 넘는 집에서는 옷 썩는 냄새로 콧구멍이 아플 지경이 되었다고 한다. 그리고 곧 8월 13일에는 압록강 하구 용천군 양서면을 중심으로 해일이 들이닥쳐서 시체로 발견된 사람의 수만도 400명이 넘고, 생가 불명된 사람은 3,000명이 넘는 참사가 발생되었다. 그리고 9월이 되니까 일본 관동지방에 지진이 나서 괜한 유언비어로 동포 수천 명이 일시에 일본인들에게 학살되었다. 이렇게 1923년은 우리 동포에게는 여러 가지로 액운이 많은 해였다. 이게 모두 기철이 평양신학교에 재학하는 동안에 일어난 일이었다. 그러다가 11월 30일에 대동교의 개통식을 거행했다.

기철이 있는 양산교회는 영국 선교사 소안론이 세운 교회였다. 양산은 통도사가 있는 곳이다.

그때 평양신학교는 기숙사가 일곱 채로 돼 있었다. 한 채만 양옥이고 여섯 채는 한국식 건물이었다. 그것은 각 도 노회의 기부로 지은 것이었다. 신학교 교사는 1922년 9월에 신축한 교사가 낙성이 되었다. 이 새 교사를 짓도록 8만 달러를 회사한 분은 시카고 시의 맥코믹 여사였다. 교실이 다섯 개 교수실이

여섯, 교장실, 기도회실, 응접실, 실내 운동실, 도서실이 있고, 하층에는 목욕실까지 있었다. 그리고 기숙사에는 전기시설, 수도시설, 책상, 부엌, 식탁까지 완비돼 있었다. 처음 얼마 동안 기철은 지정된 대로 경상도 기숙사, 함경도 기숙사, 이렇게 지방별로 된 기숙사에서 거처를 했다. 그러다가 기철은 깨달은 바가 있었다.

경남노회에서 시취를 할 때부터 동창인 진종학, 강상은 등과 의논한 끝에 전부터 안면이 있고 자기 뜻을 알아주는 나부열 교장에게 건의를 했다.

"우리 한국 사람은 지방별로 파당을 짓는 악습이 있습니다. 그러니 지방별로 기숙사를 만들 것이 아니라 지방별을 타파하고 기숙사를 같이 하면서 전 학생이 두루 화목하도록 하는 것이 좋겠습니다."

"그거 좋은 생각이오."

나부열 교장도 그렇게 하기로 했다. 학비는 입학금이 3원이고, 학기금이 3원이었다. 또 기숙사의 사비가 3원이고, 교과서대가 4원이고, 한 달 동안의 밥값이 8원이었다. 기철은 우리의 처지를 이제 똑똑하게 인식할 수가 있었다. 한국에 와 있는 일본인의 총 수가 40만 명인데 그 40만 명이 완전히 한국인 2천만을 지배하고 있었다. 그리고 한국 사람 중에 그들의 지배받기를 싫어하는 사람은 외국으로 망명해 가고 지금 국내에는 없었다.

40만 일본인이 공장주요, 지주요, 관공리였다. 2천만 한국 사람은 그 어리석은 백성이요, 그 피지배자요, 소작인이요, 직공이었다. 25만 정보의 땅이 일본인 소유로 넘어가고 저당돼 있는 것을 합하면 미구에 100만 정보의 땅이 일인 소유로 넘어갈 운명에 놓여 있었다. 고당 선생이 물산장려회를 만들어서 어떻게 살아보려고 애를 쓰는 것은 눈물겨운 일이었다. 그러나 한국 사람은 서로 속이기 때문에 서로가 믿지 못했다. 기철은 한국 사람이 잘되려면 정직해져야 한다고 생각했다.

Chapter 04

어느 길을 택할까

어느 날 남강 선생이 별안간 찾아왔다. 기철은 얼마나 반가운지 눈시울이 뜨거워졌다. 남강 선생은 벌써 60노인이 돼 있었다. 여러 차례 옥고를 겪었지만 아직도 정정한 기력을 가지고 계셨다.

"주 군, 참 오래간만이다."

"선생님을 제가 찾아가 뵙지 못해서 죄송합니다."

"아니야, 우리는 모두가 바빠. 자기 할 일이 많으니까. 그런데 참 어려운 청을 하러 왔어. 민립대학 문제로 나도 요즘은 퍽 바빴어. 우리 지방에 온 손님인데 내가 찾아봐야지. 나도 나이가 60이 넘다보니 마음이 약해지더군 그래."

"그러세요."

"자꾸만 죽은 후의 일을 생각하게 된단 말이야."

"네."

"그런데 흔하고도 귀한 게 사람이야."

"네."

기철은 남강 선생이 자기를 아끼고 사랑하던 과거가 눈에 선히 떠올랐다. 용동의 남강 선생 댁과 사모님 이씨와 재석산과 고읍으로 트인 벌판과 된생이 고개와 재석산 꼭대기에 있는 장군 바위와 승천재 자리에 지은 오산학교 생각이 났다. 자꾸만 눈시울이 뜨거워지는 것이었다.

"3·1운동 때에 오산학교가 불타고 오산학교 교사를 신축했다는 얘기를 들었습니다."

"재석산 기슭에다 옮겼지."

"네."

기철은 3·1운동의 주연급 인물이 일부러 자기를 찾아온 게 송구스럽기도 했다. 그리고 보잘것없는 자기에게 너무나 과분한 일 같기만 했다. 죄송하다고 생각했다. 그런데 오산시대에 그렇게 위대해 보이던 남강 선생이지만 이제는 보는 각도가 얼마만큼 달라졌다고 생각했다. '하나님 나라의 일을 하는 게 제일 급하다.' 기철은 그걸 사명으로 확신했다.

"이 선생은 나라 일이나 하시오. 목사가 될려는 건 아니지오?"

나부열 교장은 남강 선생에게 언젠가 이렇게 말했었다고 한다.

나라 일을 하려다가 하나님에게 헌신하기로 작정할 때의, 자기 마음속의 변화를 기철은 마음속에 더듬고 있었다.

나라를 위하는 건 불완전한 인간의 길이다. 하나님의 나라를 찾는 것이 완전한 길이다. 인간의 나라는 망가지고 변하는 것이나 하나님의 나라만이 영원한 것이다. 기왕 하나님의 일을 하려 신학교에 입학한 남강 선생을 왜 신학교 교장은 출석을 그만 두도록 일렀을까? 섭섭한 일이다.

기철은 속으로 그렇게 생각하면서 늙은 남강 선생의 얼굴을 쳐다보고 있었다. 참으로 열심히고 좋은 분인데……. 한참 동안 침묵이 지나갔다.

"어때! 신학교 공부는 잘 하는가?"

"네"

남강은 무척 얘기를 끄집어내기를 거북하게 생각하는 눈치였다. 기철은 똑바로 남강 선생의 얼굴을 쳐다봤다.

"주 군! 암만 해도 얘기를 해야겠네. 마음먹고 온 거니까 꼭 귀담아 들어 주게. 이 남강의 말이라 생각하지 말고 우리 민족 2천만의 요청이라 생각해야 되네. 자네 같은 수재는 그렇게 많이 있다고 볼 수가 없네. 나는 많은 인재를 다뤄봤네. 자네만 한 인물이 없었어. 자! 이렇게 부탁하네. 동경사범학교를 마치고 와서 우리 오산학교를 맡아줄 수는 없겠나. 잘 생각해 주게."

기철은 난처한 부탁이라 생각했다. 또 지극히 고마운 말씀이기도 했다.

자신도 모르게 기철의 눈시울은 뜨거워졌다. 기철은 남강 선생이 얼마나 오산학교를 사랑하고 우리 민족을 구출하기 위해서 열심인가를 누구보다도 잘 알고 있었다. 기철은 오산학교를 졸업하고 자기가 원해서 일본 동경을 가고자 했을 때도 있었다. 아버지가 그때는 허락하지 않으셨다. 그때의 그 어둡던 자기 자신의 심정을 회상하고 있었다. 수학 박사라고 서춘 선생에게 칭찬받던 오산시대의 자랑스럽던 일도 마음속을 스치고 지나갔다. 기철은 학문으로도 대성할 수 있는 사람이었다. 동경 같은 학문의 도시에 가서 세계적인 대학자가 되고 싶은 야망도 인간인 기철의 가슴에 번뜩이지 않은 것은 아니었다. 그러나 기철은 '이미 하나님에게 바쳐버린 몸!'이란 영원한 확신 속에 희열을 느끼고 있었다.

"무리인 줄은 알지만 들어주겠나?"

"선생님 죄송합니다."

"왜?"

"전 이미 하나님에게 제 몸을 바쳐 버리고 말았습니다. 기독교에 헌신 해 버렸으니 교육계에 바칠 수가 없어지고 말았습니다."

"역시 그럴꺼야. 나도 그렇게 생각하지 않은 건 아니지만, 내가 너무 늙었군 그래."

"……."

남강 선생은 자리에서 일어섰다. 저쪽 선교사들의 주택과 이쪽 숭실학교의 건물이 딴 세상의 풍경처럼 먼거리에 보이는 것이었다. 기철은 인간으로서 최고의 지식은 신학이라고 믿었다. 정성과 참 인생의 길은 기독교라 믿고 있다. 이 길 외에 따로 뭐가 없다는 생각을 할 때, 미안한 마음과 남강 선생을 가엾게 생각하는 마음이 들었다. 조국의 경제 부흥은 그 다음다음의 문제였다. 기철은 그러나 자꾸만 남강 선생이 아깝다고 탄식했다. '최고의 것이 무엇인지 알기만 하면 물불을 가리지 않고 덤벼들고 열심히 할 어른인데……' 기철은 자기가 하고 싶은 얘기를 다 못하게 아닌가 아쉽게 생각하기도 했다.

기철은 예수가 당하는 시험을 생각했다. 높은 산 위에 가서 천하만국을 보여주며 저 많은 나라의 영광을 다 너에게 준다고 했을 때 예수님은 그것을 거절했던 것이다. 기철은 남강 선생이 다녀가고 나서 한참 동안 여러 가지 생각에 골몰했다.

1924년 1월 19일이었다. 연광정 아래 대동강 얼음판에서는 스케이트 경기를 하느라고 많은 사람이 모였다. 3학기 공부가 시작한지 얼마 되지 않은 어느 날이었다. 날씨가 혹독하게 추운 관계로 구경꾼이 그렇게 많지는 않았다. 그래도 심심찮을 만큼은 모여 있었다. 결백회를 만들었다는 숭의여고의 학생도 구경나와 있었다. 기철은 구경꾼 가운데서 토론회에 나와서 열변을 토하던 학생들과 마주치기도 했다. 스케이트 경주를 하는 것을 보고 있었다. 나는 제비를 연상시킨다. 경주를 하는 사람은 많지만 상을 타는 사람이 적다는 사실을 생각했다. 그날 일등을 한 3년생 박유돈이란 학생을 부럽게 생각해 보기도 했다.

겨울 해가 서쪽으로 기울어지고 있었다. 금가루 같이 8만 평양시민이 사는 시가지를 비치고 있는 해를 바라보면서 이 평양부에서 또 음력설이 되면 물산 장려를 위한 시가행진을 할 것인가를 머릿속으로 그려보는 것이었다. 물산장려를 위한 행렬을 위해 평남 경찰부에 허가신청을 하니까 인원을 제한하는 조건에서 허가가 났다는 얘기도 생각이 났다. 일본인은 사사건건에 신경을 쓰고 있는 것이다. 물산장려를 하는 사람들은 모두 우리가 사는 게 물질에 있는 줄로 알고 있는 것만은 아니었다. 사실은 그들대로의 정신운동이었다. 그래서 조만식 선생은 수목 두루마기의 길이를 무릎까지 제한해서 짧게 했다. 그는 국산품이 아니면 몸에 대지 않고 입에 대지 않고 지내 왔었다. 그러한 마음 하나로 나라를 일으켜 세우자는 것이었다. 평양은 바로 그 조만식 선생의 평양이라 할 수가 있었다. 한국 사람은 어찌하면 살겠느냐? 그 대답은 지극히 간단했다.

1. 네 손으로 지은 것을 먹어라.
2. 네 손으로 지은 것을 입어라.
3. 네 손으로 만든 것을 써라.
4. 땅을 꽉 붙잡고 놓지 말아라.

여기 토산장려회는 이승훈 선생도 한몫 끼어 있었다. 아니 그분이 주동이 되다시피 한 것이었다. 유성준, 이종린 같은 분이 모두 나서서 만든 것이었다.

기철은 생각한다. 예수님도 이스라엘의 잃어버린 양에게로 가라하지 않았던가. 물산장려회와 함께 토산장려회를 전국적인 규모를 가지고 밀고 나가고 있었다. 회기까지 만들었다. 여덟 폭의 명주로 만든 것이었다. 기철은 이러한 노력도 좋게 생각했다. 그리고 팔도의 깃발도 그 지방의 토산 직물의 천으로 만들었다. 일본서 들어오는 광목과 옥양목을 막자는 것이었다.

경기도는 강화반포(江華斑布), 함경도는 육진환포(六鎭環抱), 경상도는 안동갈포(安東葛布), 평안도는 안주항라(安州亢羅), 충청도는 한산세저(韓山細

紵), 전라도는 전주우주(全州牛紬)

황해도는 해주백목(海州白木)[2] 등으로 만들어 가지고 평양에서, 음력 정월 초하루 날 자급자족 선전을 외치면서 토산장려회의 간부가 선두에 서서 시가 행진을 하고 예수교 서원 뒷뜰에서 물산장려회의 만세를 고창하고는 해산하도록 돼 있었다. 작년 설날 시가지는 인산인해를 이루었다. 박수갈채를 하고 야단이 났던 것이다. 기철은 그러한 운동도 필요하지 않다고 생각할 수 없었다. 이게 곧 하나님의 뜻이 될 수 있다고도 생각했다. 그러나 날로 발전하는 기계 문명의 조류는 어찌할 수가 없을 것만 같았다. 은근히 이러한 운동에 기대를 가져보기도 했다.

평양은 이렇게 경제적으로, 종교적으로 민중들이 비교적 각성되어 있는 까닭으로 한국 사람 경제인도 꽤 활발하게 기업에 종사하고 있었다. 한국인의 손으로 산출되는 양말의 연산액도 이젠 부쩍 늘었다. 연산 6백만 원이 넘고 고무신은 2백만 원을 돌파했다. 고무신은 일본 대판, 신호 등지에서도 잘 팔렸다.

평양신학교에서는 히브리어, 헬라어, 영어와 음악은 자의로 할 수 있는 과목으로 정해져 있었다. 교회헌법, 강도학 같은 것을 제외하면 거의 전부가 성경시간이었다. 성경학교나 다름이 없었다. 사도신경의 정신을 똑바로 인식하고 그 정신을 밝히는 것이 평양신학교의 기본정신이라 할 수가 있었다. 신앙생활은 인간의 영혼을 구원하는 데 목적이 있고 그 영혼에게 단비를 내려 영혼이 자라나는 데 불필요한 잡초를 제거하는 데 있는 것이다.

어느 날 기철은 양촌 앞을 지나오다가 선교사 부인이 양지 쪽에 앉아서 뜨개질을 하는 것을 보고 있었다. 수만 리 타국 땅에 와서 외롭기도 할 거라고 생각했다. 선교사의 부인의 입가에는 미소가 넘쳐 있었다. 복음만을 위하여 주

---

2. 해주백목(海州白木) : 조선물산장려회의 취지 중 하나로 민족기업 육성을 위해 각 지역 도명을 쓴 도기를 제작하였고 그중 하나이다.

안에서 기뻐하는 모습이 퍽 복되게 보였다.

기철은 예수와 동행만 하면 거기가 어느 곳이든지 하늘나라가 된다는 사실을 보여 주고 있는 것이 바로 이 양촌, 선교사 마을의 주민이 아닌가 생각했다. 아이들이 뜰에서 뛰어다니며 놀고 있었다. 제1대 교장이었던 마포삼열 박사는 서울서 자전거를 타고 여러 날 걸려서 평양까지 내왕했다고 한다. 이제 기차가 다니니까 자전거를 타고 다닐 필요는 없게 되었다. 그 마포삼열 박사는 벌써 나이가 69세가 되어 백발 노인이었다. 어학은 왕길지 박사가 담당했다. 이러한 분을 대할 때는 기철은 옛날 초대교회 시대의 교부들을 생각나게 했다. 예수님을 따라다니던 열두 사도들의 모습도 저럴 테지 상상을 했다. 1,900년의 긴 세월도 그게 그렇게 아득한 옛날이 아니었다. 어제 오늘의 일과 같이 생각되는 것이었다.

교역자가 되려면 지식적으로도 남에게 신뢰를 받아야 하고, 또 인격적으로 모범이 돼야만 한다.

기철은 교회 청년들이 토론회를 하면서 우리 한국을 위하는 길이 정신에 있느냐? 물질에 있느냐? 하고 떠들어 대는 것을 들을 때도 좀 더 남달리 깊이 무엇을 생각했다. 그도 한때는 상과에 들어가서 공부를 하려고 한 일이 있었으니 말이다.

또 여기 평양의 상공업의 주인이라고 할 수 있는 조만식 장로 역시 자기의 오산학교의 은사였다. 현재 평양의 상공업 발전에 있어서 빼놓을 수 없는 중요 인물이었다. 목자는 양을 방초가 우거진 동산으로 잔잔한 시냇가로 인도해 내어야만 하는 것이다.

'그 나라와 그 의를 구하라!'

우선 무엇보다도 하나님의 뜻을 알아야만 하는 것이다. 아니 하나님의 뜻을 알게 해달라고 기도해야만 하는 것이다. 기철은 이따금 평양에 있을 때는 고향의 경상도 사투리가 그리워질 때가 있었다. 그럴 때는 진종학이와 어울리면 되었다.

신학생들은 거의 가교회의 전도사 일을 보아야만 했다. 학교에 다니는 여가로 교회 일을 보는 게 아니라 교회 일을 보는 여가로 신학공부를 하는 격이 되어 있었다. 3년제 학교지만 8년 만에도 졸업하고 했다. 동창 가운데서는 김인준이가 똑똑했다. 기철은 서둘러서 빨리 목사가 되고 싶지는 않았다. 예수님도 나이가 서른이 되고 나서 공생활에 들어갔다는 생각을 하면서 자기는 적어도 서른이 지나서 학교를 졸업하리라 생각했다.

Chapter 05

준비

기철은 어느새 자신도 모르게 금수강산의 이름으로 알려진 평양의 풍물을 사랑하게 되었다. 그리고 이들과 기도실에 길선주, 김익두, 이기선 같은 선배 목사들이 피땀 흘리며 기도하고 공부한 곳이라 생각할 때 일조일석에도 정이 가는 것을 어쩔 수가 없었다.

평양신학교는 벌써 18회나 졸업생을 교계에 내어 보내고 있었다. 모든 옛날로 거슬러 올라가서 시인 김황원의 고사도 익히 알게 되었다.

천하의 명승이요, 제일강산(第一江山)³⁾ 임에는 틀림이 없다고 생각한다.

이 지상이 하나님의 발등상 됨을 알고 땅에서 하늘이 얼마나 높은가를 아는 지식이 날로 늘어감을 느끼는 것이었다.

　　장강일면 용용수(長江一面溶溶水)
　　대야동두점점산(大野東頭點點山)

---

3. 제일강산(第一江山) : 경치가 좋기로 첫 번째에 갈 만한 곳을 뜻하는 말로 최고로 생각할 만한 사람을 비유적으로 이르는 말

이 두 글귀만을 써놓고 기고만장하던 그가 그 댓귀를 얻지 못하고 부벽루를 내려오고 만 것도 다른 각도로 해석이 되었다. 조웅의 솜씨가 하늘같이 높고 우리 인간이 땅같이 낮음을 알고 둘이 죽어버렸다고도 할 수가 있을까. 신학교를 졸업하고 목사 될 날이 가까워 옴에 따라서 그는 별다른 준비와 마련이 있어야만 한다고 생각했다.

　인간의 어디를 찔러도 피가 나오듯이 자기의 정신의 어느 부분에도 예수님이 들어 있다가 그 소금의 짠 맛과 빛의 밝음으로 나타나야 할 텐데…… 그리고 왕과 같은 제사장이 되어야 할텐데…… 그러니 몸으로 산제물이 되도록 참 경건을 배워야만 한다. 이러한 생각 속에 기철의 눈이 한꺼풀 한꺼풀 벗겨져감에 따라서 평양의 경치와 도처에 세워진 교회들이 더욱더 아름답게 보이는 것이었다.

　평양은 단군 때 이후로 오랫동안 수도가 있던 곳이다. 기자묘도 있고 단군의 유적도 있었다. 한사군 때에는 낙랑이라 했다. 고구려 때에는 장수왕 15년 이후에 평양에 수도를 정하게 되었다. 그러나 나·당 연합군에게 여지없이 망하고 말았다. 수·당을 능히 물리쳐 낸 고구려였지만 신라가 합세하고 보니 망하고 말았다. 그리고 평양은 70년간 쑥대밭이 되고 무인지경이 되고 말았다고 한다.

　그러나 보배가 진토에 묻힐 수 없는 것과 같이 이 평양은 불사조처럼 되살아 났다. 기철은 개인의 운명과 같이 도시의 흥망도 생각해 보았다. 그는 일본군 77연대가 훈련을 하느라고 승호리 쪽에 나가서 쾅쾅거리며 총을 쏠 때나 서기산 아래에서 기상나팔 소리를 울릴 때나, 전 세계가 군비 확장 때문에 지구상이 살인 기계로 부풀어 오르는 것을 생각할 때도 소돔과 고모라에 떨어진 유황불이 각국의 병기창에서 끓고 있다고 느끼는 것이었다. 그가 평양신학교에 재학한 5년 동안은 여러 가지로 재난이 많은 기간이었다. 특히 일본과 한국 내에서 그러했다.

경남노회에서 시취할 때에 "교역자가 될 수 있는 어떤 체험을 한 일이 있느냐"라는 물음에 기철은 자신에게 대답한 적이 있었다. "기도로 하나님의 마음과 정과 뜻을 알았다"라고 대답한 일이 생각났다. 그러나 하나님의 마음을 안다는 것은 용이한 일이 아니었다.

그는 시편과 신명기를 읽고 가장 뚜렷한 감동을 받았다. 여기 와서 1학년 때에는 도덕학을 배웠다.

평양 시내에는 평양 감사가 정사를 하던 관찰부라는 것이 있었다.

백성을 다스린다는 그 유교의 관리들이 무슨 짓만 했는지 생각할 때 가이사의 것과 하나님의 것은 구별되는 것이라고 판단을 내리는 것이었다.

기철은 목사 될 날이 가까워짐에 따라 더욱 사명감에 불탔으며, 날마다 계속 드리는 새벽 기도에는 심령의 뜨거움과 솟는 눈물을 금할 길이 없었다. 그리고 기도를 하는 가운데서만 주 안에 있다는 의미도 이해가 되기도 했다. '주 안에 있으면 정죄함이 없나니'라고 한 성경 말씀을 오해하여 예배당에만 왔다갔다 하면 탈죄가 된다고 하는 것만 같아서 마땅치 않게 생각했지만, 이제 주 안에 있다고 하는 말의 의미를 깊은 기도를 통해서 알게 되었다. 그것은 주님의 성령이 마음속에 역사 하심을 말하는 것이었다.

"슬프다 네가 나의 명령을 듣지 아니하였도다 만일 들었더면 네 평강이 강과 같았겠고 네 의가 바다 물결 같았을 것이며 네 자손이 모래 같았겠고 네 몸의 소생이 모래 알갱이 같아서 그 이름이 내 앞에서 끊어지지 아니하였겠고 없어지지 아니하였으리라."(사 48:18-19)

기철은 이 말씀 속에서도 마음의 평강과 참 즐거움을 얻은 것만 같았다. 그는 오산학교에서 민족주의 교육을 받았다. 흰 옷을 좋아하고, 남의 나라를 침범할 줄 모르는 우리 한국 동포들의 제전이며 의례의 생활과 구약의 유대인의 생활과 닮았다고 생각했다. 그건 불완전한 것이지만 하늘로도 상달이 되는 것은 아닐까 생각한 적이 있었다. 명륜당 앞을 지날 때마다 동방예의지국이란 말을 생각해 내는 것이었다.

그는 집사 때도 새벽 기도를 빼먹을 때가 있었다. 그리고는 가슴 아파했다. 또 친구들과 경건치 못한 농담을 할 때가 있었다. 그리고는 통회를 했다. 눈에 보이는 인간보다 눈에 보이지 않는 분에게 더 큰 힘으로 지배를 받는 생활에 익숙해져야만 한다고 늘 마음에 채찍질을 했다. 율법에서 벗어나는 곳에 피난처가 있는 것이 아니라 율법을 순종할 때 아니 그 율법을 무성한 식물과 같이 자라나게 하고 왕성한 뿌리를 박는 방향으로 즐거움을 얻어야 한다. 그러한 생활로 자기의 심정을 길러내도록 하나님께 기원을 했다. 거기는 젖을 빨게 하는 어버이이신 하나님이 계셨다.

평양에는 일본의 군부에서 항공연대를 설치해 가지고 매일같이 비행기가 붕붕거리고 떠다녔다. 그러다가 이따금 추락 사고도 일어났다. 일본인들은 대동강에다 3천 톤급 기선을 오르내리게 하고 평양을 큰 항구와 같이 할 계획이란 얘기도 있었다. 사람은 물 위를 다닐 수 없고 하늘을 새 같이 날 수 없다. 그러나 비행기를 타면 날 수가 있고 물 위를 다닐 수도 있다. 주님께서 준 지혜로 우리는 기계를 부릴 수 있게 된다. 이걸 깨달은 기철은 더욱 주님을 사모하면서 성신을 열애하는 지경으로 들어가는 것이었다.

그래서 기철은 조선 없어도 일이 된다는 이치와 그 말의 의미를 깨닫게 된 것이었다. 세상의 많은 말의 의미를 다 깨닫기에도 자기의 목숨이 모자란다고 생각했다.

기철은 자기가 처해있는 교회 안에서 교회를 바로 잡는 일에 우선 헌신해야겠다고 자기의 방침을 세웠다. 성신을 근심케 하여 하나님께 용서 못 받을 만큼 큰 죄가 없다. 강하고 담대하지 못한 죄는 모든 죄보다도 더욱 큰 죄가 될 것이다. 바늘구멍만 한 점 안에 5백만 개의 원자를 정열시킬 수 있는 극소와 무한대가 하나란 것을 깨달은 기철은 점점 교회를 지키는 일에 자신이 생겼다.

이제 남강 선생도 고당 선생도 그들이 민족주의에서 더욱 바싹 하나님의 의에 목말라 주기를 바라고 원하면서 기도하는 위치까지 기철의 신앙은 깊이와 무게를 더해가고 있었다.

평양신학교를 세운 선교사들의 나라가 이상천국이 된 것은 아니었다. 흑인은 출입을 금지시킨 교회까지 있었다. 인종차별을 하는 무지한 백인 동포 때문에 링컨은 죽었다. 그들도 죄의 구덩이에서 신음하고 있었다. 일본에 와 있는 선교사들은 모두가 배일 법안 통과를 반대했지만 미국 정부는 이것을 듣지 않았다. 그들 미국 정부는 그만큼 일본 민족을 오해했던 것이다. 일본인의 몸뚱이에 콜타르(coal-tar)를 칠하고 거기다가 새털을 꽂아 인디언과 같다고 일본인의 무용에 질투와 공포심을 갖는 미국인도 있었다.

사람이 사람을 이해하는 데는 성인이 없고는 불가능했다. 동에서 서가 먼 것 같이 죄를 멀리하지 않고는 사람과 사람 사이의 교통은 안 된다는 것도 깨닫게 되었다. 성신을 받고 나서는 이 성신의 불을 딴 사람에게 전하지 않고는 견디지 못한다. 그것이 성신 자신의 성능인 것이다. 그리고 기독교회 자체의 본능인 것이다.

불빛이 대동강 백사장을 비치고 모란봉에 무성한 수목 위에도 쏟아져 내린다. 바람이 불어 그 많은 나무 잎사귀들을 흔들 때에 그게 모두 아름다운 그림이요, 시편이요, 찬송가가 된다. 이제 기철의 마음은 빛이 되고 소금이 된다고 생각하는 것이었다. 생명은 바다와 같았다.

기자의 우물이 있다고 하는 평양역 근처에 가서는 하늘의 축복인 이슬과 땅에 감추인 축복 곧 지하수를 하나님의 선물인 줄 알아서, 천지의 은혜와 예수님의 사랑이 공기와 같이 지구를 덮고 있다는 사실을 깨닫는 것이었다. 우리의 영혼이 지니는 얘기와 감격은 한 송이 꽃의 역사로도 증거할 수가 있었다.

하천풍언(賀川豊彦)[4]이 기적을 보여달라고 조르는 대중 앞에 손가락을 까딱까딱 해놓고 하나님의 기적이 이렇다고 말했다는데, 짠 바닷물의 맛은 손가락에 찍어서도 맛볼 수가 있다. 성경 66권 1,754페이지에 수십만 어로 된 성경의 진리도 한마디 말에다 담아서 던져 줄 수가 없으면 목사가 아니다. 기도를 하다가 혼자 감격에 사무칠 때가 있었다. 기도를 하다가 자꾸만 아버지란 단 한마디의 말로써 자기의 감격을 표시하기를 30분, 한 시간에 걸칠 때가 있었다. 울면서 아버지를 연거푸 부르고 나면 하늘에 계신 하나님은 이걸 하감하시는 듯했다. 많은 위로와 기쁨을 느끼는 것을 체험했다. 기철은 기독교가 애통해서 시작하여 기쁨으로 이르는 길인 줄을 완전하게 깨달았다. 그리고 하나님이 완전한 것 같이 사람도 완전해야 한다는 이상에 불붙는 것이었다.

1925년은 야곱이 요셉을 만나는 해 같이 기근이 심한 해였다. 굶어 죽은 사람도 꽤 많이 생겼다. 영남과 호남에 5만 명의 굶주린 대중이 있었다. 고당 선생이 굶주린 백성을 구제하자고 강연회를 연다는 포스터가 평양 거리에 나붙을 때는 벌써 벚꽃이 피는 4월 23일이 되었다. 굶주린 동포를 구원하는 일에 열심을 내는 사람은 이따금 있었다. 그때만 해도 한국의 지주의 아들들은 기생을 위해서는 천금을 던져서 자기의 양심도 생명도 아까운 줄 모르고 망치면서도 백성을 위해서는 돈 쓸 줄을 몰랐다.

이것을 슬퍼하는 것은 고당 선생만이 아니었다. 이러한 말에는 많은 공감자가 있었다. 제가 잘못해서 논밭을 빼앗기는 것도 물론 억울하지만 그 이상 스스로의 양심을 내어버리는 동포가 많다는 사실을 고당 선생은 더욱 원통해서 책망하는 얘기를 했다. 양심은 만물의 아버지요, 생명의 어머니가 된다. 이러한 이치를 위해서 힘쓰는 자가 되고자 도산 선생이 일어나고, 남강 선생이 일

---
4. 하천풍언(賀川豊彦) : 가가와 도요히코(하천풍언)는 20세기 존경받는 일본의 목사이다.

어나고, 고당 선생이 일어났다. 그 줄기에서 돋은 꽃으로 기철이 있었다. 그러니만큼 그토록 남강 선생과 고당 선생이 스스로 자라가지 않는 높은 가지의 꽃으로 기철을 피워 영혼을 주께로 인도하는 목자가 되게 하고 스스로는 쇠하여 갔는지도 모른다. 훌륭한 인물들이었다.

평양에는 많은 양말 공장이 있고 천 명이 넘는 양말 직공이 있었다. 그들도 모두 배우기를 원했다. 그리고 그들의 야학의 비용을 고용주가 물었다는 말은 신문에도 났다. 그러나 그들의 직공들은 노임이 적어 먹고 살기가 어려웠다. 그래서 이따금 파업 소동이 일어났다. 거기 공산당들의 손도 뻗어오는 것이었다. 어떤 때는 공기가 험악해질 때도 있었다. 그러나 기업주는 기업주대로 자기네들의 타산이 있었다. 양말 직공의 파업 소동은 때로는 일본인에게까지 나서게끔 발전되었다. 이런건 좀 창피한 일이라 할 만했다.

기철은 이러한 신문 기사도 조심해서 읽었다. 때의 징조는 어디서 나타날는지 모르기 때문이다. 그리고 동아일보에는 해마다 7억 원이란 돈을 무상으로, 현대적으로 세련된 법질서 아래 입법기술이란 보자기에 넣어서 일본인들이 가져간다는 사실을 폭로시키고 있었다. 그리고 우리 동포는 영양실조가 되어갔다. 기막힌 일이다. 이러한 글이 대서특필로 보도되는 것이었다. 이해 여름에는 낙동강 유역에 큰 수해가 있었다. 기철이 시무하는 양산교회는 낙동강에서 조금 떨어져 있지만 양산군과 김해군의 경계가 낙동강으로 돼 있다. 서로 건너다보고 있는 처지였다.

창원군 대산면 무라이 농장에서는 6천 명의 소작인이 일조에 집을 강물에 휩쓸리고 거지가 되었지만, 무라이는 이네들을 구제하려고 생각하지 않았다. 각 신문사에는 대대적으로의 연금을 모집했다. 이러한 재난을 통해서도 신학생들은 하나님의 진노를 느끼면서 기도에 열중했다. 일본 사람의 야만적인 행동은 도리어 한국 사람의 독립운동에 협조한 결과가 되었다. 이렇게 그들은 무지했다. 낙동강 유역에서만 60여 명의 사망자를 낸 몇십 년만에 처음 있는 큰 홍수였다.

이번 홍수로 낙동강 하구의 향도 삼천 주민은 갈 곳을 알 수 없게 되고 망원경으로 보니까 무너지다 만 둑 위에 수백 군중이 늘어선 것이 보였다. 그리고 많은 사람을 상심케 했다. 많은 옥토가 무가치하게 된 데 대해서도 아픔은 컸다. 이재민 18,000명, 경지 피해가 2만 정보에 달했다. 비극은 이것만으로 끝나는 것이 아니었다.

한강 유역은 더욱 심했다. 인명 피해만 285명에 달했다. 사망과 행방불명이 된 자는 537명이나 되었다. 무너지고 휩쓸려 간 집의 호수가 11,458호에 달하고 이재민은 6만 명이 되고, 전답이 유실된 것이 1,950여 정보가 되었다. 수해로 잃어진 피해 액수는 6,500만 원이나 되었다. 한강의 홍수가 얼마나 혹심했으면 평양에 있는 일본의 항공대까지 출동해서 그 광경을 시찰했겠는가? 일본 총독부가 한국의 하천 조사를 시작한 것은 1915년부터이다. 그리고 끝낸 것이 1940년 전후이다. 그들은 이 수해에 몹시 당황하고 놀랐다. 또 깊이 책임을 느끼기도 했다.

일정 36년간 선교사단에서 한 교육이 일본 총독부에서 실시한 교육 이상으로 성공했다는 사실을 부인하는 사람은 없을 것이다. 물론 기철이 다니는 신학교 교육도 포함시켜서 얘기하자면 말이다.

이 한 가지 사실 때문에 일본 제국주의는 깊이 반성하는 바가 있어야만 했다. 그러나 그들은 탄압이 모자라는 줄로만 알았다. 사랑만이 능력이요, 권능인 것을 그들은 미처 몰랐던 것이다. 기철은 그의 기도와 성경공부 가운데서 앞으로 다가올 환난에 대해서 그 환난이 강철을 연단하는 풀무가 될 줄로 확신했다. 강철같이 굳으면 풀무불은 강철을 위해서 도움을 준다. 연단만이 훌륭한 가치를 만들어 내고 인내만이 빛나는 결실을 약속하는 것이다. 다니엘의 신앙이 그것인 것이다. 기철은 다니엘을 일러준 이기선 목사의 깊은 뜻도 이제야 깨닫는 것이었다. 거듭되는 천변지이와 일본인들의 각가지 불법으로 그는 이제 더 의심할 여지가 없었다. 천조대신(天照大神)5)의 신(神)을 모신다는 일본 군국주의는 천조대신 자신의 뜻마저도 어겼다. 일본인들은 우선 자기 자신이 섬기는 신의 벌을 받아야만 할 것이라 생각했다.

일본의 군국주의는 이미 이상을 잃어버린 오합지졸이었다. 전쟁 목적마저 상실한 사실을 스스로 나타내고 있었다. 그것은 3·1운동 때에도 나타났고 그 뒤에 한국의 독립운동자를 처벌하는 데도 나타냈다. 천국의 모형인 이 인간 세상이 아닌가. 지상의 나라도 질서와 법도가 없으면 망하거늘 하물며 영원한 법도인 종교에 있어서야…….

성경 진리를 간편하게 추려서 언제나 먹기 좋은 환약과 같이 해야만 하는 게 목사의 일이다. 그걸 언제나 환약과 같이 포켓에 넣고 다니며 나눠 줄 수도 있고 스스로 생각날 때마다 먹을 수 있도록 해야 한다. 그렇다고 해서 기철이 완전한 기독교 정신의 방주를 타고 있는 것은 아니었다. 때로는 게으름이란 마귀가 나타날 때도 있고 약한 육신이란 이욕지도의 노예가 되어 십자가를 회피하라고, 세상 지혜를 따르라고, 악마가 속삭일 때도 있었다. 이럴 때에는 기철은 그런 것을 기본으로도 식별할 줄 알았다. 지식으로 분별하는 것이 아니라 정으로 분별하는 것이었다. 제각기 져야 할 십자가를 정에 겨워 감사함으로 져야만 한다는 각오를 하면서 물결처럼 넘쳐 올 예수님의 사랑의 파도를 느낀다.

인간이 골치를 앓는 건 죄 때문이었다. 그 죄를 극복해야 하는 고달픈 인생의 길에서 기철은 인간의 감정과 하나님의 역사 사이에 가로놓여 있는 장벽을 성신으로 무너뜨릴 수 있음을 믿게끔 되었다. 주 안에서는 불가능이 없다. 성신이면 그만인 것이다. 기철은 어느 때는 예수님의 사생애를 생각해 보기도 했

---

5. 천조대신(天照大神) : 일본 신화에 등장하는 태양신으로 일본천황의 조상신으로 여긴다.

다. 그가 육신의 아버지인 목수 요셉을 도와 땀 흘려 힘을 들여 육신의 어머니와 동생들을 보살폈다. 예수님의 노고를 생각해 보기도 했다. 그리고 자기 자신은 너무나 편안한 생활을 하는 것 같아서 마음속으로 괴롭게 느껴질 때도 있었다. 고당 선생이 늘 오산학교에서 월급을 받지 않고도 편안하게 살 수 있는 처지와 형편을 감사하면서도 미안하게 생각한 것처럼 기철도 자기 자신의 너무나 호강스러운 환경을 미안하게 생각했다.

칠성문 거리 밖에 가면 하루 종일 양말 코를 꿰매주고 30전을 벌어서 그것으로 연명을 하는 가난한 동족이 있는 것을 느낄 때에 '네 소유를 팔아서 가난한 사람을 주고 내 뒤를 따르라'고 하신 주님의 엄명 앞에 늘 두려워 떨었다. 밤낮을 가리지 않고 기도를 했다. 오산에 와 있었으나 평양은 두 번째의 타향살이었다.

그는 민족주의자로서 지낸 오산에서의 생활과는 딴판으로 하늘나라의 사역자가 되기 위해서 하는 새 생활은 딴 각오를 갖게 했다. 기도와 그 응답으로 산 공부가 되는 기간이었다.

기철은 서서히 30세의 봄을 맞이하고 있었다. 그는 충분히 일본말을 읽을 수 있고 할 수도 있었다. 그는 원어 강의도 이따금 들었다. 조도전대학 출판부에서 출판한 세계사를 읽고는 모세가 애굽의 장군으로 에티오피아의 원정군의 사령관으로 무공을 나타내었단 얘기도 알았다.

진실과 거짓과의 거리는 한없이 먼 것이었다. 눈물보다도 더욱 간절한 정서로 맺힌 그 굳은 땅에서 죽순은 곱게 돋는다. 의인의 품을 찾아가고 법열(法悅)에 취해서 그의 나날은 이제 서서히 남을 위하는 생활로 변해가고 있었다.

소년 때 신동이란 이름을 들을 만큼 총명했던 기철의 단장된 명석성은 30세가 된 장성의 빛과 같이 그 신동이란 이름이 입증했듯이 한국교회를 지켜야만 하는 그 생명력의 넝쿨이 되어가고 있었다. 그러므로 하나님은 포도 넝쿨의 산

가지를 더욱 잘 자라게 했다. 스스로 그 진액이 되어서 그 생명의 뜀 돌이 되게 했던 것이다. 그렇게 아직도 긴 생애는 아니었지만 형을 통해 믿게 된 예수요, 아버지 주현성 장로가 서기로 있는 당회에서 집사 안수를 받은 그였지만 그는 철저하게 알기를 원했다. 그리고 아는 대로 행하지 않고는 믿지 않았다. 그는 예수님의 사랑의 풍성함이 성전 동편을 흐르는 강물같이 이젠 헤엄쳐야만 건널 수 있다고 느낄 정도가 되었다.

목화 솜같이 맑은 관서 땅의 맑은 햇빛은 홍부의 박을 익게 했다. 그리고 가을과 같이 맑은 마음이 깨끗한 기분 속에 즐거움을 공급해 주었다. 목사지법도 배웠다. 이방 종교에 대해서도 배웠다. 문예부흥 후의 인문 공부인 법학을 공부한 칼빈(Calvin)이 모든 지식과 종교의 실개천들을 자기의 신학체계 안에 조심스럽게 분류 섭취하는 침착성으로 그는 이미 원수를 스스로의 마음속에서 없애버렸다. 그리고 사회학 공부도 했다. 외국에는 기독교 민주당이란 정당이 있고 이제 한국땅에 거세게 불고 있는 마르크의 붉은 사상과 기독교 사회주의에 대해서 마음의 문을 닫아걸 수는 없다고 생각했다. 우리는 어느 누구하고도 말이란 교통로를 통해서 하나가 되야만 하는 인류 가족인 것이다.

평양의 산천은 가을철에 더욱 아름다웠다. 모란봉은 비단 무늬처럼 아름다웠다. 대동강은 하늘빛같이 푸르고 맑았다. 칸나꽃이 양촌 선교사의 화단에 더욱 붉을 때에 벌써 기철은 이 세상을 천국으로 보면서 쟁복을 누리며 살았다. 그러나 그의 마음엔 언제나 영적인 애통의 그림자가 서려 있었다.

Chapter 06

성신과 기도

세 번째 · 평양신학교 시대

　생각하면 천변지이가 많은 5년간이었다. 이렇게 되어 기철은 하나님을 두려워 할 줄을 알아야 한다는 생각에 철저하게 되었다. 1915년 김익두 목사의 부흥회에 가서 "성신을 받으라!"는 벽력 같은 외침 소리에 자기의 죄인됨을 깨닫고 민족주의자였던 주기철은 순정 복음의 참 진리를 깨닫게 되었다. 물론 기철도 그게 세례받기 전에 성경을 백독하고 분방을 하여 내방 출입까지 안했다던지 하는 얘기를 다 들어 알고 있었다.

　1917년 이후로 이기선 목사의 감화도 컸지만 장강과 같은 김익두 목사의 웅변 설교에 피가 끓는 것을 느꼈던 것이었다. "진노하심으로 피가 말굴레에 올라오기까지 짓밟아 전멸하실 것이니." 이러한 무시무시한 성경 구절도 이것을 똑바로 직시해서 인식했다. "땅에서 하늘이 높은 것 같이 인자하심이 자기를 두려워하는 자에게 크시고 동에서 서편이 먼 것과 같이 우리에게 우리의 죄를 멀리 옮기셨도다." 이런 성구를 암송하면서 기철은 꼭 새벽에 일어나서 하나님을 맑고 깨끗한 마음으로 우러러 모시고자 간절히 기도 드렸다. 그리고 세리

삭개오가 뽕나무 위에 올라가서 예수님을 보고자 하는 그 불타는 사랑을 생각하면서 무서운 하나님부터 아는 심중에 사랑의 하나님의 해가 뜨는 것이라 생각하게 되었다. 칼빈이 기독교 강요를 쓴 것은 청년 시대였고, 그 후에 여러 번 고치고 분량을 늘이기도 했지만 그 기본 요강은 변치 않았던 것이다. 그와 같이 기철의 개혁주의 정통의 신앙 양심에 비친 생각은 그 후에 할 설교 준비가 졸업을 앞두고 거의 다 되어 있었는지도 모른다. 그리고 이 무렵에는 벌써 교역자가 나타나야 한다고 모두들 더 깊은 신학을 연마했다.

에스겔, 다니엘, 에스더, 에스라, 느헤미야, 로마서, 목회통신, 내세론, 이방종교, 교회사, 목회지법, 사회학 등을 공부하고 3학년 2학기 시험을 이럭저럭 끝낼 무렵에 시내에 두 차례나 큰 불이 났다. 제면공장과 정미소가 홀랑 탔다. 화재로 손해 본 금액이 10만 원이나 된다는 것이었다.

평양 시내는 어느덧 연말 바람과 크리스마스 기분이 서리기 시작했다. 벌써 첫눈은 내린 지가 오래다. 이따금 눈도 내린다. 바로 이 무렵에 봉천에 있는 한국 동포들은 전쟁 바람에 많이 손해를 보고 혹한 중에 고난을 당하는 모양이었다.

이제 드디어 마지막 학기의 공부를 시작하게 되었다. 3학기 공부는 1월 1일이 지난 후 첫 번째 목요일에 개학한다. 그리고 3월 15일을 전후한 가까운 수요일날 졸업하기로 되어 있었다.

한국 동포의 정신생활은 어둡고 비참한 상태에 있었다. 살인 사건만 1년 동안에 전국에서 3백 건이나 되었다. 그러니 매일 누군가 살해되고 있는 거나 마찬가지였다. 그리고 사형을 당하는 죄수가 17명이나 되고 강도와 절도를 저지르는 범인수는 7천 명이나 되었다. 교회가 있었고 또 신자의 숫자는 부쩍부쩍 늘어나고 있었지만 그 신앙의 동기나 영적인 생활의 정도는 유치하고 보잘것없었다.

기철은 이젠 농담을 하는 것마저 싫어했다. 참 경건을 늘 염두에 두고 있었다. 아니 그 선이 그대로 그의 본능이 되기를 원했다.

마포삼열 박사도 이따금 나타나서 자기의 목회 경험을 들려주기도 했으며, 업아력 선교사 강의도 퍽 재미있었다. 유교와 불교의 땅이 무너지고 기독교의 복음이 우리 조선에까지 오게 된 것이 신기하다고 생각했다. 기철은 자기의 맏형이 복음을 듣고 와서 자기 집안이 모두 기독교 가정이 된 사실을 얼마나 고맙게 생각했는지 모른다. 기독교 복음을 듣지 못했던들 지금도 명천자의 전설이나 꿈꾸면서 웅천 바닥에서 건달이나 되어 버렸던가 아니면 민족주의의 운동의 선봉이 되었다가 3·1운동 때에 죽기나 했을 것이었다.

나부열 박사의 성경해석 강의도 마지막 장으로 접근하고 있었다. 묵시까지 간 것이었다. "오 주여 오시옵소서." 각 개인도 그 신앙에 여러 가지 병폐와 특징이 있었다. 예수님의 빛은 햇빛과 같이 밝고 하얀 빛이지만 그게 베드로에게는 사랑으로 나타나서 초록빛이 되고, 바울에게는 믿음이 되어 노랑빛이 되고, 야곱에게는 자줏빛이 되어 행위가 되기도 한다는 사실을 알게 되었다. 그렇다면 나 자신은 어떻다고 할 수가 있을까? 신학교수나 선교사도 모두 자기의 장기와 특징이 있었다. 인간은 그만큼 받은 바 은혜가 작고 제한돼 있는 것이다.

10만 인구가 사는 평양 시가는 아직도 추운 겨울철이었다. 말로만 입춘이 지났지 겨울이었다. "본교는 일반 학생에게 복음주의의 진정한 정신과 그에 대한 개인적 책임감을 고취하고 장려하여 내외국인에게 열심히 복음을 전파하고 따라서 그리스도 교회를 확립케 하기를 목적으로 함" 이게 평양신학교의 정신이었다. 주 안에서 거룩한 성전을 이룩할 숙달한 건축사가 되기 위해서는 무엇보다도 훌륭한 설계를 할 능력이 있어야만 했다.

졸업을 목전에 두고 교역자가 되기 위해서는 특별한 준비를 해야만 되었다. 하루하루의 생활 목표를 정해놓고 지내는 동안에 인간의 참 즐거움이 순종하는 데 있다는 것을 깊이 체험하고 있었다. 향상할 때는 기쁘고 타락하면 성신이 말할 수 없는 탄식으로 기도하는 가운데 서러워 한다는 체험도 하게 되었다. 아래층에 있는 목욕탕에서 목욕을 하고 도서실에서 공부하던 지난날이 다시없이 그리워 지는 것이었다.

우수 경칩이 지나면 대동강도 풀린다는데 어딘지 모르게 일양은 내복하고 있었다. 기도는 이성을 회복하는 것이고 지혜와 즐거움과 창조의 모든 원칙이 되는 것이다. 신학교 교실에서 나오는 석탄 난로의 연기마저 푸른 하늘에 자기 자신의 요긴한 정도가 점점 희박해지는 것을 말한다. 그만큼 양지쪽에라도 나가면 따뜻한 햇볕이 견딜 만해졌기 때문이다. 성신도 봄의 햇볕같이 우리의 심정에 슬며시 스며드는 것인지도 모른다. 그러나 아침에는 난로가에 모두 모여들어서 석탄 난로불을 쬐야만 되었다.

"어 추워……."

추운 겨울과 같은 죄악 세상에서 애통 중에 출발해가지고 봄을 맞이하고 여름을 맞이하게 되는 것이 기독교가 아닐까? 어느새 기철은 언제나 무엇을 사색하는 사람이 되어가고 있었다. 하나님과 대화가 시작된 것이다. 그러나 그들은 나뭇가지에 앉은 새와 같았다. 강단에서 강의를 하는 교수님 강의를 듣는 학생이나 모두 서로 헤어져 나갈 날이 가까워지자 다시 서로의 목소리나 얼굴을 새삼스럽게 보려고 하는 것만 같았다. 나뭇잎들 중에도 푸른 하늘 속에 나풀거리는 나뭇잎이 더 곱고 아름다워 보인다.

졸업을 앞둔 학생들은 모두 교역자로서 부흥사가 될 꿈을 꾸고 있었다. 나뭇가지에 푸덕거리는 참새들의 짹짹거리는 소리를 들을 때나 하늘 높이 달밤에 날아가는 기러기를 볼 때에도 먼 세계를 생각해 보기도 했다.

기철은 오산학교를 생각해 보기도 했다. 졸업을 앞두고 교장인 남강 선생이 학생들을 자기 집에 불러다 놓고 나라 일을 해달라고 간절히 부탁하던 때가 떠올랐다.

이 무렵 기철의 사촌 기용은 동경 고등사범을 마치고 와서 오산학교에 와 있었다. 기철은 자기의 형 둘이 모두 교회 출석을 안 하다가 책벌을 받았다는 아버지의 편지를 받고 사람의 마음이란 모두 각양각색이라고 생각하지 않을 수가 없었다. 누가 어머니며 형제자매냐, 하나님의 뜻을 행하는 자라야만이 형제자매도 되고 부자간도 된다는 생각이 들 때에 새삼스레 슬퍼지기도 하는 것이었다.

기철은 하루하루 자신을 갖기 시작하고 있었다.

뜻깊은 3월 1일을 또 맞이하게 되었다. 우리 민족에게는 뜻깊은 날이었다. 벌써 기미년이 지난 지도 7년이 되었다.

동경에서는 기념행사를 하려고 하다가 경관들이 못 하게 한 모양이었다. 병 고치기로 유명한 김익두 목사가 간도 요정에서 부흥회를 하려다가 훼방꾼 때문에 못 하게 되었다는 기사가 동아일보에 실렸다.

'김익두 집어치워라, 아무개를 끌어 내려라' 하며 소리 소리 지르고 야단을 쳤다는데 영사관 순사와 중국인 순사가 총 개머리판으로 마구잡이로 거기 모인 사람들을 치고받고 해서 유혈이 낭자하고 예배당은 수라장이 되었다고 하는 기사였다. 갈수록 사회는 더 어두워져 갔다. 민족의 독립을 위하겠다는 사람이 망명해가는 간도가 아닌가. 동아일보도 무슨 일이 있었는지 무기한 정간 처분을 받았다는 것이었다.

남강 선생은 이때 오산학교를 고등 보통학교로 승격시키겠다고 도청에 출입하는 바람에 일본 정치에 협조나 하는 줄로 알고 욕을 먹고 있을 때였다. 그리고 일본의 우찌무라(內村)의 제자로 있던 함석헌, 김교신 등이 나와서 무교회주의 신앙으로 전도를 하고 있었다. 그들은 「성서조선(聖書朝鮮)」을 발간했는데 꽤 많은 부수가 팔렸다.

3학기의 공부는 좀 단출했다.

지지문, 포로후 소선지, 보통서한, 묵시록, 근세 선교사, 예배모범, 권징조례, 청년기 지도법 등 이었다.

어떤 때는 하나님의 참 소명을 받고 어디서 바울처럼 툭 튀어 나와서 교역자가 될 수도 있는 문제가 아닌가 생각해 볼 수도 있었지만 이렇게 교회 내의 법도 안에서 교회는 언제나 새로운 생명을 길러내는 것이라 생각했다.

아침에 두 번째 강의가 끝나면 꼭 교수들이 한 분씩 교대로 학생들을 모아놓고 기도회를 인도하기로 되어 있었다. 기철과 같이 졸업한 30명의 학생들과 학교 건물에 따로 마련된 강당에서 기도회를 하였다. 기도는 호흡이고 성경은 영혼의 양식이라 할 수 있었기 때문이다.

민족을 초월하고 국가를 초월한 이곳에서 인류의 평화와 영원한 복락을 기도하는 성스러운 일을 위해 이바지하게 되는 자기 자신이 기철은 자랑스럽게 느껴졌다. 기철은 벌써 남강 선생과 고당 선생이 민족주의자로 어디까지나 일본인을 염두에 두고 그들과 겨루고 그들과 대립하여 우리의 민력(民力)을 길러서 독립을 위해 이바지하겠다고 애쓰는 것이 귀한 일이라 생각되면서도 하나님의 나라를 위하는 일이 더욱 큰 일이란 자각으로 기울어지는 것을 확실하게 느끼고 있었다.

'그렇다! 나는 이 세상을 버린 것이 아니다. 이 세상을 찾기 위해서 나 자신의 사리사욕을 버린 것이다' 라고 생각해 보기도 했다. 매일 모이는 기도회 시간이 이 신학교 생활의 중심이 아닌가 생각해 보기도 했다.

일본식 연호로는 대정 15년이었다. 일왕은 병이 들어 황태자가 유럽을 돌아보고 와서 섭정이 되어 정사를 돌봐주고 있었다. 서울에는 일본 정부의 총독부 청사가 거의 완성단계에 있었다. 아직도 재등총독이 그대로 있었다.

전 세계는 전후의 불경기 바람이 불어서 일본 동경서는 우리 동포들이 하루에 5전을 가지고 연명한다는 신문 보도가 있었다. 일본이 표방하는 교육이념과 선교사단의 기독교 교육이념이 서로 충돌을 면할 수 없게 되어갔다. 일본 총독부가 운영하는 공립학교에 자제를 보내기 꺼리던 민중도 이제는 앞을 다투어 학교에 보내려고 하자 면마다 하나씩 학교를 죄다 세우게 되었다. 평양 시내에서는 입학 지원자의 반도 수용할 수가 없어서 부민이 총궐기해서 보통학교를 세웠는데 보통학교 교과서는 한국어 한 과목을 빼고는 전부 다 일본어 일색으로 되어 있었다.

한국 민립대학 운동은 흐지부지 해지고 경성제국대학이 개교를 했는데 한국인 학생의 수는 적고 일본인 학생의 수만 잔뜩 많았다. 조선 총독부에서는 미술 전람회를 선전이라 했는데 여기도 1등, 2등은 정해놓고 일본인이 차지했다. 어쩌다가 우리 한국 사람이 3등이나 4등에 입선했다. 기철은 우리 한국 사람이 숨 쉴 수 있는 하늘이 교회뿐이라 생각하게 되었다. 교회밖은 일본 세력으로 질식해 죽을 지경이 될 것만 같았다.

어느 날이었다. 기철은 원산에서 일어난 부흥의 불길에 대해서 생각하고 있었다. 1905년 스웨덴 부흥 목사 푸랜슨이 원산에 있는 하리영 선교사의 집에 찾아와서 한 주일 동안 기도회를 할 때에 성신의 역사가 시작되었다. 선교사는 거리에서 울며 전도를 했다고 한다. 그러니까 사람들은 양코배기가 술주정을 한다고 웃었다고 한다. 이때 전계은 목사란 분이 길가에 엎디어 해지는 줄도 모르고 기도를 하니까 교인들이 미친 줄 알고 집 안에 감금했다고 한다. 가슴이 뜨겁게 불타는 성신의 생명력을 간절히 사모하면서 위안을 느끼고 맑은 이성을 갖게 되는 것을 느끼는 것이었다. 이 원산에 일어난 불은 평양으로 옮아가서 길선주 목사의 장대현교회의 새벽 기도가 되고, 하리영 선교사가 평양에 와 있는 선교사들을 모으고 요한일서를 강의하는 집회에도 성령의 폭발적 역사가 시작되었다. 이렇게 우리 교회의 역사를 생각할 때에 살아 있는 하나님의 섭리를 느낄 수가 있었다. 그러나 기철은 일본인 군대나 순사들이 쩌벅거리면서 행진하는 것을 볼 때에 그 사이가 아무리 생각해도 무사할 것 같지가 않았다.

배일법을 통과시킨 미국이 태평양 저쪽에 있고, 또 거기 한국의 임시정부의 초대 대통령 이승만 박사가 있고, 이쪽에서는 일본이 군대의 힘을 기르며 서로 노려보면서 태평양의 파도는 높아만 갈 것이기 때문이었다. 남만주 철도회사가 만주를 경영하고 만철과 동척이 만몽과 북지를 경영하니까 중국 내에도 배일의 회오리 바람이 불고 있었다. 캐나다에서도 배일법이 통과되고 있었다. 세계의 모든 기독교 국가의 적이 되다시피 되어 있는 게 일본이란 존재였다.

일본의 장래는 멀지 않다. 만주와 북지를 무력 하나로 짓밟으려고 하는 일본은 도처에서 배척을 받을 수밖에 없었다. 그들은 서양 사람들이 하는 것 같은 무료진료소 하나 만들지 않고 그냥 걸어갈 생각만 했다. 그들은 털도 안 뽑고 먹어 치우려는 맹수였다. 유럽 기독교 국가에서 하는 선교사업은 보지 않고 식민지 정책만 본 것이 일본의 세계관이었다. 그러니 그들이 올바로 세계사를 이해할 턱도 없고 올바로 세계란 것을 알지도 못했다. 기철은 일본이란 것을 이렇게 잘 알고 있었다.

기철은 학기말 시험인 동시에 졸업시험도 무난히 잘 치를 수가 있었다. 3월 10일을 지나니 곧 졸업하는 날이 박두하게 되었다. 이번 19회 졸업 예정자들은 모두 30명이다. 이들은 졸업기념 사진도 찍고 졸업을 앞두고 한가지 행사를 할 때마다 서로

▼ 평양신학교 졸업식 때
주기철 목사는 1926년 3월 15일 고대하던 졸업을 하게 되었다.

의 얼굴을 돌아보면서 지난날을 생각하는 것이다. 아무리 지방별 없이 한다 해도 시취볼 때부터 안면이 있는 사람끼리 조금씩 더 친한 것은 어쩔수가 없었다. 그러나 성신이 역사하는 마당에서 30명은 혼연일체가 될 수 있었다. 이제는 졸업예배도 다 끝났다.

1926년 3월 15일 고대하던 졸업을 하게 되었다. 기철은 평양신학 제19회로 졸업한 것이다. 그는 졸업 식장에서 훈시를 받은 날을 곰곰이 또 생각해 봤다. "한국교회와 전 세계 하나님의 교회를 위해서 좋은 목자가 되어달라"는 엄숙한 부탁이 더욱 의미 깊게 인식되어졌다.

기철은 평양을 떠날 때 대동강을 건너면서 그 대동강이란 말뜻이 크고 오묘하다고 생각했다. 그리고 단군 임금이 처음 이 민족의 수도를 둔 자리가 기독교의 못자리판이 되었다는 사실을 곰곰이 생각해 보는 것이었다. 모란봉도 안 보이게 되고 기차는 남쪽 목회지를 향하여 힘차게 달렸다.

진달래 필 때 가버린 사람, 순교자 주기철 목사 생애

4장

목회 시대

Chapter 01

처음 일터인
초량교회로

기철은 1926년 봄에 부산 초량교회 위임 목사로 목회생활을 하게 되었다. 초량교회가 처음 설립된 것은 1893년이었다. 30세의 청년 목사가, 설립된지 33년되는 교회의 목사가 되었던 것이다.

미국의 북장로회 선교사 배위량이 영서현에 와 살면서 전도하고, 그 후에 하대 의사 부부가 또 와서 전도를 함으로 신자가 조금씩 생겼다. 바로 그해 즉 1893년에 선교사 손안로가 초량교회를 세우게 되었다. 그 후, 손안로는 마산으로 이사를 가고 영서현교회와 병합해 예배당을 영주동으로 이사했다. 1910년에 벽돌집으

▼ 초량교회

로 70평짜리 건물을 짓게까지 발전했던 것이다. 주 목사가 목회를 할 무렵만 해도 교회에는 여러 가지 어려운 문제가 많았다.

1925년 10월 13일에 조선신궁의 신위가 일본에서 경성에 도착했는데 경기도 지사 시실 씨와 생전 내무국장은 경성 부내에 있는 각 학교에 출영도 하고 신사에 참배도 하기를 요망했던 모양인데 부내의 학교 중 기독교 계통 학교만이 마중도 안 나가고 참배도 하지 않았다.

그래서 당국에서는 표면적으로 신사참배를 강요하는 것은 아니라고 했지만 그들이 무슨 새로운 대책을 생각하는 것 같은 눈치가 보였던 것이다. 이렇게 기독교와 일본 정부는 노골적으로 충돌할 가능성을 보이고 있었다.

주 목사는 교회내의 적과 경성에 자리잡고 있는 조선신궁을 중심한 일본 세력이라는 외부의 적 앞에서 기도로써 길과 진리의 생명을 구하는 도리 이외에는 없음을 믿었다.

부산은 한국에서도 가장 많이 일본화한 도시였다. 교회서 한 발자국만 나서면 게다짝[1] 소리가 났다. 영진이는 벌써 아홉 살이 되었다. 그 아래로 영만이와 영해가 다 잘 자라고 있었다.

주 목사는 비상한 고심과 정성으로 설교 원고를 작성했다. 산에 가서 철야 기도를 하고 이슬에 젖은 몸으로 새벽에 집으로 돌아올 때가 한두 번이 아니었다.

주 목사의 장인은 김해읍 안 부자로 소문난 안기홍이란 분이었다. 그리고 장모가 이분옥이란 분인데 이분은 처음에 불교를 믿었지만 한번 예수를 믿더니 여기에 굉장히 열중하기 시작했다. 교회를 세운 것만 다섯이 넘고 김해읍에서 50리쯤 떨어진 곳에다 기도실까지 지었다. 이러한 어머니의 딸인 안갑수 여

---

1. 게다짝 : 게다(일본 사람들이 신는 나막신)를 낮잡아 이르는 말

사도 어머니 못지않게 교회 일이라면 물불을 가리지 않았다.

어린아이들을 업고 초량교회 교인들 집을 심방하면서 어려운 이들을 도와주었다. 친정에서 가져온 6천 평의 논이 구제하느라고 다 없어질 지경이었다.

주일날 아침이 되면 주 목사는 하나님의 말씀을 전하게 되는, 감사함으로 말할 수 없는 희열을 느꼈다. 주 목사의 설교는 말할 수 없이 극진하게 사랑을 얘기했지만 그 공의의 하나님을 인식시키는 데는 더 적극적이었다. 부산 시내 일본인 중에는 오이 한 개 따 먹었다고 우리 한국 여자아이의 옷을 벗겨 콜타르(coal-tar)를 칠해서 거의 다 죽게 한 일본인 여자가 있었다. 그러한 일이 가끔 초량교회 근처에서 일어나곤 했다. 일본

▲ 주기철 목사

초량교회에서 부임하던(1926년 1월~1931년 6월) 시절의 모습으로서 이때에 셋째아들 영해가 출생하였고, 제24, 25회 경남노회 부노회장을 역임하며 신사참배 반대운동에 앞장섰다.

인 농장주가 우리 여자아이를 발길로 차서 죽이는 불상사도 생겼다. 열심히 성경을 읽고 기도하고 또 세상의 징조를 보기 위해서 신문도 열심히 읽었다.

'내가 딴 일은 못하지만 주님을 위하여 목숨을 바치는 일에는 앞장서겠다.' 이렇게 하나님께 받은 은혜를 수난 당함으로 갚고자 한 주 목사였다.

초량교회에서 초량역은 가까운 거리에 있었다. 푸른 바다도 코밑에 보였다. 오류도 사이를 빠져나가는 기선은 먼 나라를 생각하게 했다. 이처럼 영원을 사모하면서 주 목사의 심정은 비단결같이 곱게 빛나는 것이었다. 이처럼 교회를 끌고 가는 엔진도 고장이 없어야 교회는 전진이 되는 것이다. 그의 기계 정비실은 기도실이었다. 그것도 건성으로 하는 기도가 아니었다. 겟세마네의 피와

땀의 기도가 있고 나서 십자가의 완전한 승리가 이뤄진 것 같이 주 목사의 목회 생활도 이러한 기도가 있고 나서 비로소 가능했던 것이다. 그는 자기의 총명이나 재주를 믿지 아니했다. 인간이 할 수 있는 극한을 다 했다. 그리고 열성으로 자기의 심신 간이 할 수 있는 극한을 다 했다. 그리고 열성으로 자기의 심신을 깨끗하게 하는데 전력을 기울였던 것이다. 장로로는 양성봉을 택했다. 그는 성심성의 초량교회를 도왔고 또 그 후 관계에 나가서 출세를 하였다. 또 주 목사는 목회를 할 뿐만 아니라 경남 성경학원에서 후진의 교육에도 힘을 썼다. 경남 성경학원에서 손양원 전도사에게 성경을 가르쳤다. 특히 로마서의 강의로 많은 학생들에게 깊은 감동을 주었다. "간절한 정서와 열렬한 사명감으로 그 당시 교계의 등불이었다"라고 손양원 전도사는 뒤에 말했다고 한다.

이때에 이기선 목사는 50세가 넘었었다. 김해교회에서 마지막 해로 10년을 채우면서 목회에 열중하고 있었다. 안갑수 씨에게 세례를 준 것도 이 목사였고, 결혼을 할 때에 주례를 한 것도 이 목사였다.

묵시록을 만독한 길선주 목사 이후로 사후 문제에 대해서 깊은 관심을 갖고 있는 게 한국교회의 특생이라 할 수도 있었다. 이러한 보수 목사에 대해서 현세에 치중하려는 신식을 갈망하는 소리도 있었다.

일본 고베에 있는 중앙신학교에 가서 공부하게 된 노진현 씨에겐 모든 문물이 발전한 일본서 공부하는 것이 좋을 것이라고 격려를 했다. 주 목사는 우리의 적이 우리의 죄라는 것을 잘 알고 있었다.

주 목사는 고요히 부산 부민이 잠든 새벽에 구덕산 위에 올라갈 때마다 주 목사는 예수님이 매일같이 감람산 위에서 하나님 앞에 기도하시던 때를 생각해 보기도 했다.

아침 햇빛과 함께 넘쳐오는 희열과 능력이 자기의 영과 핏줄에 넘쳐오는 것을 느끼는 것이었다. 푸른 바다는 마치 거울과 같았다. 주 목사는 이 어항 부산이 옛날 세관이 있던 가버나움과 비슷하다는 생각도 해보고 선교사 손안로나 기일이나 부두열과 같은 선교사와 자기 자신을 비교해 보기도 했다. 확실히 기독교의 빛도 이제 아시아의 산마루에 비치기 시작한 새벽이라 할 수가 있다고 생각했다.

'우리 한국 사람은 종교로 성공해야 된다. 그것마저 없으면 아무것도 볼 게 없다.' 이러한 생각을 하며 불철주야 기도와 성경 읽기 외에는 딴 생각을 하지 않았다.

주 목사는 이따금 자기의 형제간을 생각해 볼 때도 있었다. 아버지만은 웅천교회 당회의 서기로 줄곧 일하며 그래도 신앙심을 유지하는 편이지만 기은 형은 교직부에서도 이름이 깎여 버리는 형편이 되었다. 35세가 되어가면서 이 아이들이 자꾸 자라나기 시작했다. 열 살이 되고 열한 살이 되곤 했다. 둘째 사위를 자기 소원대로 목사로 만들어 놓고 제일 기뻐한 것은 주 목사의 장모였다. 생전에 다섯 교회를 세운 여장부는 딸의 집에 와서 무럭무럭 자라나는 외손자들의 뺨에다 입을 맞추면서 하나님이 주시는 복이 크고 넓은 데 기쁨의 눈물을 금할 수가 없었다. 처갓집이 있는 김해와 부산은 그렇게 멀지 않았다. 버스로 낙동강의 길고 큰 다리를 건너면 거기는 일본인들의 배밭과 양배추밭이 있었다. 부산부의 4만 일본인이 먹는 채소와 7만 명이 먹는 김장밭, 거의 전부가 김해군 대저면에 있었는데 여기서 조금만 가면 김수로왕의 가야의 고도는 목첩지간이 된다. 주 목사도 여기 김해읍의 으리으리한 안 부자 사위로서만도 김해 사람의 선망의 대상이 되어서 좋은 옷을 입고 이 김해읍의 처가엘 다녔다. 이렇게 웅천고를 아전의 아들로서 현세에서도 분에 넘치는 축복을 누리는 것이 모두 하나님의 사랑임에 감사했다.

3년 동안의 양산교회의 전도사 시대와 신학교 시대가 봄이라면 초량교회 시대는 여름이라 할 수가 있었다.

Chapter 02

신사참배 반대 결의안

신사참배 문제가 언젠가 한 번은 전국적인 문제가 될 것을 내다본 주 목사는 선수를 쳐서 신사참배 반대안을 경남노회에 제출하여 통과시켜둬야만 되겠다고 생각했다. 경남노회는 박승명 목사에게 파면처분을 결의했다가 본인의 항고와 또 노회의 처사에 불만을 품고 독립을 선언하는 등의 문제로 골치가 아픈 데다가 또 하나의 문제를 첨가한 셈이었다. 그 문제의 마산 문창교회에는 함태영 목사가 총회장으로 있었던 곳으로 다시 문창교회에서 목회를 하게 되었는데 또 이게 말썽거리가 되곤 했다. 그런데 신사참배 반대 결의안은 그렇게 어렵지 않게 통과가 되고 부산일보에도 크게 보도되어 주 목사는 드디어 문제의 인물이 되고야 말았다. 서슬이 푸른 대일본제국의 권위와 대결하는 셈이었다. 아직 40세에도 미달한 청년 목사는 죽음을 각오하고 일본 대제국의 위엄 앞에 나서게 되었다.

전 일본과 한국교회는 소년 다윗과 골리앗을 보는 느낌으로 이 싸움을 주목하게 되었다. 주 목사의 투철한 신앙으로서는 성경에 위배되는 우상숭배인 신사참배를 그대로 묵과하고 물러날 생각은 조금도 없었던 것이다. 용두산에는 언제부턴가 신사가 벌써 있었다. 주 목사의 부인 안갑수 여사는 여러 해째 여전도회의 회장으로 당선이 되어 회장 일을 보고 있었다. 안갑수 여사는 키가 후리후리하게 크고 형제들과 화목했다. 말솜씨도 좋고 나무랄 데가 없는 분이었다. 아이를 업고 교우들의 집에 심방을 잘 다녔다. 그녀가 가는 곳마다 화기애애한 분위기가 이뤄졌다.

그녀의 언니인 안음전 씨도 주 목사의 설교를 들으려고 이곳 교회까지 나오곤 했다.

그녀는 자신의 남편이 자기 친정 어머니의 뜻을 어기고 목사가 되지 않고 측량 기수가 돼버린 데 대해서 유감을 가지는 만큼 더욱 아우의 남편인 주 목사에게 감사하는 터였다. 주 목사의 주변은 결코 적막강산이라 할 수는 없었다. 그러나 그러한 이 세상의 행복으로 주 목사의 구도심은 만족이 안 되는 터였다. 그의 마음속 깊은 곳에는 언제나 공허한 곳이 있었다. 그때 그는 그 공허를 그대로 두거나 적당하게 무마하려고 하지 않고 거기다가 철저한 기도와 말씀을 연구하는 것으로 튼튼한 신앙의 건축을 하는 투사였다.

그는 설교를 할 때에 가장 효과적인 명 설교를 하는 재능에 있어서도 유명한 부흥사의 자격이 있었다. 연희전문학교에 다니다가 안질이 있어서 학교를 그만두고 집에 와 있으면서 재산 상속 문제로 마음 상하기도 했지만 웅천교회 집사 때에도 손수 램프 소제를 하고 교회의 마룻바닥 소제를 거의 혼자 맡아서 했다. 그리고 설교도 혼자 맡아서 했다. 김익두 목사도 주 목사를 남달리 사랑했다. 골방에 데리고 들어가서 안수를 해 주었다. 지난날을 냉정하게 생각해 보면 인간에게는 자기가 가야할 길이 마련돼 있다는 사실도 깨닫게 되는 것이었다. 그 우람한 체격과 대장부다운 풍채에서 정력적이고 강한 감호를 주는 것이 김익두 목사의 특징이었다. 자기가 손수 마룻바닥을 닦던 그 웅천교회에는 주 목사의 아버지가 서기로 있으면서 교회를 받들고 있었다. 당회로 모일 때도 주 장로의 사랑방에서 모일 때가 많을 정도였다.

영주동에서 조금만 부산역 쪽으로 가면 일본인이 경영하는 부산일보사가 있었다. 주 목사는 그 일제의 권세와 싸우려고 하는 것이었다. 부산일보 앞으로나 부산대교 쪽으로 가면서 보면 바른편 산 위에 용두산 신사가 있었다. 이건 4만 일본인의 수호신이

▲ 김익두 목사

라고 떠들었다. 그리고 초량교회에서 북쪽으로 좀 가면 임진왜란 때에 부산 진성에서 분전하다 전사한 정발 장군과 정운 장군의 사당이 있고 용두산 신사 바로 아래에는 대원군 때에 세운 척화비가 지금도 그대로 남아 있다. 그렇게 8만 개가 넘는 많은 일본 귀신들의 눈을 피해서 남은 척화비와 정 장군의 사당이 아직도 부산에 남아 있음은 퍽 다행한 일이 된다. 우리 모든 열조의 하나님이 뒤에서 주 목사를 통해 나타나시니 주님의 놀라운 섭리는 말할 나위도 없는 것이다.

고요하게 기도에 잠겨 있을 때에 주 목사의 눈앞에 보이는 대일본제국은 두꺼비 한 마리 정도로 작게 보이는 것이었다. 두꺼비에게 굴복한다는 건 우습기만 한 것이다. 천지를 만든 분의 뜻만 받들면 우리가 그 아버지의 자녀가 된다. 우리의 몸도 마음도 다 그분의 소유가 된다. 그분의 것을 그분에게 드릴 때 참마음으로 드리면 그만인 것이다. 문제는 명백했다.

주 목사는 일본에서 가져온 조선신궁의 신위가 눈앞의 철길을 따라 멀리 서울 남산에 좌정돼 있다는 사실을 잠시도 잊어버릴 수가 없었다. 김익두 목사가 좌천정에서 앉은뱅이를 일으켜 세운 기적을 행한 곳도 여기서 멀지 않은 곳이

었다.

부산 복병산록에는 영국 선교사 매비의 무덤이 있었다. 그는 1890년에 여기서 죽었던 것이다. 부산지구에 복음의 씨가 뿌려진 것은 1899년 오스트리아 선교사 떠비이스가 부산을 근거지로 전도를 시작하면서부터 시작되었다. 1901년에는 부산진과 영주동에 교회가 설립되고 1905년에는 항서교회가 모두 선교사들의 힘으로 세워졌다. 그 복음의 씨는 피압박 민족인 한국 사람 7만 명 가운데 번져갔다. 그러나 평양과 같은 기세로 교세가 떨쳐지지는 못했다. 그 중에 제일 먼저 설립된 교회가 초량교회였다. 그 숯불에 먼저 붙어 있던 또 하나의 불덩어리 주 목사가 초량교회에서 부흥의 화광을 올리고 있는 셈이 되었다.

손양원은 이때에 감만동 나병원 교회에서 전도사 일을 보는 한편 전도사로서 많은 교회를 개척하고 설립했다. 이따금 초량교회에 찾아와서 돈독한 성도의 교제를 이어나가고 있었다. 울산 방어진에도 가 있고 양산의 원동교회에 가 있기도 했다. 이때부터 손양원 전도사는 주 목사가 지구라면 그 주변을 도는 달과 같은 존재가 되었다.

"형님, 저는 신사참배라는 것 도대체 싫어서 편지를 쓰고 나서 '재배'라는 글도 쓰지 않기로 결심했습니다."

손양원 전도사는 이때부터 벌써 이런 정도로 주 목사의 좋은 동지가 되었다.

"우리 한국이 비록 작은 나라지만 종교적으로 위대한 인물이 날 것이다"라고 얘기를 했다고 하는데 주 목사는 그 위대한 인물이 곧 손양원 목사를 가리켜 말한 것이 아닌가 생각했다.

열렬한 소명감이란 신앙의 극치를 잘 표현한 손양원 목사의 말을 빌리면 경남 성서학원에서 불이 붙은 전도의 대열이 많았고 그게 그대로 경남노회의 세력으로 화했음을 짐작하도고 남음이 있다는 것이다.

"양 장로님, 순교를 억지로 하는 줄 알지만 그런게 아닙니다. 주님에 대한 감사에 겨워 나도 모르게 하는 것이 순교가 아닌가 그렇게 생각됩니다."

틈이 있으면 장로들을 잘 가르치고 좋게 인도했다. 어느 해 경관 정복을 입은 순사가 하나 찾아왔다.

"목사님, 인간이 어떻게 하면 구원을 얻습니까?"

"인간은 날 때부터 모두가 죄인입니다. 그렇기 때문에 선한 일을 아무리 하려고 해도 선을 행할 수가 없습니다. 그래서 통회자복을 하고 예수를 믿으면 예수님의 능력으로 선을 행하게 되고 말할 수 없는 영혼의 희열을 맛보게 됩니다."

"저도 제가 착하고 선한 인간이라고 행각했습니다마는 나도 모르는 사이에 죄를 짓고, 죄를 짓고 난 후의 고통이란 이루 말할 수가 없더군요."

"잘 오셨습니다."

주 목사는 경관의 정복을 입고 온 김석진이란 분을 위해서 성심성의껏 기도를 올렸다. 김석진은 나중에 목사가 되었다. 그 밖에 김상순도 목사가 되고 금성학교를 일으켜서 많은 인재를 길러내었다. 모두 저마다 새 생명을 받아서 하늘의 별과 같이 반짝반짝 빛나기 시작하는 것이었다.

김해읍에서 이제 노령으로 할머니가 된 이분옥 여사도 이러한 좋은 소식을 듣고 내심으로 무척 반갑게 생각하는 것이었다. 그는 김해읍에서 50리나 떨어진 곳에 지어놓은 기도실에서 하나님 앞에 기도를 올리고 있었다. 딸과 외손자들을 위해서 기도하고 사랑하는 사위를 위해서도 기도를 잊지 않았다.

1931년에 주 목사는 35세의 아직도 젊은 목사였다. 영진이도 13세의 소년으로 보통학교의 졸업반이 되고 그 동생들도 모두 학교에 다닐 나이가 되었다. 하나님에게 양육의 책임 맡은 자식을 주 목사는 성심성의껏 양육해야만 된다고 마음먹고 있었다. 웅천에 계신 아버님 주 장로는 이따금 노환으로 자리에 누워 계실 때가 있게 되었다.

경남 여자 전도회의 회장이 된 안갑수 여사는 인정이 많고 눈물이 많았다. 궁색하고 어려운 교인들을 자기 주머니를 털어서 잘 도왔다. '네 소유를 팔아서 가난한 이에게 주고 내 뒤를 따르라'고 한 예수님의 말씀을 주 목사 부부는 그대로 실천에 옮기고 있었다. 신도들의 눈은 목회자를 감시하고 시비하는 데도 날카롭게 빛나고 있었다. 비난을 전혀 받지 않는 목자가 되기란 거의 불가능했다. 비교적 흠이 적은 목자가 되기 위해서도 죽자살자 기도하지 않으면 안 되는 것이었다.

설교 원고는 대개 목요일까지 완성했다. 그리고 그 원고를 두고 기도를 해서 고칠 데는 고쳐야만 했던 것이었다.

주 목사는 설교 원고를 작성하다가도 가끔 산에 올랐다. 산에 오르면 산의 면적이 넓고 인간이 사는 지역이 오히려 훨씬 좁다는 것을 알게 된다. 산상에는 허물어지다 만 고성(古城)이 보인다. 봄이 되면서 마른 풀 사이에 할미꽃이

▼ 주기철 목사님 친필 서한

1931년 부산 초량교회에서 목회하던 주기철 목사가 장로교에서 탈퇴한 윤치병 목사에게 보낸 편지

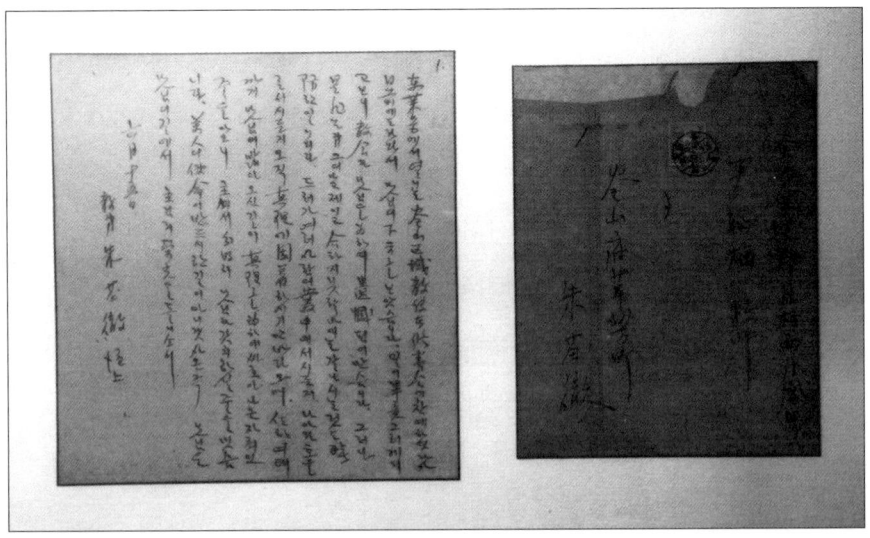

자라나서 피는 것도 보게 되고 부산 앞바다가 거울과 같이 보인다. 새벽에 연락선이 들어오는 것도 볼 만했다. 4만 부산부민이 된 저 일본인들의 고향은 일본이다. 홍해와 현해탄은 비교가 안 된다. 그만큼 현해탄은 큰 바다가 된다.

일본의 천조대신과 여호와 하나님을 생각해 본다.

"태초에 하나님이 천지를 창조하시니라."

천지를 만든 하나님과는 비교도 안 된다. 신사참배는 우상숭배가 된다. 빌라도나 가야바나 로마 병정과 비슷한 일본 군대의 칼날을 생각해 본다.

6년 동안 부산서 제일 오래된 교회를 지키고 있으니까 마산 문창교회에서 와 달라고 교섭이 왔다. 마산은 고향에서도 가까워서 노령에 계신 아버지와도 가까운 거리가 되고 오랫동안 분열되어 피를 흘려가면서 싸움을 하느라 상처 입은 교우들을 위로해 주고 싶은 생각도 들었다. 문창교회로 떠나는 것을 승인했다. 서울의 연동교회나 승동교회보다도 먼저 세워진 초량교회가 반석 위에 서는 것을 보면서 6년동안의 피와 땀의 소산으로 길러 낸 초량교회를 이별하게 되었다.

초량교회라 하면 누구든지 부산서는 주 목사와 양성봉 장로를 생각하게끔 되어 있었는데 그 한쪽이 떠나게 되었다. 무상한 것이 인생이었다.

8월의 한더위도 지나고 백로상장이 되면서 서늘해진 가을 하늘이 드높아 가고 추석을 지나게 되었다.

"예수님도 자기가 떠나는 것이 제자들에게 유익하단 말씀을 했습니다. 내가 가르친 것과 성경을 생각해 주시기 바랍니다."

떠나기에 앞서 교인들에게 이렇게 가르쳤다. 교인들은 자기네들의 생활의 중심이 떠나버리는 것만큼이나 허전했다.

1820년 5월 5일이었다. 김익두 목사가 여기 부산에 와서 부흥회를 한 적이 있었다. 그때 부산진 좌천동 446번지 김락연의 아들 두수가 8살인데 앉은뱅이로 오랫동안 고생하고 있었다. 그런데 그가 김 목사의 안수 기도로 일어서서 걸어다니게 되어 많은 사람을 놀라게 했다.

그렇게 하나님이 이적을 보인 곳을 주 목사는 다시금 유심히 보는 것이었다. 매일 가서 엎드려 기도하던 산에 가서도 이별하게 되는 이사를 했다. 송별예배도 성대하게 드렸다. 6년 동안 정든 제2의 고향이라고도 할 수 있는 부산을 떠나 마산 문창교회로 간 날은 1931년 9월 20일이었다. 마산으로 가는 길은 김해읍을 지나서 가도록 돼 있었다.

이때 주 목사의 부친 주 장로는 나이가 벌써 79세의 노인이 되어 있었다. 모친은 69세가 되었다. 아버지는 몸이 퍽 약해 있었지만 어머니는 아직 정정한 편이었다. 주 목사는 우리 조선교회의 암부라고도 할 수 있는 분쟁의 본산지 마산 문창교회로 가는 중이었다.

일차 초량교회에서 승리한 그는 문창교회에서도 하나님의 능력으로 기어코 이기고야 말 결심을 다짐하면서 마산교회로 부임해갔다. 가을 바람은 조용한 마산을 잔잔한 파도로 쓰다듬고 있었고 무학산은 새 주인을 맞아 반기는 듯했다.

Chapter 03

사랑하는 아내를 잃고

문창교회는 구마산 신정에 있었다. 주 목사는 경남 노회측을 썩었다고 말하고는 독립을 선언하고 나간 손덕우·김은수·박덕우·김주봉 등과 소위 당회측으로 알려진 이순필·박경조 등의 사실을 자세히 살펴봤다. 주 목사 자신도 어느덧 당회측을 옳게 생각했다. 무학산에 가서 밤을 새워서 기도했다.

가을이 되면서부터 세상은 더욱 긴장하게 되었다. 만주사변으로 일본과 중국군은 사실상 전투 중에 있었다.

마산 문창교회 ▶

주기철 목사가 1931년 7월부터 1936년 6월까지 시무하던 교회로, 이곳에서 넷째 광조가 출생하고, 그다음 해 안갑수 사모가 별세한다. 이후, 평양장로회 신학교 사경회에서 일사각오 설교를 함으로써, 젊은 신학도들에게 막대한 영향력을 끼치게 된다.

5년 전에 발단한 이 교회의 분쟁사건으로 전국 교회에 입힌 상처는 컸다. 주 목사는 결사적인 태도로 투쟁하지 않을 수 없었다. 마산은 부산과는 달라서 조용한 항구였다. 부산이 길가 방이라면 마산은 깊숙한 안방이라 할 만큼 환경이 달랐다.

　창원을 거쳐 웅천까지의 거리는 그렇게 차이가 생기는 건 아니지만 왜 그런지 모르게 고향에라도 온 느낌이 드는 것이었다. 부인 안갑수 여사는 어린 영만이를 업고 진주 성경학교에 기차 통학을 했다. 주 목사는 당시 진주 성경학교의 강사로 있었다. 주 목사는 기차를 타고 여러 번 진주까지 왕래하는 동안에 진주남강이 구불구불 들 가운데를 누비고 지나가는 것을 봤다. 촉석루와 그 누각 아래에 있는 남강의 푸른 물과 대밭을 유심히 바라보면서 자기의 코끝이나 눈언저리에 다가오는 쌀쌀한 시대의 찬 바람을 느끼는 것이었다. 부산일보에 신사참배 반대의 선봉장으로 이름이 난 이후로 주 목사는 차츰차츰 자기의 일사를 각오하지 않을 수 없다는 사실을 깨닫게 되었다. 강산도 수심에 잠겨 풀이 죽어있는 것만 같았다.

　손양원 목사는 방어진, 양산, 원동 등지를 돌아다니며 교회를 개척했다가 딴 곳으로 옮겨 다니곤 하였다. 일본으로 건너간 노진현은 신학교를 졸업하고 교포들 사이에 교회를 설립해 가지고 교역을 하고 있었다.

　1932년이 되니까 일본인은 만주국을 세웠다. 그리고 일본은 미국과 중국에 날카롭게 대립하기 시작했다. 물론 미국은 만주국을 승인하지 않았다. 그리고 총독부에서는 한국의 농촌이 너무나 피폐한 데 당황한 나머지 자력경생운동을 일으키기 시작했다. 그리고 일본 자체 내에서도 공산당 사건이 일어나서 입건 기소되는 사람의 수가 천 명(千名)이나 되었다. 자유주의의 폐단이 정계의 부패를 초래한다고 생각하고는 이것을 단속하면서 정권이 차츰차츰 청일전쟁, 러일전쟁으로 일본제국의 위신을 높인 군부의 손으로 넘어가기 시작했다.

"미국도 두려워할 게 없다. 할테면 싸움도 사양치 않겠다. 우리는 신국이다. 무패의 제국이다."

이러한 터무니도 없는 교만한 정신이 일부 일본의 국수주의자들의 머릿속에 버섯과 같이 돋아나기 시작했다.

주 목사는 성경 읽기와 기도하기에 여념이 없었다. 오랫동안 높은 영적 기갈에 허덕이던 마산교회 교인은 다시금 생명수의 온천을 얻게 되어 잠잠하게 신앙생활로 돌아오게 되었다.

"거짓말 하는 맹 목사가 인도하는 예배에는 참석할 수 없습니다."

이렇게 순결을 자랑하던 교인들의 마음에도 다시 해는 뜬 것이었다.

이때에 선교회에서 경영하는 의신여학교의 여 선생 중에 오정모라는 여신도가 있었다. 그는 몸이 허약한 편이었으나 독실한 신앙을 가진 인물이었다. 오정모 선생은 평남 강서 출신으로 정의여학교를 졸업했다.

추운 평안도에서 살다가 따뜻한 마산에 온 지도 그럭저럭 여러 해가 되었다. 의신학교는 문창교회의 소동에 휩쓸려 들어가 한때 시끄러운 문제가 생기기도 한 학교였다. 장로교회 측에 가담하여 편협한 태도를 취한 박겸손에게는 성경을 배우지 않겠다고 동맹휴학까지 하게 된 학교였다. 그들은 박승명을 편들어 경남노회에 반항했다. 이러한 사건의 배경에는 무교회주의자들의 선동도 있었던 것 같이 짐작이 되었다. 얼핏하면 썩었다든지 하는 얘기가 유행어처럼 퍼지고 있었다. 총명한 오정모는 사태를 바로 판단했으며 군중심리에 휩쓸리지 않았다. 그리고 목사의 사모님인 안갑수를 무척 따랐다.

"객지에서 외롭고 쓸쓸할 텐데."

안 여사가 그를 동정하면 오정모는 아이를 업고 성경학교에 다니며 공부하고 여 전도회 일로 바쁜 사모님이 얼마나 피곤하겠나 하고 위로했다. 어머니를 닮아 신앙심이 돈독한 안갑수의 언니 안음전도 이따금 와서 주 목사의 화기애애한 가정에 봄 바람이 되었다.

"장모님은 지금도 그 기도실에서 기도만 하시나요?"

이렇게 웃는 얼굴로 주 목사가 처형을 형님이라 부르면서 얘기를 하면,

"기도도 하지만 구제하느라, 자기가 개척한 교회 뒷받침하느라 몸이 열 개가 있어도 모자라지요."

"천국에 가서 상이 많겠지요."

주 목사의 장모가 되는 이분옥 여사는 자기의 사위가 훌륭한 목사로 참대와 같이 굳건하게 자라나는 것을 보고 마음속으로 기뻐하고 있었다.

주 목사는 올해 들어 80세가 된 아버지를 염려하고 있었다. 웅천교회의 당회 서기로 오랫동안 신앙의 등불을 밝혀온 자기 아버지가 세상을 떠나기라도 하면 형들의 신앙생활을 위해서는 염려하지 않을 수 없는 입장에 있었다.

눈만 감으면 눈앞에 삼삼하게 고향생각이 떠오르는 것이었다. '개통학교 뜰에 서 있는 그 나무에도 봄이 와서 잎이 피었을 테지……' 하며 생각하기도 했다. 천자봉, 시리바위 그 밑에 있는 밤나무 숲이나 모두가 눈앞에 삼삼하게 떠오르는 것이었다.

마산 문창교회에 시무한 지도 여러 해가 되었다. 무학산에서 기도를 하다가 축축하게 밤이슬에 젖어서 내려오는 주 목사를 보는 사람은 '교회에 무슨 어려운 일이 있나보다.' 불신자들도 그렇게 생각하게끔 되었다. 한동안 교회는 짠맛을 잃은 소금이 되어버렸던 터였기 때문이다. 교회는 수라장이 되어 장로(長老)나 집사가 구마산 주재소에 불려 다니기만 했다. 교회에 정복 순사가 나타나서 치고받고 피를 흘리며 싸움질 하는 교인들을 뜯어말렸다. 구경거리가 되었던 교회였다. 그게 이제는 빛과 소금의 역할을 하는 교회 본연의 자세를 회복하기 시작하였다.

'모든 어려운 문제를 정리하는 열쇠가 오직 믿음에 있고 주를 열애하는 데

있다.'

이렇게 느낀 주 목사는 비상한 열의를 가지고 설교 원고를 작성했고 비상한 열의와 위엄을 가지고 설교했다.

"주 안에 있으면 능치 못할 일이 없습니다."

이것은 주 목사가 그 어려운 마산 문창교회의 거센 파도를 넘고 나서 한 말이었다. 예배당의 신성을 극도로 문란시켜 놓은 바로 그 자리에서 주 목사는 먼저 성전의 신성한 분위기를 회복해야만 되겠다고 생각했다. 주영신·박경조·현완준·이순필 등과 의논을 했다.

이상소·박덕우 등에서 단단히 혼이 난 이순필 장로의 얼굴을 바라보면서 목사는 부드러운 어조로 얘기를 했다.

"성전은 하나님의 말씀을 전하고 하나님에게 예배를 드리는 곳입니다. 주일학교 교육을 할 수 있는 교육관을 따로 짓는 것이 좋다고 생각합니다."

이렇게 되어 1933년에 교육관 건축 헌금을 했다. 208평이나 되는 대강당을 만드는 일은 용이한 일이 아니었다. 그러나 주 목사의 열성에 감동이 된 장로와 교인들은 하나님에게 영광을 돌리는 일에는 아까운 것이 없다는 방향으로 마음이 기울어지기 시작했다.

이러한 주 목사의 노력으로 다시 불신자의 이목에도 교회는 신성한 존재로 비치기 시작했다. 그럴수록 더욱 주 목사는 겸허하게 하나님 앞에 자기를 낮추고 열심 있게 기도 드렸다.

교육관 기공이 시작된 그다음 해였다. 안갑수 여사의 얼굴에 종기가 나서 수술을 했더니 크게 덧나기 시작했다. 광조가 아직도 젖을 달라고 보채는 어릴 때였다. 안갑수 여사는 종기로 몸져눕더니 다시 일어나지 못하고 병세는 하루하루 기울어지기만 했다. 주 목사와 교우들의 근심과 걱정은 이만저만이 아니었다. 친언니처럼 따른 오정모는 매일같이 안 여사의 머리맡을 지키고 앉아서 약을 다려서 권하기도 하고 심부름도 했다. 그러나 안갑수 여사는 결정적으로 회복할 가망이 없어지게 되었다. 많은 교우들이 방에 가득히 모여 있었다. 안갑수 여사는 누구를 손짓해서 부르고 있었다.

"나요?"

아니라고 한다. 집사 장로 젊은이 늙은이가 모두 나냐고 해도 모두 아니라는 것이다. 오정모 선생이 나냐고 하니까 안갑수 여사는 덥석 그 손을 잡는 것이었다.

"오 선생이 주 목사를 많이 도와주어야 되겠습니다."

그렇게 얘기를 하고 나서 안갑수 여사는 고요히 눈을 감아버리고 말았다. 교회에서는 곧 안갑수 여사를 교회장으로 장례를 거행하기로 결정했다. 교회장으로 아내의 장례식을 한 날, 주 목사는 교인을 다 돌려보내고 떼를 다 입히고 난 아내의 무덤 앞에서 한명동과 이약신 두 사람만이 남아 있을 때 그제서야 주 목사는 방성통곡을 했다. 한명동은 안갑수 여사가 별세하기 직전에 주 목사가 친히 안수해서 집사로 세운 분이었다. 주 목사의 울음소리는 간장을 녹이는 듯했다. 한명동과 이약신은 몸부림치며 슬퍼우는 주 목사를 모시고 산을 내려왔다. 그리고 한명동은 한상동 목사의 친동생인데 그 후 일본가서 신학교에 가겠다고 주 목사에게 의논하러 왔다.

"그거 좋은 일이지. 일본은 우리보다 선진국이라 문명된 사회를 봐두는 것도 좋을 거고, 우리 동포들이 그곳에서 일본 사람들에게 눌려 사는데 모세 같이 그들을 가나안 복지로 인도할 책임도 있지."

한명동 집사에게 주 목사는 진심으로 큰 희망을 가지고 부탁을 했다. 한명동 집사가 일본 고베로 떠나고 나서 얼마 있다가 주 목사도 일본에 있는 조선인 교회의 부흥강사 초청을 받아 일본으로 떠나게 되었다. 그때 부산 초량교회 시대에 일본으로 건너간 노진현 전도사가 있었다.

주 목사는 사도 바울이 로마로 떠날 때의 심사를 생각해 봤다. 가이사랴에서 죄수로 로마로 가는 바울에 비한다면 현재 자기의 신세는 좋은 편이라고 생각되었다. 연락선을 타고 좀처럼 여러 가지 생각으로 잠들 수가 없었다. 일본에는 한국인들이 많이 가서 살고 있었다. 그리고 하천풍언이나 내촌같은 분이 일본인들의 영적 생명을 위해서 맹렬하게 활동하고 있는 모습도 보아야 되겠다고 생각했다. 부산서 연락선을 타고 한국을 떠나면서 더욱 일본인들과의 싸움은 불가피하다고 느끼게 되었다. 쉽사리 잠들 수 없었다. 일본에 도착한 주 목사는 물질문명의 발달에는 눈이 휘둥그레질 만했다. 또 산뜻한 일본의 산천을 보고 일본인보다 더 현실적으로 각성된 민족이란 인식도 하게 되었다.

광도에서 며칠 지나고 노진현 전도사가 있던 고베에 있는 조선인 교회에서 설교도 하고 한명동도 만났다. 무척 반가웠다. 그리고 곧 대판 한인교회에 가서도 설교했다. 대판은 전 일본에서 한국인 노동자가 제일 많은 곳이었다. 설교에서는 이러한 얘기도 했다.

"우리가 일본 사람들보다 더욱 발전한 것이 있다면 기독교일 것입니다. 우리는 사신우상에 절하지 말고 하나님의 축복을 받읍시다."

도처에 눈에 띄는 것은 불교 사찰이었다. 또 신사였다. 이나리라고 하는 붉은 나무의 문과 여우의 그림을 붙여 놓은 우상을 보게 될 때 일본을 사신우상의 나라라고 하는 것을 더 깊이 깨닫게 되었다. 기차로 아름다운 동해도전을 지나 동경 집회에 갔을 때도 현대 과학문명과 사신우상이 묘하게 결합이 된 바벨론을 느끼게 했다.

"친애하는 동포들, 하나님을 경외합시다. 선을 행하고도 못 사는 민족이 없고 하나님을 배반하고 악을 행하고도 흥한 나라는 없는 것입니다. 사신우상에 절하지 맙시다. 모든 우상을 버립시다. 돈이 우상이 될 때 돈을 버립시다. 부모와 자식이 우상이 됩니까? 부모나 자식이라도 버립시다. 아브라함의 신앙으로 돌아가십시다. 그리고 영원한 생명을 얻읍시다."

라고 역설하던 이기선 목사의 투지에 넘치는 설교가 뇌리에 떠올랐다.

종교 법안을 만들어 낸 오까다 문상이 있던 붉은 벽돌로 된 문부성의 큰 건물을 볼 때, 그 건물이 잿더미가 될 날을 상상하기도 했다. 그리고 부산일보에 게재된, 자기가 경남노회에 제출하여 통과케 된 신사참배 반대 결의안을 생각해 보았다.

일본 안에 꾀죄죄하게 살고 있는 동포들의 사는 집들을 가서 방문해 보기도 했다. 동포들은 불결한 닭집이나 돼지우리 같은 빈민굴에서 빈대와 같이 살고 있었다.

"자매님들 형제님들 수고하십니다."

"고국에서 유명한 목사님의 설교에 은혜 많이 받았습니다."

이렇게 경상도 사투리를 하는 사람이 많았다. 주 목사는 나라를 잃어버린 유대인 신세가 된 고국의 동포들을 대하면서 이스라엘의 문명을 생각하지 않을 수 없었다.

니가다에 가서는 수력발전소 공사에서 무참하게도 학살된 백여 명의 한국인 노동자들 생각이 나서 눈물이 고였다. 나라를 잃은 민족은 얼른 하나님 앞으로 돌아와야만 한다고 목이 터지도록 외치고 한국 땅으로 돌아왔다. 주 목사의 설교자로서 명성은 날로 높아만 갔다.

208평이나 되는 교육관 건축은 여러 가지 어려운 문제로 난항에 난항을 거듭했다. 노아의 방주와 같이 비난하는 사람도 있는 모양이었다. 그러나 기도와 성경에만 열중하고 구제에도 열성이 있는 주 목사의 관후하고 온유한 인격은 전 신도들에게 언제나 만족을 주었다. 그들이 요구하는 영력도, 그들이 요구하는 사랑도, 또 그들이 요구하는 학식도 다 구비되어 있었다. 나날이 주 목사는 마산 문창교회의 태양이 되었다.

"교육관 추가 연보를 위하여 부흥회를 합시다."

"부흥회를 할 필요가 없습니다."

이번 교육관 같은 큰일이 있을 때는 김익두 목사를 모셔다가 부흥회를 해야만 할 형편이었지만 모두 그럴 필요가 없다는 게 공론이었다.

오정모 선생은 문창교회에서 언제나 새벽 기도와 철야 기도로 이름이 나고 열성 있는 교인으로 뚜렷한 존재가 되었다.

"오 선생 어디 계신지 못 봤소?"

"야 이 미련한 사람아, 오선생이야 그 아버지 집에 있지, 어데 있겠노?"

모두 이쯤 인식하게 되었다. 새벽 기도를 끝내고 난 주 목사의 일과에 한 가지 일이 더 생겼다. 그것은 마산 공동묘지에 있는 아내의 무덤을 보고 오는 것이었다. 광조의 입에 우유통을 물려놓게 되니 눈물 없이 이것을 바로 볼 수가 없었다. 34세의 젊은 나이로 젖먹이를 남겨 두고 안갑수 여사가 저 세상으로 가고 난 후 더욱 이 세상에 무상을 느끼고 애착이 희박해진 주 목사는 성경 읽기와 기도에 더욱더 열중했다. 그리고 이미 시작된 교육관 건축하는 일에 총력을 기울였다.

◀ 문창교회 제직회

왼쪽 끝에서 세 번째가 한명동 집사(한상동 목사 동생)로, 후에 목사가 되어 경남지역 교회 부흥에 앞장서게 된다.

▼ 주기철 목사

어느덧 아내가 간지 반년이 되었다. 안음전 여사가 왔다. 안 여사는 죽은 동생의 남편이 되는 주 목사의 수척해진 얼굴을 측은하다는 듯이 바라보면서 말했다.

"어서 결혼하도록 합시다."

"네, 좀 기다리다가 애들이나 키우면서 차차 하도록 하겠습니다."

안음전 여사는 동생 갑수가 오정모의 손을 잡고 유언삼아 하던 말을 생각하고 있었다. 그때 그 광경을 주 목사도 친히 묵도한 사실이었다. 이때 큰 아들 영진이는 벌써 18세나 되는 청년이 되어 있었다. 주영신 장로나 이순필 장로나 모두 주 목사의 배필을 물색하고 있었다.

"오 선생이 제일이다."

그래서 오정모 선생을 잘 아는 사람에게 알아보니까 오정모 선생은 남의 후처로 가기를 원하지 않는다는 얘기를 노상 하더라는 말이 들려왔다.

"전처의 자식들이 토끼 눈을 해가지고 계모라고 노려볼 텐데 어떻게 남의 후처 노릇을 해… 그건 못해." 이게 오정모 선생의 견해였다.

"안될 걸."

"안갑수 사모님이 그렇게 유언을 했다는데 주 목사님을 도와달란다고……"

"한번 얘기를 해보면 될꺼 아이가, 길고 짧은 것은 마차봐야 앙꺼네."

"그렇다."

주 목사는 오정모 선생이 입원하고 있을 때 문병도 가곤 했다. 그러고 있는데 안음전 여사가 또 찾아왔다.

처형은 오정모와 혼담이 있단 말을 어디서 들었던지 좀 못마땅한 눈치였다.

"지금 주 목사가 결혼을 하려고 하면 오 선생 몸이 튼튼해야 할텐데요."

그러니까 주 장로도 한 말을 더 거들었다.

"오 선생도 나같은 죄인이 하나님의 종을 섬길 자격이 없다고 사양한다는데요."

"요는 주 목사 당사자의 마음이 제일이지요."

안음전 여사는 결단성 있게, 그렇게 말했다.

안음전 여사가 주 목사를 만나보고 나서 주 목사가 오정모 선생을 마음에 두고 있다는 사실을 알게 되었다.

"몸이 약해서 어떨는지."

"결혼하고 나면 괜찮을 겁니다."

그때 안음전 여사는, 주 목사의 얼굴에는 안갑수 여사가 마지막 유언할 때의 저녁노을같이 아름답고 수줍은 표정이 서려 있다고 느끼는 것이었다.

"그런데 처형, 영진이가 반대를 하는데 좀 잘 타일러주이소."

"그런 건 염려가 없지요."

영진이의 이모가 되는 안음전 여사는 그렇게 쉽게 그 어려운 일을 맡았다. 영진이의 반대는 그렇게 완강할 정도는 아니었던지 주 목사와 오정모 선생의 결혼을 순조롭게 진행되었다.

결혼을 하고 보니 교인들 가운데 오정모 선생과 주 목사가 연애를 했다고 비난하는 말이 새어 나오기도 했다.

여기에 대해서 주 목사는 아무 대꾸도 하지 않았다.

Chapter 04

인생의 향기

안갑수 여사에 대한 애절한 사별로 인간의 슬픔을 맛본 주 목사는 다시 오정모 선생과 결혼하면서 다사로운 인생의 향기에 취하는 심사가 되었다.

"교회 목사와 교인이 결혼한다는 것은 불순하단 말이야."

전국적으로 말썽 많기로 유명한 마산 문창교회 교인의 입에서 이러한 말이 오르내리기도 했다.

"목사가 자기 교회 교인과 연애한다면 목사직을 사면해야 한다."

그러나 이러한 군소리는 대세를 지배할 만큼 강력해지지 못했다.

"목사님, 신혼 가정이 퍽 행복해 보입니다. 불행 중 다행입니다."

이러한 말을 들을 때에 주 목사의 얼굴에는 소년과 같은 수줍음이 있었다.

주 목사는 설교 준비를 하느라 여념이 없었다. 이럴 때는 오정모 집사님은 어린애 광조가 울음을 터뜨리지 않게 세심한 주의를 하는 것이었다. 영해나 영만이도 떠들지 못하게 했다.

구마산에 처음으로 교회가 설립된 때는 1901년이다. 백도명이란 분이 전도

▲ 주기철 목사와 오정모 집사

안갑수 사모는 숨을 거두기 전, 평소 교회에서 자매처럼 지내온 오정모 집사에게 주기철 목사와 아이들을 부탁하게 된다. 안갑수 사모가 소천하고 두 해 후, 두 사람은 결국 결혼하게 된다. 오정모 집사는 아내이기보다 믿음의 동지로서 주기철 목사가 순교의 길을 갈 수 있도록 헌신적으로 동역한다.

를 하여 김마리아란 분과 김인모란 분이 믿게 되었다. 여자만 일곱 사람이 모여서 예배를 보더니 교회를 세웠다. 그 후 선교사 노세영이 오더니 학습교인 7인을 세웠다. 부산교회 제직이 돌려가며 와서 예배인도를 했다. 그러다가 김주은이 영국 선교사 손안로에게 전도를 받아 믿게 되어 같이 와서 그 아들 이승규에게 전도를 하여 믿게 되니 동지 수십 명이 모이게 되었다. 이렇게 마산에는 교회 둘이 서게 되어 이따금 분쟁하게 되었다. 그 후, 30년의 세월이 흐르는 동안에 많은 교인이 나타났다. 그리고 교인들의 신학 지식도 날카로워졌다. 아무렇게나 인도하는 예배에는 반항하게도 되었다. 그들은 강건했으며 또 강직하기도 했다. 주 목사는 교인들이 다 솔깃해진 것을 알았지만, 그렇다고 해서 자기 자신의 신앙심을 무디게 하는 잠자는 상태에 둬둘 수는 없었다.

무학산에는 주 목사가 오르내리는 길이 빤질거리게 닦아졌다. 잔잔한 바다 위에는 갈매기가 날아다녔다. 표면만은 평화스러운 항구였다. 신마산 쪽에 있는 일본인들의 연대에서 기상나팔 소리가 새벽 공기를 흔들어 놓기도 했다. 산기를 느끼면서 봄꽃이나 여름꽃이나 가을꽃이 피어있는 주님의 아름다운 동산을 찬미하면서 주 목사의 기도는 한가지 결심을 굳게 영글게 하였다. 주 목사의 설교 하나하나는 모두가 피땀나는 기도와 체험의 소산으로 이룩된 공든 탑

아닌 것이 없었다. 그의 설교는 천근만근의 무게를 가지고 청중의 마음문을 두드리고 저쪽 하늘나라의 영광을 똑똑하게 보여주는 망원경이 되었다.

그것은 예수님에게 받은 바 은혜의 막중함이 감사해서 드리는 제물이었다. 수요일 예배에도 주 목사는 언제나 자기 자신이 강단에 나서서 설교했다. 새벽 기도 때의 설교는 언제나 30분 내에 끝내기로 했다.

"새벽 시간은 은혜가 많은 시간입니다."

주 목사는 교인들에게 새벽 기도를 권면했다. 그리고 자기 자신은 한 번도 새벽 기도를 빼먹는 일이 없었다.

1934년이 되었다. 이해에 주 목사의 아버지 주현성 장로가 세상을 떠났다. 그래서 주 목사는 고향인 웅천으로 돌아가지 않을 수 없었다. 형 셋을 만나고 또 오랜만에 어머니를 만나서 통곡했다.

웅천면에 있는 선영하에다 장사를 지냈다. 80세로 장수를 한 셈이지만 섭섭한 마음은 비길 데가 없었다. 큰형은 53세가 되어 있었고, 큰조카 국영은 34세의 청년이 되어 있었다. 그리고 주 목사도 어느새 나이가 39세의 장년이 되어 있었다. 장지에서 돌아와 아버지가 거처하던 방에 가서 상해에서 가져온 순 한문으로 된 성경을 볼 때는 새삼스레 눈물이 앞을 가리는 것을 억제할 수가 없었다.

아버지의 수필집이라 할 수 있는 「청야종인(淸夜鐘引)」이란 책이나 「유제자서(遺諸子書)」같은 책을 볼 때에 자식들을 염려하는 가정이 느껴져서 새삼스레 지난날이 주마등같이 눈앞에 아른거리는 것이었다. 주 목사는 소년이었을 때 올라가 엎드려 기도하던 뒷산의 바위에도 가봤다. 또 그리고 개통학교도 가서 봤다.

먼저 아내 안갑수와 결혼할 당시의 웅천교회로 가서 봤다. 웅천 선내리는 그 후 1917년에 군이 없어지고 면이 된 후 더욱 보잘것없는 시골이 되어버린 것을 알게 되었다. 교회의 때묻은 마룻바닥과 벽에 걸린 램프도 옛날 그대로 있었다. 참 오래간만에 대하는 고향이었다.

명천자의 후예였다는 큰 꿈을 간직한 천자봉이나 남산의 왜성을 바라보면서 안 되어가는 시세를 탄식하는 눈물이 주 목사의 뺨을 타고 흘러내릴 때에 어떻게 해서든지 신앙면에서라도 이겨야 한다고 새로운 결심이 솟구쳤다.

어머니는 벌써 70세를 넘은 노인이 되어 있었다. 어머니는 주 목사 자신이 모셔야 한다고 생각했다. 아들 하나를 소망으로 살아온 어머니였다.

"아버지 추도 3년기나 내고 가도록 하지."

그래서 얼마 만에 주 목사는 마산에 있는 교회에 돌아오기로 했다. 오면서 생각하니 안갑수와 결혼할 때 생각이 나서 눈물이 났다. 무상한 것이 인생이었다.

나이 먹은 홀아비가 새장가 들 때는 신부의 교만을 참아야 한다고 말한 주 목사지만 새 아내를 곁에다 두고 죽은 부인을 생각한다는 것이 미안한 일 같기도 했다. 그러나 어쩔 수 없는 일이었다. 안갑수 여사를 생각하면서 울어도 아버지를 생각하고 우는 줄 알 터이니까 상관은 없었지만, 버스가 구마산에 되돌아가서 그런지 모든 곳이 쓸쓸해지는 것만 같았다. 그러다가 죽지 않은 영원한 하나님 아버지가 계신다는 신앙의 세계로 돌아오는 것이었다.

교회로 돌아와 생각하니 자기도 벌써 39세가 되었다는 생각이 들었다. 여러 군데서 부흥회를 해달라는 요청을 다 들어줄 수는 없었다. 그러나 평양신학교는 모교이며 또 전국 교회의 이목이 집중되는 곳인 만큼 여기만은 거절할 수가 없었다. 근 10년만에 모교로 사경회를 인도하러 갔다.

전국적으로 유명한 목사요, 설교가로 이름이 나서 금의환향한 셈이다. 때와 장소를 최고로 활용하는 대전략가는 이미 어렸을 때부터 나타난 바 있지만, 평양신학교 강당에서 미래의 교역자들을 앞에 두고 한 그의 설교도 인상적이었다.

7월 1일, 그날은 도마가 순교한 날이었다. '고난의 십자가를 질 각오를 다시금 가다듬자' 는 요지로 설교를 했다. 그렇게 되어 '일사각오(一死覺悟)[2]'란 제목의 설교는 더욱 빛을 발하였던 것이다.

그는 소리를 높여서 외치는 것이었다.

"이 사람이 다른 것으로 우리 한국교회에 바칠 것은 없습니다. 주님을 위하여 목숨을 바치는 데 앞장을 서겠습니다."

이러한 비장한 결의를 표명하는 것을 듣고 신학생들은 모두 비장하게 긴장했다.

거의 십 년 만에 금수강산으로 이름난 평양부와 대동강을 구경하고 또 조만식 선생과 남강 선생을 뵙고 옛날로 돌아갔다.

오산학교를 졸업한 후 벌써 20년 세월이 흘렀고, 신학교를 졸업한 지도 10년이란 세월이 흘렀던 것이다. 억센 평안도 사투리에도 지난날 생각이 새로워지는 것이었다.

성은 중에 집회를 마치고 서울을 거쳐 마산으로 돌아왔다.

한석진, 함태영 같은 원로 목사가 시무하던 말썽 많은 마산 문창교회의 혼란을 놀라운 목회력으로 진압하여 명망이 높아간 주 목사지만 하나님 앞에 자기가 죄인됨을 더욱더 깊이 깨닫고 기도와 성경 읽기에 더욱 주력을 하는 것이었다. 주의 종을 섬기는 데 티도 흠도 없이 잘 하겠다는 정성으로 자기의 몸 둘 곳을 몰라 하던 오정모는 기도생활에 박차를 가하게 되었다. 오정모의 정성과 주 목사의 불붙는 신앙을 보고 이번 혼인이야말로 하나님의 역사라 믿어지게 되자 오정모를 비난하던 사람도 모두 통회자복하기에 이르렀다. 본 교인의 존

---

2. 일사각오(一死覺悟) : 주기철 목사가 모교인 평양신학교에 초청되어 1935년 12월에 신학생들에게 외친 설교의 제목으로 '도마와 같이 일사각오가 있어야 한다' 는 내용이었다. 당시의 설교는 이후 주기철 목사의 대표적인 설교 중 하나가 되었다.

경과 열성은 교육관 건축 연보에도 나타나기 시작했다.

1933년에 일을 시작해서 벌써 2년을 끌어오더니 이럭저럭 완공할 단계에 이르렀다.

이때였다. 한 가지 어려운 사건은 박승명 목사 이래로 독립파의 난동과 함께 그 뒤를 이어 무교회주의의 교회란 사건이 일어나게 되었다. 그 당시 주 목사는 어쩔 수 없이 경남 노회장의 자리에 있을 때였다.

내촌의 무교회주의에 감염된 청년 전도사를 단연코 처분했다. 그리고 최태용의 순육이론에 매혹된 무리들을 시정하기 위해서 동래(東來) 시찰 구역에서 박형룡 박사를 청해다가 신학강좌를 열어 일일이 그 그릇된 점을 공격하여서 분쇄하고 말았다. 적당들은 감히 입을 벌리지도 못했다. 그는 진리를 지키는 데는 불 같은 열성과 위엄이 있었다. 이렇듯 마산 문창교회 시대에 지극히 사랑하는 부인과 아버지를 사별하고 그의 텅빈 가슴에 하나님의 모습만 뚜렷하게, 구름 속을 헤친 달과 같이 나타났던 것이다.

그러나 오정모를 맞아 다시 인생의 향기를 감미함과 동시에 한국교회의 이름난 부흥사로 호교의 맹장으로서 한국교회의 빛이 되었다.

그는 아침 해와 같이 눈부시게 빛나고 있었다. 길선주 목사 별세 이후의 큰 목사로 이름이 나기 시작했다. 마포삼열(馬布三悅)[3]도 감당 못하는 마산 문창교회 분규사건으로 말썽난 경남노회 사건을 진압함으로 그는 명실공히 한국교회의 일인자가 되어가고 있었다. 총회에서도 알아주고 일개 평신도도 그를 알아주었다. 그는 열심 있는 기도로 팔방이 영롱한 완전한 교역자였다.

그는 구원의 즐거움을 맛보고 하나님 앞에 완전하게 되어 영으로 사는 생활을 권면했다. 그가 오산학교 시절 오상근 조사를 따라다니며 신간회의 변사 노

---

3. 마포삼열(馬布三悅): 미국의 선교사 새뮤얼 오스틴 모펫(Samuel Austin Moffet)의 한국이름이 마포삼열이다. 1980년에 조선에 들어와 46간간 선교사 생활을 하였으며 평양 장로회신학교를 세우고 초기 한국교회 성장에 큰 공헌을 하였다.

릇을 할 때에는 천하에 거칠 것이 없다고 으시댔지만, 한 번 김익두 목사의 부흥회에 가서 자신이 하나님 앞에 벌레만도 못한 죄인인 것을 깨닫게 되자 그리스도의 영을 받아서 자기의 인격의 때를 벗기고 중생의 방향으로 전심전력을 기울이게 되었다. 그 싸움터는 산사의 기도처였다. 그리고 주 안에서 무소불능(無所不能)[4]이란 체험을 갖게 되었던 것이다.

무교회주의도, 순육론도 박살이 나고 말았다. 그러나 한국교회 전체는 신구의 충돌로 서서히 방향을 전향하려고 들었다. 보수신앙은 새로운 신신학 앞에 고난을 당하게 되었다. 신신학에 감염된 김재준 박사는 화석이 된 바리새주의는 죽은 신앙이라고 그의 문필을 휘두르기 시작했다. 여기 맞선 것은 박형룡 박사의 정통신앙이었다. 주 목사는 순정 정통신앙을 지키는 선봉장이었다.

1936년에 문창교회의 교육관은 드디어 낙성식을 거행하기에 이르렀다.

"이제 예배당에서는 예배만 보고 주일학교 공부는 교육관에서 하게 되었습니다. 성전을 깨끗하게 하는 것은 우리가 하나님을 보게 하는, 제일 먼저 지켜야만 할 의무라 생각합니다."

건축 헌금을 시작한지 4년이란 장구한 시일을 소비하여 피와 땀과 눈물의 소산으로 된 교육관이 되는 것을 보게 된 것이다.

박은석 같은 이가 주일학교 학생으로 있었다.

이때에 큰 아들 영진은 멀리 집을 떠나 오산학교에 다녔다. 벌써 18세의 청년이 되어 있었고, 광조도 제법 재롱을 떨게 되었다. 그러나 정의 사람 주 목사의 눈에는 아이를 업고 바쁘게 다니는 사람만 봐도 아이를 업고 성경학교에 다니고 또 교인들 집에 심방을 다니던 후덕한 아내 안갑수 여사가 떠오르곤 했다. 현재와 과거와 미래가 마치 한 그루의 나무처럼 주 목사의 눈물 어린 눈앞에 아롱지는 것이다. 오정모 집사를 생각하여 안갑수 여사를 그리워하는 표정

---
4. 무소불능(無所不能) : 능히 하지 못할 것이 없음

은 감춰야만 되었다. 주 목사를 친형처럼 따르던 손양원 전도사는 1935년에 평양신학교에 입학해 가지고 능라도교회의 전도사가 되었다고 편지가 왔다.

경남 성경학원 때에 기도와 성경 공부와 전도에 열심히 내어 뛰어난 성적을 보이던 손양원 전도사를 위해서도 기도했다. 심각한 인간체험과 간절한 정서와 열렬한 소명감으로 지울 수 없는 인상을 손양원 전도사에게 준 주 목사는, 양과 같이 양순해 보이는 손양원 전도사에게서 항상 친근감을 느꼈다. 순교자의 전기를 많이 읽도록 권면하고 우리 한국에 종교적으로 위대한 인물이 날 것이라고 말한 자기 자신의 8, 9년 전을 그는 어제같이 생각하는 것이었다.

이때에 평양 산정현교회에서도 신구 충돌이 있었다. 그리고 보수신앙을 견지하고 있던 산정현교회의 장로 측에서는 송창근 박사의 신앙적 태도를 좋지 않게 생각하게 되었다. 그러한 관계로 송 박사는 부산진으로 밀려 나가게 되었다.

산정현교회 당회에서는 한국의 예루살렘에 보수신앙의 거두 격인 주 목사를 모셔다 놔야 한다는 데 합의를 보게 되었다. 신사참배를 반대하는 선봉장 역할을 한 주 목사였다. 일본인에게 우선 눌리기를 싫어하고 그들과 투쟁하는 데 앞장을 섰지만 그건 신앙을 위해서 어쩔 수 없이 한 것이었다. 정통보수를 사수하는 주 목사는 여러 가지 의미로 평양의 주인 목사요, 한국의 후계자로 지목이 된 것이다.

1936년의 봄도 지나서 무학산의 진달래도 다 졌다. 어느덧 신록의 계절이 되었다. 문창교회는 더욱 부흥도상에 올랐다. 빛나는 눈동자와 깊은 우주의 중심에서 울리는 것 같은 정중하고 심각한 주 목사의 설교에서는 보물과 같은 생명수가 교인들의 갈급한 심령에 밀려들었다. 불과 수십 명으로 줄어 들었던 문창교회의 신도는 원상회복이 되고도 남았다. 그리고 모두 마음속 깊이 영적 희열을 느꼈다. 이러한 남의 사정에는 아랑곳하지 않고 평양 산정현교회 대표 조만식 장로와 김동원 장로는 주 목사를 청빙코자 마산까지 왔던 것이다. 이 사실을 안 문창교회는 발칵 뒤집혔다.

"무슨 소리를 하고 있노? 부흥되어가는 교회 목사를 니 마음대로 데리고 간단 말이고? 택도 없는 소리 말라 캐라!"

문창교회 장로들은 안색이 발칵 변할 정도로 격분했다.

"목사님! 평양으로 가실람니꺼?"

이렇게 섭섭해하는 이순필 장로나 주영신 장로들을 달래놓고 주 목사는 만사를 하나님 뜻에 맡기고 기도한 후에 결정하기로 했다. 문창교회 측에서는 절대로 모두가 반대였다. 주 목사는 1931년에 와서 5년간 문창교회의 상처도 회복시켰고 교육관도 지어놓고 이제 무슨 큰일이 있을 것 같지 않으니 과거의 은사인 조만식 장로의 청을 들어서 남북인의 지방 싸움 같은 것도 없이 하고, 오산학교 이후 평양신학교 시대에 그 지방 사람들에게 입은 은혜가 태산 같은 터라 그것도 갚는 게 하나님의 뜻이란 방향으로 마음이 기울어지고 있을 때였다. 그리고 작년 봄에 금강산 수양관에서 설교를 끝내고 하산 길에서 박형룡 박사가 하던 말도 생각 났다.

기도해 보겠다고 말씀을 올려서 조만식 장로와 김동원 장로를 평양으로 전송하고 나서 얼마 지나서였다.

오정모 집사가 남편인 주 목사를 보고 얘기를 하는 것이었다.

"참 이상한 꿈을 꾸었어요."

"무슨 꿈인데요?"

"꼭 생시 같은 꿈이에요."

"그래요?"

"참 신기해요. 평양으로 가서야 할 것 같아요."

"나도 문창교회를 지키는 것보다 한국교회 전체를 지켜야 한다고 생각해요."

"그런데 꿈에 어떤 청년이 나타났어요."

주 목사는 거짓말이라고는 할 줄 모르는 아내가 하는 얘기를 들으려고 귀를 기울이고 있었다. 그는 아내의 인격을 진심으로 믿고 있었다.

오 집사는 계속해서 주 목사에게 꿈 이야기를 했다.

"……. 나한테 쪽지를 주고 문 앞에 광고를 붙이면서 속히 와서 보라고 하기에 가서 보니 한국교회에 부치는 광고라면서 쓰여있지 않아요."

주 목사는 그 얘기를 듣자 무엇인가 마음에 짐작이 되는 것이었다. 일본 세력과의 마지막 전쟁은 평양이 되는가 보다 생각된 것이다.

그뿐만이 아니었다. 문창교회의 제직 중 한 사람이 꿈을 꾸니까 감나무인지 무슨 과일 나무인지는 잘 모르겠으나 북쪽으로는 열매가 많이 열렸고 남쪽으로는 적게 열려 있는 것을 봤다는 것이었다. 이러한 꿈도 있고 해서 주 목사는 하나님 뜻이 평양 산정현교회로 가는 데 있다는 결정을 내리게 되었다.

"하나님이 주시는 잔을 어찌 피하겠나이까?"

그러한 각오가 다 되었다. 문창교회에서는 이렇게 되니 어쩔수가 없었다. 하나님의 뜻이라고 하는 데는 항거할 수가 없었다.

지난날의 분쟁을 생각하고 태산같이 믿던 주 목사를 잃어버리는 슬픔이 애절했지만 어쩔 수가 없었다.

주 목사도 울면서 교인들에게 축복 기도를 해 주었다.

"하나님의 은혜가 이 문창교회의 제직과 교인들의 머리 위에 항상 있기를 바랍니다."

6년 동안 계속된 축복 기도도 마지막이 된 셈이다.

마산 공동묘지도 마지막으로 가 보고 무학산에도 가서 이별의 기도를 드리기도 했다. 6년의 세월도 이렇게 되니 한바탕의 꿈과 같았다. 한국교회의 중심

인물, 경남노회에 신사참배 반대 결의안을 내어 일본의 불의한 세력에다 다윗의 돌팔매로 맞선 용사 주 목사는 평양의 산정현교회를 향해서 떠날 결심을 했다. 무기는 성경과 기도드리는 마음만을 가지고 떠나는 것이었다. 그는 그해 여름에 녹음 속에 묻힌 문창교회를 떠났다.

Chapter 05

성전 건축

1936년 여름에 주 목사는 신학교를 졸업한 지 만 10년 만에 평양에 다시 오게 되었다. 이곳 산정현교회로 부임하게 된 것이다. 교인들로부터 분에 넘치는 환영을 받기도 했다. 오산학교 시대에는 은사로 모시고 있던 조만식 선생도 그 교회의 장로였다. 산정현교회는 평양역에서 부청 앞을 지나 일본인들의 중학교와 광성고등보통학교 앞을 지나고 기독병원 옆 신현교회 건너편에 있었다. 평양신학교에서 그렇게 멀지 않는 거리에 있었다. 얼마 후 정식으로 대대적인 환영예배가 있었다. 주 목사는 묵묵히 하나님의 목소리를 듣고자 기도에만 열중하고 있었다.

기독교 신앙은 민족주의 운동이 아니다. 또 한국인의 경제발전에 봉사하는 것도 아니다. 그러나 한국민족의 독립자족과 경제발전이 기독교적인 신앙을 통하면 더 효과적으로 될 수 있는 것도 사실이다. 그러나 민족주의가 우상이 되어서는 안 된다. 환영예배의 식순에 따라 이성휘 박사의 환영사가 있었다.

"우리는 산정현교회의 주 목사를 환영하는 것이 아니라 한국에서 제일가는 주기철 목사를 환영하는 것입니다."

이러한 열렬한 환영에 대해서 주 목사는 목자로서 양들의 영혼을 보호할 의무를 강렬하게 느꼈다.

그는 두 가지 조항을 들어 정통신앙의 가치를 선명하게 인식시켜 주었다.

첫째는 한국의 민족운동이나 독립운동을 하기 위한 방편으로 예수를 믿는 것과, 둘째는 인격을 높이며 도덕 생활을 하기 위해서 예수를 믿는 것은 기독교의 근본 진리와 거리가 멀다고 하는 사실을 지적해서 말했다. 마산 문창교회에서도 흑심한 교

▲ 주기철 목사 초상화
1936년 초 평양 산정현교회 부임 직후의 모습이다. 이후 이 사진의 모습이 주기철 목사의 상징처럼 되었다.

회 내의 병이 있었지만 여기 와서 보니 역시 서울 남대문교회에서와 같이 시구 충돌이 있었다.

한편 산정현교회는 강규찬 목사가 18년 동안이나 시무했었는데 너무 연로하여 신학교수인 박형룡 목사를 부목사 격으로 청빙하여 동역을 해 오다가 박 목사는 당시 신학교 일이 많아져서 그만두게 되었다. 박 목사 후임으로 송창근 씨가 처음에는 전도사로 부임해 왔다가 강규찬 목사가 은퇴하자 송창근 전도사가 목사가 되어 시무하게 되었다. 그런데 송 목사가 주장하는 신신학 노선은 산정현교회 교인들의 정통신앙 노선과 위배가 되어 결국 송 목사는 산정현교회에서 더 시무할 수 없어 부산진으로 밀려갔던 것이다.

주 목사는 마산 시내에 무교회주의와 순육론을 쾌도로 난마를 다스리듯이

기도와 정성으로 정통신학과 정통신앙의 정신을 납득이 가도록 인식시켰다. 그렇게 드디어 산정현교회 교인들은 영적으로 모두 건강을 회복하고 다시 좁은 문을 통한 천로역정의 코스를 더듬어 가게 되었다.

조만식 장로의 탁월한 인격은 산정현교회를 태산같이 믿음직스럽게 지키는 데 힘이 되지만, 오윤선·김동원·박정익·김봉순·김찬두·유계준 등의 장로들도 주 목사의 순진 명쾌한 신앙적인 열성에 끌릴 수밖에 없었다. 오히려 이렇게 되니 송찬근 박사 때문에 한때 흐려졌던 교회 내의 영적 분위기는 다시 정화되기 시작했다.

평양에는 1893년 벌써 마포삼열, 이길함, 손안로 등 세 사람이 널다리골 교회를 세운 후로 눈부신 발전을 거듭하여 1970년대에는 평양을 한국의 예루살렘이라고 부를 만큼 기독교가 왕성케 되었다. 이용도 목사가 교파독립의 한국예수교회를 설립하고 열렬하게 전도한 일도 있었다. 감리교도 있고 천주교도 있었지만 모두 교세를 떨치지 못하고 말았다.

산정현교회의 앞과 뒤 그리고 주변에는 많은 교회가 모여 있었다. 산정현교회는 계리에 있었다. 평양은 문화의 도시요, 종교의 도시요, 또 교육의 도시였다.

주 목사는 벌써 40세가 되어 있었다. 1935년부터 평남지사 안무란 자가 벌써 만수대 앞에다 신사를 지어놓고 신사참배를 강요하고 있었다. 그때 마침 로마 교황의 사절이 평양에 왔는데 안무와 회담을 한 바가 있었다. 이 회담 결과 가톨릭에서는 신사참배를 하기로 했다고 한다. 그래서 여기에 힘을 얻은 안무는 신교교회에 더 적극적으로 신사참배를 강요하는데 광분했다.

이 소식을 들은 주 목사는 죽기를 각오하고 투쟁할 작정을 하고는 동료 목사들에게도 한사코 싸울 것을 권면했던 것이다. 그리고 주 목사는 산정현교회도 이 위급한 시대에 성전 건축을 더 적극적으로 해야한다고 판단을 내렸다.

즉 환란에 임박할 때도 성전을 신축하여 교인들의 믿음이 흔들리지 않도록 하는 데도 깊은 의미가 있는 것이었다. 한편 이때 산정현교회는 교회대로 건물이 낡아서 좋지가 않았다. 그래서 최봉석 목사는 벌써 3년 전부터 새 예배당을 달라고 새벽마다 기도하고 있었다. 주 목사는 당회에서도 새 예배당을 지어야 한다고 역설했다.

"시국도 이렇고 하니 예배당 신축은 천천히 합시다."

"시국이 험난하니 더욱 하나님의 집을 높이 지어야 합니다."

이렇게 되니 새 예배당을 신축하는 일이 모두 주 목사의 주장대로 통과되었다. 평양은 물산장려회의 본부가 있는 곳이었다. 한국의 간디라는 조만식 장로가 그 중심인물로 그것을 지도하고 있는 만큼 비교적 한국 사람의 경제적인 기반이 튼튼하고 부자들이 제법 있는 편이었다. 중추원 참의가 된 박경석 같은 이의 업체도 있었고, 기림리를 중심으로 양말 생산은 전국적으로 유명했다. 그런데 이러한 분들이 대게는 기독교인들이었다.

넓은 거리의 상점이 주일날이 되면 문을 닫아걸고 댕그랑댕그랑 각처 교회에서 종소리만 들리는 게 평양의 주일날 풍경이 되는 것이었다. 장대현, 신현, 남문, 창동, 서문, 이렇게 우뚝우뚝 솟은 교회가 꽤 많았다. 이러한 경제적인 배경이 있었고 산정현교회의 오윤선·조만식 같은 분도 북장로교회에서 경영하던 숭덕학교 고등과를 인수해 가지고 숭인학교로 개칭하여 인문고등보통학교로 경영할 만한 재력도 가지고 있었다. 그래서 예배당 하나쯤 신축하는 것이 그렇게 어려운 처지는 아니었다. 오윤선 장로의 집은 화신상회 앞에 있는데 교회보다도 자기 집이 더 좋은 형편이었다. 자기 집보다 교회가 더 좋을 정도가 안되면 하나님을 높이는 마음이 약해지기 때문이었다. 이렇게 민족주의 운동자이며 또 부자들이 참으로 하나님을 높일 마음을 갖도록 하기 위해서도 교회를 신축할 필요는 있었던 것이다.

이럭저럭하는 동안에 1936년이 다 지나갔다. 주 목사의 단호한 태도와 비단결같이 부드러운 교역으로 인해서 그동안 이지러지기 시작한 영적 상처가 낫고 다시 건전한 교회 질서가 잡히기 시작했다. 교육가이며 실업가인 오윤선 장로도 조만식 장로도 모두가 영적 세계의 다른 차원에 눈을 뜨면서 좋은 목사에게 받는 은혜의 단비를 고맙게 생각하게끔 되었다.

1937년 3월 7일 주일날 산정현교회에는 교인들이 빽빽이 찼다. 강단에 나설 때의 주목사의 태도에는 무슨 광채라도 나는 것만 같았다.

'많이 준 자에게 많이 취한다' 라는 제목으로 설교를 시작했다. 얘기는 한마디 한마디가 꼭꼭 청중들의 가슴을 찔렀다. 우리는 셈족으로서 영적으로 받은 것이 많다는 것, 교회로 말하면 동양에서는 한국이요, 한국에서는 평양이니, 평양이 동양에서 제일 은혜받은 교회가 된다는 것을 얘기하고 평양에서도 산정현교회가 으뜸이란 것을 암시했다. 그리고 천하의 명승에다 초라한 교회를 세워 놓는 것이 창조의 대공을 손상한다는 데로 얘기를 끌고 갔다.

설교가 끝나고 나서 연보를 하는데 재봉틀이 나오고 축음기 같은 헌물도 나왔다. 그야말로 감동과 감격의 선풍이 일어났던 것이다. 설교의 내용도 훌륭했지만 그 내용 이상의 성령의 역사가 있었다. 그 현장에서 4만 원이란 막대한 연보가 갹출되었다. 한국교회 사상에 드문 일이라 할 수가 있었다. 바로 이때 이 설교를 들은 교인 가운데 이유택 목사와 박윤선 강도사, 김인서 장로가 있었다. 그들은

▶ 평양 산정현교회 정면
주기철 목사가 평양으로 부임한지 1년 6개월만에 새 예배당이 건축되었다. 평양 산정현교회는 한국교회사뿐 아니라, 민족사에서도 중심축이었다.

손에 땀이 날 정도로 감동했다. 이렇게 되니 성전 건축은 일사천리 격으로 진행될 수밖에 없었다.

남은 일은 짓기만 하면 되었다. 대지도 8백 평이 마련되었다. 약 7만 원 공사가 눈 깜짝할 사이에 이뤄지게 된 것이다. 변소를 지하에다 두고 그야말로 동양 첫 번째의 대예배당을 짓는 공사가 불철주야로 진행되었다.

꽃피는 봄도, 잎 무성한 여름도 쉴 사이를 허락하지 않았다. 주일날만 쉬고 공사에 헌신한 보람이 있었다. 바로 그해 9월 5일에는 새 예배당 입당예배를 보게 되었다. 그런데 이때는 벌써 일본 경찰이 신사참배 반대자들을 취체할 준비를 거의 다 갖추어가고 있었던 때였다.

평양경찰서는 대동강 쪽으로 일본인들이 많이 사는 남문 근처 전차길 우편 골목으로 들어간 곳에 있었다. 산정현교회와 그렇게 먼 거리라 할 수가 없다. 그리고 평양에는 기독교 친목회라는 어용단체가 있어 경찰의 끄나풀 역할을 하기 때문에 주 목사가 산정현교회에서 설교하는 내용과 교인들의 동태에 대해서 늘 자세한 보고를 하도록 되어 있었다.

주 목사는 이미 그 사실을 다 알고 있었다. 경남노회에 신사참배 반대 결의안을 낸 문제의 인물이 주 목사이다. 그는 새 성전을 지어 놓고는 엄숙하게 선언하였다.

"이 강단에 어떠한 간판이든지 달거나 붙이지 못한다!"

"이 강단에는 못자국 하나도 내지 못한다!"

1937년 7월에는 벌써 일지사변이 일어났으며 8월에는 평양노회의 사경회를 하면서 '영으로 살자'는 제목으로 설교를 하고 계속해서 '하나님을 두려워하라'는 설교를 했다. 입당예배를 본 9월이 지나 10월이 되니 일본 정치는 황국신민의 서사란 것을 지어서 가르치기 시작했다. 이렇게 되어 드디어 적은 목전에까지 크게 다가와서 입을 벌리고 한국교회를 삼키려고 달려들 차림을 갖추어가고 있었다.

평양 기독교 친목회는 신양리 63번지에 있었다. 이 단체는 조선총독부는 물론 일본 내각에까지 직통하는 어마어마한 단체였다. 이 단체와 관련을 맺지 않고는 어느 누구든 행세할 수가 없었다. 여기 들어가지고 우쭐거리는 자들이 꽤 있었다. 그리고 또 서울에도 혁신교단이란 주구파가 있었다. 평양 기독교 친목회의 김일선 목사가 제일 열심히 경찰에 헌신하였다.

평양의 신사참배 반대 운동의 중심은 어느새 산정현교회의 주 목사로 지목이 되면서 기독교 친목회와 은연중 적대 관계가 성립되었다. 물론 기독교 친목회와 혁신교단은 구약성경은 유대인의 사상이고 예수교 성경은 아니라는 것이며 가미다나[5]를 예배당에 모시자는 것이었다.

1938년 2월에 선천에서 모인 평북노회가 노회장인 김 목사 인도로 신사참배를 하기로 가결하니 교인들은 격분과 공포에 휩싸였다. 김일선 목사는 얼마 전까지 형사였다. 그러다가 어떻게 목사가 된 자였다. 이것을 알게 된 장씨 성을 가진 신학생이 평양신학교 뜰에 있는 김일선 목사의 기념식수를 찍어버렸다.

경남에서는 김 목사와 양 장로 등을 도 경찰부에 불러다가 경남노회를 우물딱 쭈물딱 하려고 했지만 한상동 전도사 그룹들의 맹렬한 반대에 부딪치자 신사참배 반대자는 아예 노회에 참석마저 못하게 됐다. 1937년 초에 한상동 전도사는 신학교를 졸업하고 초량교회 전도사로 가 있었다. 그리고 1938년 봄에 손양원 전도사가 신학교를 졸업하고 부산지방의 선교사 대리가 되어 지방교회의 순회를 다니는 중이었다. 주 목사는 한상동 전도사가 남에서 싸워 줄 것을 태산같이 믿고 자기 자신은 이제 일사를 각오하고 북에서 일본의 우상과 싸울 생각을 했다.

이 무렵에 주 목사는 총회 금강산 수양관에서 목사와 선교사들이 모여 수양

---

5. 가미다나(일본어: 神棚, かみだな)는 집안에 신을 모셔 놓은 감실(龕室)이다.

회를 가질 때 '예언자의 권위'란 제목으로 설교를 했다.

엘리야의 권위

예레미야의 권위

세례요한의 권위

이렇게 얘기를 하다가 일사각오란 말이 자꾸 나오자 일제는 중지를 시키고 해산명령을 내렸다. 이때 모인 교역자의 수가 2백여 명이나 되었다.

1938년 2월 8일 주 목사의 주장으로 새로 지은 산정현교회의 헌당예배를 드리는 날이었다. 그는 다가오는 고난을 더 직시하였음에 여기에서도 '일사각오'란 내용의 설교를 했다. 도마를 예화로 들며 주 목사는 비장한 결심으로 설교를 했다.

"예수를 버리고 사는 것은 정말 죽은 것이오. 예수를 따라 죽는 것은 정말 사는 것이다. 주께 바쳐 일사각오, 부활 진리를 위해서 일사각오……."

이처럼 대오철저(大悟徹底)[6]한 경지에서 선포하는 설교는 자신감에 차 있었다. 그리고 청중에게 강한 인상을 주었다.

그날로 평양신학교의 교정에 김일선의 졸업 기념식수를 장씨 성을 가진 신학생이 찍었다는 구실로 경찰서에서는 신학생과 주 목사를 검속하게 되었다. 구속하는 경찰 측에서는 그들의 국가 관념과 현존질서를 교란한다는 것이며 만세일계로 다스리는 일본 제국의 국제 변혁까지도 초래케 한다는 것이었다.

헌당예배는 울음바다가 되고 말았다. 이렇게 주 목사가 검속되고 보니 오정모 집사는 집에서 어린애들을 데리고 기도에만 열중하게 되었다. 광조도 이제 일곱 살을 먹어 제법 큰 아이로 자라나고 있었다. 다섯 시가 되면 식구가 전부 일어나야만 되었다. 광조마저 "예수의 이름으로 기도합니다. 아멘" 할 때 꼭 일곱 시가 되는 것이었다. 경찰서에 구류 중에 있는 주 목사가 감기라도 걸리면

---

6. 대오철저(大悟徹底) : 크게 깨달아 번뇌와 의혹이 없어짐

오정모 집사는 금식 기도를 했다. 영해와 영만이 그리고 광조는 어머니가 너무 지나치게 엄격했기 때문에 죽을 지경이었다. 그러나 장남인 영진만은 어머니를 잘 이해하고 인격적으로도 어머니를 많이 존중했다. 영진은 바이올린도 잘 켜고 미술에도 소질이 있었다.

오산보고 4학년 때에 영진은 참 은혜를 받았다. 그리고 그렇게 은혜받게 된 것이 아버지와 어머니께서 기도해 준 덕택이라고 말하였다. 영진이는 벌써 20세의 청년이 되어 있었다.

검속되어 들어가서 단련을 받는 동안 주 목사는 더욱 일본인들의 속마음이 빤히 들여다 보이는 것만 같았다.

"예수를 믿지 아니하면 일본 천황폐하께서도 지옥 가는가?"

이게 그들 문제의 핵심점이 되는 것이라 생각하니 웃음이 나왔다.

"하나님 앞에 만민이 다 평등입니다. 만일 천황폐하께서도 예수를 믿지 아니하면 지옥 가게 됩니다."

주 목사는 담당 경관의 놀란 표정과 그 신음 소리가 화살이라도 맞은 산돼지 같다고 생각되었다. 그리고 기독교 복음의 진리가 기기묘묘한 방법으로 불신사회에 들어가게 되는 거라고 생각되었다. 일본 정치의 곪은 부분에 소금의 역할을 해야만 한다고 더욱 굳게 결심했다. 위협하고 온갖 고문을 다 해도 똑같은 말만 나오는 주 목사를 그들도 어쩔 수가 없었던지 일단 석방했다.

7월에는 장고봉 사건이 일어나서 소만국경에서도 총격전이 벌어졌다. 일지사변은 더욱 확대일로로 커져가기만 했다. 경찰에서 풀려나온 주 목사는 김화식 목사 그리고 이유택 목사와 함께 그해 7월에 묘향산에 들어갔다.

울창한 산림과 맑은 물 그리고 푸른 하늘을 대할 때에 일제도 한낱 티끌에 지나지 않는다고 느껴졌다. 사실 금강산에서도 그랬지만 하나님이 지은 아름다운 동산에 돌아온 기쁨이 생명수처럼 마음속에 고이고 있었다. 단군굴까지

와서 셋이서 기도를 하고 있는데 일본 경찰은 거기까지 따라와서 성가시게 굴었다. 그래서 딴 산골짜기에서 10일 기도 중 5일간은 금식 기도하고 각자 교회로 돌아왔다.

김화식 목사는 창동교회 목사로 시무하고 있었다. 그는 평양신학교 22회 졸업생으로 주 목사의 3회 후배가 되었다. 그러나 나이는 주 목사보다 세 살이나 더 위였다. 그리고 이유택 목사는 경북 안동 사람으로 나이가 여덟 살이나 아래였다. 그는 신학교를 갓 졸업하고 신현교회에서 목사로 장립된 젊은 목회자였다. 세 사람은 몸뚱이는 셋이지만 마음은 하나란 것을 느끼고 있었다.

주 목사는 9월에 모이게 되는 총회 때 신사참배 안이 나올 것인데 그게 어떻게 가결될 것인가 걱정이었다. 물론 세 목사가 모두 이 문제를 근심한 것은 말할 것도 없다.

주 목사는 곤우동에나 한 번 다녀올 생각이 들었다. 곤우동은 기림리 저쪽 교외에 있었다. 여기 모이는 분 중에는 순교한 분이 많았다. 모란봉 뒷산에서 기도에 힘쓰기도 하고 성경 한 시간 공부하는 것이 그들의 일과였다. 산림처사 같이 높은 정시의 도인들이 모이는 곳이라 할 수 있었다. 김인서 장로는 주 목사를 맞이하며 무척 반가워했다. 주 목사도 웃옷을 벗어 벽에 있는 못에다 걸어놓고 다가올 환난과 싸울 생각을 하면서 이런저런 얘기로 한나절이나 시간을 보냈다.

"우리 잡지에 글을 좀 써 주시오."

김인서 장로는 잡지 편집자로서 노골적인 욕심을 나타내었다. 미안하다는 식으로 거절을 했다. 그리고 김인서씨는 옛날 감옥살이할 때의 얘기를 했다.

"고무조끼를 입히면 가슴이 답답해서 곧 죽을 것 같지요. 독립군 중에는 매맞아 죽은 사람이 여러 명 있습니다."

"3·1운동 때에 들어가셨던가요?"

"네, 4~5년 감옥 고생을 겪은 나는 다시 감옥에 들어갈 용기가 나지 아니하여 신사참배에는 나서서 싸우지 못하니 미안해요. 단번에 칼로 찔러 죽이는 핍박이라면 나도 나설 수 있을 것 같으나 다시 감옥살이는 못할 것 같습니다."

주 목사는 김인서 장로의 얼굴에 서려 있는 끔찍한 감옥살이의 고생을 역력히 느꼈다. 그럴 때 무엇인가, 불쌍한 마음을 느꼈다.

그는 조용하게 말했다.

"나는 감옥에서 죽을 것 같소."

주 목사는 그 말을 남겨 놓고는 일어섰다. 김인서 장로는 기림리 숲 사이로 걸어가는 주 목사를 내다보고 있었다.

얼마 후 곤우골 서재 대문에 벽지가 붙었다.

"주님보다 신앙생활 잡지를 더 사랑하는 김인서여! 회개하라!"

박의흠, 김인회 등이 써 붙인 글이었다.

채정민 목사와 김화식 목사와 이유택 목사도 여기 곤우동을 방문한 일이 있었다고 한다.

진달래 필 때 가버린 사람, 순교자 주기철 목사 생애

5장

순교적 신앙

Chapter 01

일사각오

일본 경찰에서는 1938년 9월에 모일 총회에 신사참배 안을 가결시키기 위해서 장애물이 되는 이기선, 주기철, 채정민 목사 등을 예비 검속했다.

이기선 목사는 그해 7월에 평안북도 의주군 위하면 북하동에 있는 북한동교회 목사직을 사면하고 떠돌이 목사로 각지를 떠돌아다니는 중이었다. 그러다가 우연히도 주 목사와 함께 평양경찰서에 검속이 되었다. 그리고 27회 총회는 신사참배를 하겠다는 주구파들만으로 개막이 되었다. 이때에 김선두 목사는 당시 27회 총회에 일제가 신사참배를 강요하지 못하도록 일본인 장로 일필 대장과 송산 국회의원을 데리고 한국으로 나와서 총독을 위협하는 동시에 달래었다. 그러나 참석을 위해 평양으로 오는 도중 개성에서 체포되고 말았다.

이윽고 총회날이 되자 각지구에서 총대가 모여들기 시작했다. 총대 한 사람에 형사가 여러 명씩 딸렸다. 이 판에도 감투에 눈이 먼 목사가 여러 사람 있었다. 그러다가 철산의 홍택기 목사가 총회장에 당선이 되었다. 평남 경찰에서도 나와 있었다. 이들은 벌써 평양 기독교 친목회와 연극을 할 내용이 모두 작성

되어 있었다. 을사보호조약 때를 방불케 하는 방법을 썼다. 지명을 받은 것은 평남 중화 사람 박응률 목사였다. 그는 자리에서 일어나서 말했다.

"당국에서 신사참배는 종교가 아니고 국가의식이라 선언하니 우리 총회도 신사참배하기를 결정함이 가합니다"라고 동의하자 홍택기 총회장은 곧 선언했다.

"가하면 예라 말씀하십시오."

누군가가 모깃소리만 하게, "예"라고 말했다. 대답할 사람도 사전에 결정이 되어 있었던 것이다. 이때 조용한 회장에 소리치며 일어서는 선교사가 한 사람 있었다.

"나는 하나님께 상소하오."

그러자 형사들이 우루루 몰려들어서 그 선교사를 끌고 나갔다.

이때 개성 경찰서에서는 김선두 목사가 속을 태우고 있었다. 이번 총회에 각 지방의 총대 188명이 전부 신사참배를 반대하게 되면 전원이 다 구속이 될 것이다. 그러면 10월 내에 일필 대장과 송산 국회의원 그리고 관옥대신이 그들을 석방시켜 줄 것이며 20명 이상만 구속되더라도 이 문제는 강제로 한 것이니 한국교회가 자진해서 신사참배를 한다고 동경에 보고한 것이 허위사실이 되는 것이다. 그뿐만 아니라 종교의 자유를 허락한 일본 헌법에 위반되는 일이라 즉시 이 문제를 걷어치울 것이며 동시에 이 문제를 일으킨 남 총독을 곧 동경으로 소환하도록 하겠다고 일본 기독교계의 거물급 인사인 관옥과 송산 국회의원 대의사 그리고 일필 대장이 김선두 목사와 언약을 한 것이었다. 그러나 총회에 이 소식을 알리지도 못한 채 개성에서 붙들리고 만 것이었다. 이렇게 김선두 목사의 결사적인 활동도 무효가 되고 말았다. 아슬아슬하게 한국교회는 불의 앞에 무릎을 꿇고 말았다. 경찰에서는 총회에서 신사참배를 가결시켜 놓은 후 생각할 여유를 준다면서 주 목사를 또 다시 일단 석방했다. 평양거리에는 가을 바람이 선선하게 불고 있었다. 오정모 집사는 남편인 주 목사가 돌아온 것을 보고는 대뜸 물어보았다.

"승리요?"

주 목사는 대답 대신에 웃음으로 받아넘겼다. 오 집사는 차분하고 힘찬 표정으로 "끝까지 싸우소서"라고 격려했다.

이날 산정현교회의 이숙경 집사는 주 목사와 이기선, 채정민, 최봉석, 네 분 목사와 사모님 두 분 그리고 방계성 장로를 그 집에 초대하여 모두들 한 자리에 모였다.

주 목사를 마주 대한 그들은 마치 천사라도 만난 것 같은 기쁨이 깃들어 보였다. 이기선 목사는 환갑이 지난 노인이지만 정정한 기상을 보이고 있었다.

"벌써 두 번째인데 장기간의 고난을 이기도록 기도해 주이소."

주 목사는 간절한 심정으로 부탁했다. 그는 주 안에서 안 되는 일이 없다는 생각을 하면서 구원 얻은 자의 기쁨을 가슴에 가득히 안고 있었다. 오정모 집사는 마치 자기 남편 목사를 기도로 순종하는 성녀와 같은 마음으로 언제나 주 목사를 위한 기도로 호흡을 하고 있는 것처럼 보였다.

모임을 마친 후 이숙경 집사와 주 목사 부부는 조용하게 평양 거리를 걸었다. 아직도 그렇게 쌀쌀하다고 할 만한 때는 아니었으나 찬 바람이 불고 있었다.

◀ 방계성 장로와 오재길 선생과 주기철 목사

방계성 장로는 후에 목사가 되어 6.25 때 순교의 길을 가게 되고, 오재길은 방계성 장로의 사위가 된다. 특히, 오재길은 국내 최초의 유기농법 창시자가 되며, 그의 동생은 월드비전 대표인 오재식 장로다.

'죽음의 준비는 되어 있는가?'

주 목사는 스스로의 양심에 물어보았다. 남에게 가르치기만 하고 스스로 버림받는 자가 되는 것만큼 억울하고 비통할 노릇 없다고 생각했다. 간절히 기도하는 마음으로 집에 돌아왔다.

서재에 들어서자 벽에 걸려 있는 예수님의 초상이 눈에 띄었다. 주 목사는 이 기회에 예수님의 사진을 떼어서 좀 더 깊은 곳에 간직해야 되겠다는 생각이 들었다. 그리고 일본 사람들이 그토록이나 애를 태우는 그 황도 정신이란 것에는 윤리란 게 시원찮다는 생각을 하면서 발돋움을 놓고 그 위에 올라섰다. 그리고 예수님의 사진을 떼어서 간직하는 것이었다.

언제 와 있었는지 채정민 목사가 들어오면서, "예수님 사진은 왜 떼시오?" 하고 질문을 했다.

그러자 주 목사는 자신이 경찰서에 있는 동안 당한 이야기를 하기 시작했다. 경찰서에서 천황의 사진 한 장과 예수님의 사진을 주 목사 앞에 내어 놓으며 "이 두 화상 중 어느 것에 경례하겠는가?" 하고 질문을 하길래,

"나는 예수의 화상에나 천황폐하의 사진에나 어디나 다 절하지 아니하겠소" 하고 대답을 했다. 그랬더니,

"몸도 쇠약했으니 신사참배가 죄가 되는가 안 되는가 다시 잘 생각해 보시오." 그래서 즉석에서 주 목사는 답변을 했다는 것이었다.

"다시 생각할 만한 근거가 없소."

그랬더니 형사들은 주 목사를 경찰서에서 떠밀다시피 해서 내어 보내더라는 것이었다.

1938년 초에 산정현 강당에서 주 목사는 '죽음의 준비' 란 제목으로 설교를 한 바 있었다. 그리고 이해 11월에 '구원의 즐거움' 에 대해서 후세에 남을 만한 명 설교를 했다.

주를 열애한 정서가 많이 표현되어 있는 신명기와 시편을 그는 특히 애독하는 터였다. '죄의 값은 사망' 이라는 것을 아는 그는 죄를 무엇보다도 두려워 했다. 그리고 하나님의 진노를 끔찍이도 두려워 했다. 하나님의 뜻에 합당한 자가 되기 위해서는 열 번을 더 죽는다고 해도 무섭다고 할 생각이 없을만 했다.

이때에 「천상천하 대성대권 만왕지왕 기독예수 부활중인 박관준」(天上天下 大聖大權 萬王之王 基督晛鱛 復活證人 朴寬俊)이란 명함을 찍어가지고 남 총독을 면회하려고 예복까지 해 입고 3일 만에 허락을 받은 후에 우원 총독에게 신사참배가 불가함을 경고한 바 있는 박관준 장로가 경찰서마다 돌아다니며 기독교의 신사참배의 불가함을 경고하고 다닐 즈음이었다.

일본 기독교에서는 내촌계열만이 일본이 망한다고 예언을 했다. 일본 목사들 대부분은 한국에서처럼 시국에 편승하여 날뛰었다. 그러나 내촌만은 한국 식민정책을 공격하고 동경제대에서 추방된 후에도 한국에까지 나와서 일본의 망국을 경고했다. 그런데 하천풍언은 일본을 변호했던 것이다. 또 일본 장로교의 총회장 도미다와 그의 동료 히다까 등이 시국 강연회로 한국에 나오더니 부산 집회와 대구 집회를 인도하고 기어이 평양에까지 왔다. 고등계 형사들과 평양 기독교 친목회의 강압으로 그중 가장 강경하다는 산정현 예배당에 신도들을 모이게 하고 도미다는 설교를 했다.

도미다 말의 요지는 '신사참배는 기독교에 배치되지 아니하는 황도주의 국가의식 뿐이므로 국민으로서 당연히 해야 된다' 고 그의 해박한 지식을 동원해서 장시간 설교를 했다. 주 목사는 마음속으로 분노를 억제할 수가 없었다. 더군다나 주최자인 평양 기독교 친목회의자들의 꼴을 눈뜨고 볼 수가 없을 정도였다. 주 목사는 그 자리에서 분연히 일어서서 격분에 찬 질문을 했다.

"도미다 목사님의 고명하신 박식에는 우리가 미치지 못한 줄 아나 우리는 성경에 기록된 하나님의 계명 중 '나 외에 다른 신을 네게 두지 마라' 하신 것을 잘 압니다. 그런데 신사는 여호와 하나님을 섬기는 것이 아니고 천조대신을 숭배하는 것인만큼 주님이 명하신 계명에 위반되는 것이므로 성경을 하나님의 말씀으로 믿는 한국교회는 신사참배를 할 수 없는 것으로 알고 있습니다."

라고 단호히 말했다. 따라서 함께 참석했던 김화식 목사, 이유택 목사도 그 말에 동의를 하자 도미다 일행은 뒷문으로 슬그머니 달아나 버렸다. 이때에는 무슨 다른 음모가 있었는지 고등계 형사들이 주 목사 일행을 구금치는 않고 그런대로 무사했다.

이 일이 있기 바로 전날 밤 오정모 집사가 예배당에서 철야 기도를 하는 중 놀라운 환상을 보았다고 한다. 즉 일본에서 집동같은 큰 뱀이 현해탄을 건너 부산과 대구를 거쳐 평양에 입성하자 주 목사가 장검을 들어 그 뱀을 세 동강이로 내서 격퇴해버린 것인데 과연 그 환상대로 주 목사는 성령의 검 곧 하나님의 말씀으로 한국교회를 삼키려 온 사탄을 격멸했던 것이다.

1938년 6월엔 평양신학교와 숭실, 숭의 같은 여러 학교도 문닫게 되었다. 주 목사는 자기 주변의 나무 잎사귀가 전부 마귀가 된다고 하더라도 주 안에서 이것을 이겨내야만 우리 죄를 구속하고자 몸을 바친 예수님이 가신 길을 따라갈 수가 있다고 생각하였다.

이러한 결심을 하다가 또 기도를 드렸다.

"하나님 아버지, 이 장기간의 투쟁을 견디어 내도록 은혜를 주시옵소서…."

가을바람은 많은 사람의 한을 안고 있는 듯 없는 듯 불었다.

주 목사는 다시 예수님을 만날 때, "너는 내가 받고 오라는 잔을 받고 있느냐?" 이렇게 질문 받을 것을 생각하고 있었다. 십자가에 거꾸로 매달린 베드로를 생각해 봤다. 또 바울을 생각했다. '나 같은 것도 예수님이 당한 고난에 참예할 수 있으니 이 이상의 기쁨이 어디 있단 말인가' 라고 생각할 때는 넘치는 희열을 억제할 수가 없었다. 그러나 세상으로 눈을 돌리면 눈에 띄는 것이 향락이요, 부귀영화였다. 날이 갈수록 주 목사의 주변은 고독해지고 쓸쓸해졌다.

주 목사가 평양에 온 직후에는 권연호 목사가 기양교회에서 자주 찾아다녔다. 그는 경북 안동 사람으로 숭실전문도 다닌 분이었다. 그러나 1937년에 평북 철산교회로 옮겨갔다. 김화식 목사가 창동교회에 있으며 자주 왕래가 있었다. 또 신현교회에 시무하던 이유택 목사도 자주 왔다갔다 하여서 주변이 그렇게 외롭다고 할 수는 없었다. 그러나 이 세 분 목사와 의견이 모두 꼭 같다고는 할 수 없었다. 김상권 목사가 신암교회에 있으면서 주 목사가 검속 당하거나 하면 와서 강당을 맡아 보았다. 그러다가 그는 원산으로 갔다.

그리고 임기봉 전도사도 가끔 찾아왔다. 또 박병훈 전도사는 신학교에 재학하면서 추종하다가 일본 중앙신학교로 전학하고 말았다.

주 목사는 김명집 목사에게 피신하라고 권면하기도 했다.

"나는 이번 싸움에 죽음을 각오했소. 김 목사는 피신하는 것이 좋을 것이요."

그렇게 되어 김명집 목사는 북지로 떠나게 되었다. '죽고자 하는 자는 살고, 살고자 하는 자는 죽는다' 는 말은 성경에 분명히 있다. 그러나 역시 인간인 주 목사도 마음속으로 무엇인가 서글픔을 금할 수가 없었다. '나 혼자서라도 끝까지 죽음을 각오하고 나가겠다' 는 결심을 더욱 굳혔다. "한국교회를 보면 교인이 된 동기가 불순하기도 하고 유치한 사람이 많으며 성심과 열애로 하나님을 섬기는 자가 적다"라고 그는 설교 단상에서도 얘기한 바 있지만 이제 보니 자기가 한 말이 그대로 들어맞는다고 생각할 수가 있었다. 키로 알곡과 쭉정이를 가려낼 때가 된 것이다.

"하나님, 저들에게 죄를 돌리지 마옵소서. 저들은 자기가 할 바를 몰라서 그렇사옵나이다."

피와 땀나는 기도로 밤을 새우는 일도 있었다. 평양 북쪽 대성산에 가서 기도에 열중한 일도 있었다. 기도를 할 때마다 가끔 느끼는 것은 만물 가운데 인

▲ 신사참배 후 기념사진 찍는 교회 목사들

간의 마음이 가장 부패했다는 사실이 떠오르곤 했다. 소위 기독교 목사란 사람의 대부분이 신사참배에 가담했을 뿐 아니라 거기 반대하는 신의의 동지를 경찰서에 넘겨서 검속하는 일에 열을 올리는 것을 볼 때에 비분강개하지 않을 수 없었다. 27회 총회 때 전원이 결사적으로 반대했더라면 한국교회는 살아날 수가 있었던 것이다.

주 목사는 기도하면서 멀리 경남 지방의 동지들을 생각하였다. '주남선 목사, 한상동 목사, 손양원 목사, 최상림 목사 이들은 나와 같이 싸우고 있다.' 주 목사는 기도하는 마음속에 여러 가지로 계시의 광선이 심령으로 비쳐 들어옴을 느꼈다.

'상한 갈대와 꺼져가는 등불같이 이 심령을 해방하고 공중의 독수리같이 날개 치게 하는 것, 이것만이 기독교인의 할 일이 아니겠는가.'

이렇게 산에서 기도에 열중하는 가운데 무아지경에 들어가서 불솟듯이 때로는 마음속에서 기도가 강물같이 흘러나옴을 느낄 때가 있었다. 너무나 감격에 휩싸여서 30분 혹은 그 이상씩 다른 말없이 아버지란 말만 되풀이해서 부를 때도 있었다. 성령이 마음속에서 무한한 탄식으로 대신 기도하는 시간인 줄을 알게 되면서부터 확실히 살아 계신 하나님을 느끼는 것이었다. 평양 시내에 들

다섯번째 · 순교적 신앙

어오면 전기불이 반짝이고 있을 정도로 저물 때도 있었다. 오정모 집사도 아이들을 데리고 늘 기도생활에 열중했다.

주 목사가 좋은 설교를 할 수 있는 능력을 갖도록 애써 기도를 하고 또 모두가 순교의 제물이 되게 해달라고 기도하기도 했다. 주 목사의 일가는 그야말로 기도의 집안이라 할 수가 있었다. 그는 늘 하나님 앞에서 사는 생활을 하고 있었다. 무형한 하나님의 감사가 유형한 사람보다 오히려 더 강한 세력을 가지고 있는 것이었다. 그리고 육체를 가진 누구라도 하나님 앞에서 자랑하지 못하게 한다는 성경의 말씀을 잠시도 잊어버릴 때가 없었다. 그는 드디어 농담 한마디 할 수 없을 정도로 강렬하게 하나님을 마음속 깊이 모시는 생활 속으로 깊이 들어가고 있었다.

시편을 읽으면서 주 목사의 마음은 더욱 깊은 생명수의 샘을 발견하는 터이었다. "내가 여호와를 항상 내 앞에 모심이여 내 우편에 계신 고로 내가 요동치 아니하리로다."(시 8:8-9) 이러한 구절은 그대로 주 목사 자신의 마음을 고백한 게 아닌가 생각이 될 정도였다.

세상은 다 흩어져도 주님은 거룩하니 우리는 오직 그를 따라 나아갈 것이며 그 명령을 좇아 이 흐린 세상을 맑고 명랑하게 만들어야 할 것이다. 주 목사의 마음에는 하나님을 순종하는 자만이 가질 수 있는 기쁨이 넘쳐 흘렀다. 주 목사의 행복은 자기의 육욕을 이기고 하나님을 순종하는 데만 있었다.

이때 평양경찰서에서는 주 목사가 은퇴하면 신사참배는 강요하지 않겠다는 타협 조건을 가지고 왔다.

"나는 목사직을 하나님의 뜻에 따르지 제 마음대로 하지 못합니다."

이렇게 되니 이 지구상이 그대로 마귀와 천군천사의 싸움터인데 그 중간에 인간이 어느 쪽을 따르느냐를 결정하는 전쟁터라는 사실이 분명해지는 것이었다. 똥과 밥을 놓고 어느 것을 먹겠느냐고 할 때에 똥을 먹는 사람은 없을 것이다. 동물도 먹을 것과 먹지 못할 것은 식별한다. 주 목사는 마귀와의 싸움에 용감하게 접전을 했다.

주 목사의 친구 중 목사직을 잠시 사면하고 이번만은 피신을 하는 것이 좋겠다고 권면하는 사람도 있었다. 그러나 주 목사는 똥은 먹지 못한다고 생각했다.

"성경에도 위급할 때는 피하라는 말씀이 있지 않습니까? 목사직을 사면하고 은퇴하고 있다가 다시 이 난이 지난 후에 전도하면 될 것 아닙니까?"

"저는 그렇게 하지 못합니다."

주 목사는 이러한 타협안도 단호하게 거부하고 말았다. 그리고 얼마 후 박형룡 박사가 일본으로 피신을 한다면서 찾아왔다. 나 혼자만 남는구나 하는 서글픈 마음은 이루 말할 수가 없었지만 주님도 십자가에 달릴 때는 강도들과 함께 달렸다는 생각을 하면서 스스로 마음을 위로할 수밖에 없었다. 하나님의 사람인 주 목사는 자기를 길선주 이후의 한국교회의 기둥이 될 목사라고 알아주던 박형룡 목사를 눈앞에 대놓고 눈물이 나서 견딜 수가 없었다.

평양역에서 박형룡 박사를 배웅하고 돌아오면서 '박 박사는 더 피신시켜서 일본 사신우상들이 물러간 후 후진들을 양성케 할 사명이 있을 거라'고 생각도 해 본다. 그러나 '나의 사명은 나 혼자 남을지라도 이번 싸움에 일사각오하고 이겨야 한다'고 더욱 굳게 결심하였다.

27회 총회 때에 결사반대하는 목사 20명만 있어도 신사참배는 부결이 되었을 것이다. '내가 넘어지면 한국교회 전체가 넘어진다.'

십자가 위에서 예수님이 외치는 것만 같았다.

"내가 곧 길이요 진리요 생명이니 나로 말미암지 않고는 아버지께로 올 자가 없느니라!"

주 목사는 "아버지, 저도 그 길을 가겠습니다"라고 울며 기도드렸다.

Chapter 02

아름다운 제물이
되기 위하여

1938년 9월 총회가 끝나고 그다음 해 7월까지는 평양경찰서의 시미즈 고등계 주임의 지시로 유 부장이나 오경팔이나 황 형사가 산정현 예배당의 분위기를 잔뜩 살벌하게 만들긴 했지만 그냥 보고만 있었다. 부산에서는 주로 한상동 목사를 중심으로 신사참배 반대운동이 차츰 전개되고 있었다.

1939년 8월에 한상동 목사, 이인재 전도사, 윤술용 목사는 서로 만나 한국교회가 큰 시험에 든 것을 염려한 나머지 김해 무죽산으로 기도하러 가기로 했다. 그런데 거기보다도 더 좋은 장소를 택하여 부산 수영에 있는 해수욕장으로 가기로 했다. 이 소문을 들은 조수옥 전도사도 신앙동지 여러 성도들을 대동하고 해수욕장으로 달려왔다. 그 당시의 상황으로는 그럴 수밖에 없었다. 그때는 교회 시무하는 목사들 대부분이 신사참배 시험을 이기지 못했는데 그중에 그 시험에 넘어가지 않고 신앙지조를 파수한 목사들을 하늘의 별과 같이 귀히 여겼기 때문이다.

그들은 낮에는 해수욕을 하고 밤에는 모래 위에 앉아서 기도하기로 하였던 것이다. 그날따라 달이 유난히 밝게 비쳐주는 가운데 찾아온 성도들과 뜻깊은 기도회가 시작되었다.

"신사참배를 한 교회는 쓰러져버린 건물과 같으니 이 점을 재건해야만 합니다"라고 한상동 목사가 먼저 말을 꺼냈다.

그리고 그들은 다음과 같은 요지의 사항을 결의했다.

첫째, 현실교회는 예배 전에 궁성요배(宮城遙拜)[1]를 시행하는 현실이니 그 예배에 동참할 수 없고,

둘째, 신사참배하는 목사들의 축도를 받을 수 없고,

셋째, 범죄를 감행하고 있는 교회에 헌금을 할 수 없다.

이러한 요지를 결의하고 며칠 동안 수영에서 기도회를 마치고 제각기 사명을 띠고 헤어졌다.

9월엔 부산부 좌천정에서 영국인 선교사 허대시를 방문하여 신사 불참배 문제에 대해서 지도를 부탁하니까 곧 응했다. 그리고 그들은 더욱 힘을 주어 이것은 우리들 선민의 의무라고 격려했다. 그 운동방법에 대해서 여러 가지 의견 교환도 아울러 했다. 그리고 영국인 선교사 추루덩거도 만났다.

그때 평양신학교는 9월에 제2학기가 개학될 예정이었으나 신사참배를 거부하고 영광스런 폐교를 단행하고 말았다. 그해에 1학기 공부를 마친 이인재 전도사는 자기가 시무하던 밀양 마산교회를 한상동 목사에게 위임하고 다시 평양으로 올라가 산정현교회 주기철 목사를 방문하여 남한 지방은 한상동, 주남선, 최상림 목사 등이 신앙투쟁을 하고 있다고 말했다. 그리고 신학교에 남아 있는 하밀톤 선교사, 구레인 선교사, 권세열 선교사를 교수로 한 지하신학교를 설치하고 신앙동지 십여 명과 함께 몰래 신학교를 더 계속하기로 했다.

---

1. 궁성요배(宮城遙拜) : 일제시대 때 황국 신민화의 일환으로 궁성이 있는 방향으로 절을 하도록 한 의식

이 같은 지하학교, 지하교회를 하는 가운데 또 이인재 전도사는 경남에 내려와서 이기선 목사를 중심으로 한 신앙투쟁 운동과 박관준 장로, 안이숙(安利淑) 선생[2]이 일본 국회에 항쟁한 상황을 성도들에게 전달하여 큰 격려를 받게 하였다.

평안북도 지방은 주로 이기선 목사의 활동 무대였다. 그들은 신사참배하는 교회와는 절연했을 뿐만 아니라 가정 예배를 보는 동시에 상당히 활발한 운동을 전개하고 있었다. 그들은 몇 가지 조항을 결정한 바가 있었다.

1. 신사참배를 하는 노회원을 노회에 있는 각 집회에 출석하지 못하도록 조치하고 또 각 교회도 노회 부담금을 내지 못하게 하고 노회를 파괴할 것
2. 신사참배를 반대하는 신도들만으로 새 노회를 조직할 것
3. 신사참배를 하는 목사에게 세례를 받지 못하게 할 것
4. 신사참배를 반대하는 동지끼리 서로 원조할 것
5. 가정예배와 가정 기도회 개최를 힘써서 하고 한편 개인전도도 힘쓰며 신사참배 교우들을 회개하는 방향으로 지도할 것

이러한 조항이 있은 후 평양에 있는 성도들이 약간의 연보를 하여 경남에 있는 수난 성도들을 도우라고 한상동 목사에게 전달하기도 했다.

1937년 7월에 유재기 목사가 농우회 사건으로 의성경찰서에 검거되었다. 평남 경찰당국에서는 주 목사를 농우회 사건에는 하등의 관계가 없는 줄 알면서도 자기네들의 건수를 올리기 위해서인지 농우회 사건에다 관련시켜 의성경찰서로 압송하였다. 이때 교육목사인 송영길 목사와 신현교회 이유택 목사와 박학전 목사를 검속하여 안동, 군위, 청송 등 경찰서에다 유치를 시켰다. 박학

---

2. 안이숙(安利淑) 선생 : 일제시대 때 신사참배 반대운동에 전념한 한국의 기독교 운동가로 기독교 간증사의 고전이 된 「죽으면 죽으리라」, 「죽으면 살리라」의 저자이다.

전 목사는 고문을 너무나 심히 당하여 폐인이 될 지경에 이르렀다.

농우회 사건 전에 정일영 목사와 권중하 전도사가 이미 의성경찰서에 검속되었었다. 권 전도사는 고문 끝에 순교하고 말았다.

주 목사는 유치장 안에서 7개월 동안이나 시달렸다. 가을과 겨울도 고비를 넘어 새해가 돌아오게 되었다. 유재기 목사만 기소되기로 결정이 되었다. 그리고 주기철 목사와 송영길 목사와 이유택 목사만은 대구경찰서로 이송되었다. 여기서도 여러 날을 지나 석방케 될 때 주 목사의 친구 김정오 장로에게 '경찰서에 와서 세 목사를 데려가라' 고 하는 명령을 내렸다.

김 장로가 급히 경찰서로 달려가 보니 이유택 목사와 송영길 목사는 석방하고 주 목사만은 석방할 수 없다는 것이었다. 김 장로는 주 목사를 석방할 수 없다는 이유를 물었다. '주 목사는 신사참배 반대 주모 인물인고로 석방할 수 없다' 는 것이었다. 그러면 '내가 권면하겠으니 3분간만 면회할 기회를 달라고' 김 장로는 부탁했다. 고등계 주임은 무엇을 골똘히 생각하다가 크게 선심을 쓰는 척하며 말하는 것이었다.

"그러면 3일간 석방을 시킬 터이니 데리고 가서 그동안에 시국 인식을 잘 시키시오."

하면서 주 목사를 석방시켜 주는 것이었다. 김 장로는 곧 평양 산정현교회로 주 목사가 석방되었다는 전보를 쳤다. 전보를 받은 산정현교회에서는 유계준 장로가 대구로 달려왔다. 유 장로가 대구 김 장로 댁에 이르니 벌써 오 집사가 먼저 내려와 있었다. 김정오 장로의 집에서 주 목사를 만난 오정모 집사의 첫 번 인사는

"승리요?!"

그전 때와 같은 음성으로 힘있게 다짐하는 간단한 질문이었다.

"어서 또 들어가시오."

이러한 오 집사의 얘기를 듣고 있던 김정오 장로는 아연실색했다.

주 목사는 경찰서 밖의 세계가 암담하다는 것을 즉각적으로 느꼈다. 오 집사는 혹 누가 주 목사에게 신사참배를 권면해서 마음을 약하게 만들지나 않나 하고 평양서 대구까지 오는 기차 안에서도 조마조마했던 것이다. 이번 기회에 순교를 해야 한다고 믿고 있었다.

오 집사는 김정오 장로댁에서 자기가 염려한 것 같은 사태가 분명히 있다는 것을 알 수가 있었다. 그러나 주 목사는 일편단심 신사참배를 반대하는 자기의 소신을 굽히지 않고 있는 것을 알고는 안심할 수 있었다.

"사흘 동안만 푹 쉬고 또 들어가시오."

오정모 집사가 남편에게 이렇게 얘기하는 것을 못마땅하게 생각한 송소연 집사가 "왜 그렇게 만나자마자 서둘기만 하슈"라고 오금을 막았다. 어서 죽으라고만 하는 것 같아서 보기가 민망했던 모양이다. 오정모 집사는 이런 것 저런 것 가릴 마음의 여유가 없었다.

"한국교회의 양떼를 진리대로 인도하는 길은 들어가는 길 밖에는 없지 않습니까?" 80세나 된 노모도 기가 막혀서 며느리를 보고, "왜 그렇게 자꾸만 들어가라고 하노?" 하고 언짢아 했다.

80세 노모는 아들의 손도 만져보고 보기만 해도 아까운 외아들의 얼굴을 보면서 울기만 했다. 오정모 집사는 시어머니를 보고 말하는 것이었다.

"어머님, 주 목사님을 살리는 것이 좋습니까? 죽이는 것이 좋습니까?"

하고 여쭤보는 것이었다.

"그기야 살리는 게 좋제."

"하나님 앞에서 영원히 사는 길은 얼른 다시 감옥으로 들어가시는 길 밖에는 없습니다."

주 목사는 자기 부인이 뭐라고 하기 전에 벌써 결심이 되어 있었다. 그는 억지로 순교를 하려고 애쓰는 게 아니었다. 우리의 죄를 대속한 하나님 아버지에게 대한 감사에 겨워 저절로 마음이 그렇게 기울어지는 것이었다. 오정모 집사는 자기 시어머니를 보고 속삭이듯이 말했다.

"제가 아무리 주 목사님을 사랑한다고 해도 예수님만큼은 사랑할 수가 없지 않습니까?"

주 목사 부부는 결혼한 지 단 4년 밖에 되지 않은 신혼 가정인데, 이렇게 하나님의 나라를 위해서 물불을 가리지 않는 오정모 집사의 결심도 보통이 아니었다. 약속한 3일 만에 오정모 집사와 함께 대구경찰서로 갔다. 경찰서는 대구도청 위에 있었다. 고등계 주임은 주 목사와 김 장로와 오정모 집사를 보더니 "그대로 돌아가시오"라고 말하는 것이었다. 어이가 없었다. 그 길로 그 앞에 있는 대구 우편국에 가서 전보를 쳤다.

"명조 평양 착주"

라고 하는 전보를 본 주 목사는 "명조 평양 착 할렐루야"라고 고쳤다.

주 목사 일행은 귀를 도려내는 찬바람이 부는 2월 첫 주일 아침에 평양역에 내렸다. 많은 교우들이 환영을 하느라 마중을 나왔다. 그 길로 새로 신축한 교회에 나가서 주 목사는 엎드려 이마를 마룻바닥에 대고 기도를 시작하는 것이었다.

옥중에서 나온 바울을 영접하는 빌립보 교인들과 같이 입추의 여지도 없이 모여든 교인들은 주 목사를 보는 것만도 감격에 넘치는 것이었다. 평양경찰서, 선교리경찰서의 형사대들도 깡그리 나와서 시미즈의 지휘 아래 산정현교회를 포위하고 있었다. 무슨 큰 내란이라도 진압하는 기세였다.

주 목사의 마음속에는 여호와 하나님을 믿는 신념의 불길이 타오르고 있었다. 우주의 생명력에서 용솟음치는 용기가 있었다. 일본 경찰 같은 것이 문제가 아니었다. 자기를 위해서 기도하는 부인의 헌신적인 사랑도 생각하지 않을 수가 없었다. 그렇다. 우리 인간은 주님만큼 인간을 사랑할 수가 없다. 우리 인간을 사랑할 수 있는 분은 오직 예수님뿐이다. 주 목사는 성전에 와서 엎드려서 기도하는 동안에 한국교회를 위해서 자기 자신이 저 나라에 가서도 계속 기도하겠다는 다짐을 하였다.

'주를 열애하고 하나님 앞에서 완전해지고 영으로 살고 성신을 받아 기도에 힘쓰며 일사를 각오하라고 설교를 한 내가 아닌가! 나 자신의 이 육신을 제물로 바쳐야 한다.'

그는 다시금 새로운 결심을 가다듬고 예배를 인도했다. 엄숙한 얼굴로 목사의 설교를 듣고자 앉아 있는 많은 교우들의 얼굴을 내려다 볼 때 주 목사의 간장은 다 녹는 것만 같았다. 조만식, 유계준, 김동원, 방계성 같은 장로들과 백인숙 같은 처녀 전도사도 있었다. 안이숙 선생도 있었다. 청년회 회장 유기선 의사도 있었다.

주 목사는 세 번째의 옥고를 치르고 다시 서는 강당이고 신사참배를 끝끝내 반대하는 이상 자기의 목숨 역시 보장할 가망이 없다는 것도 느끼고 있었다.

주 목사는 다섯 가지 기원을 해야 되는 줄로만 생각이 되었다. 주 목사는 마태복음 5장 11~12절과 로마서 8장 18, 31~39절을 봉독한 후 '5종목의 나의 기도' 란 제목으로 설교를 했다.

"나는 저들의 손에 이번으로 세 번째 붙들려가서 영어의 몸이 될 줄 알았는데 이 산정현 강단에 다시 서게 되니 하나님의 은혜 감사하오며, 나를 위하여 기도하며 기다리던 여러분 교우 앞에서 다시 설교를 하려고 하니 감개무량합니다. 우리 앞에 당면한 문제는 다 어렵습니다. 인간의 힘으로 감당할 수가 없는 줄 압니다. 하나님의 은혜가 아니고는 어쩔 수 없는 것입니다. 모두 하나님 앞에 기도를 드려야 할 제목들인 것입니다.

첫 번째 나의 기도는 '죽음의 권세를 이기게 하여 주옵소서'입니다.

나는 바야흐로 죽음에 직면하고 있습니다. 내 목숨을 빼앗으려는 검은 손은 시시각각으로 내 가까이에 뻗어오고 있습니다. 죽음에 직면한 나는 '사망의 권세를 이기게 하여 주시옵소서' 하고 기도하지 않을 수 없습니다.

무릇 생명이 있는 만물이 다 죽음 앞에서 탄식하며, 무릇 숨 쉬는 인생은 다 죽음 앞에서 떨면서 슬퍼하고 있습니다. 사망의 권세는 마귀가 사람을 위협하는 최대의 무기인 것입니다. 죽기가 무서워서 의를 버리고 죽음을 모면하려고 믿음을 버린 사람이 얼마나 많습니까? 사도의 우두머리가 된 베드로도 죽음이 두려워서 가야바의 법정에서 예수를 부인하고 계집 종 앞에서도 세 번이나 맹세하였으니 누가 감히 죽음이 무섭지 않다고 장담하겠습니까?

아담, 하와가 범죄한 후에 사람은 다 죽었습니다. 제왕, 장상, 재사, 가인도 다 죽었고 성현군자, 위인, 걸사도 다 북망산에 가 묻혔습니다. 죄 없이 억울하게 죽는 약자도 불쌍하지만 사랑하는 아내를 두고 죽는 사람, 가엾은 아이를 두고 가는 어머니의 비참한 죽음도 허다합니다.

폐결핵 환자로 요양원에 눕지 아니하고 예수의 종으로 감옥에 갇히는 것은 얼마나 큰 은혜입니까? 자동차에 치여 죽는 죽음도 있는데 예수의 이름으로 사형장에 나가는 것은 그리스도인의 최대의 영광입니다. 주님을 위하여 열 번 죽고 백 번 죽어도 좋지만 주님을 버리고 백 년 살고 천 년 살면 무엇합니까?

오! 주여! 이 목숨을 아껴 주님께 욕되지 않게 하시옵소서. 이 몸이 부서져 가루가 된다 하여도 주님의 계명을 지키게 하옵소서.

주님은 나를 위하여 십자가에 달리셨습니다. 머리에 가시관을 쓰시고 두손과 두 발에는 쇠못을 박혔습니다. 최후의 피 한방울까지 다 쏟으셨습니다. 주님 나 위하며 죽으셨거늘 내 어찌 죽음을 무서워하겠습니까. 다만 일사각오가 있을 뿐이올시다.

십자가에 죽으시고 무덤 속에서 3일 만에 부활하신 주님, 사망의 권세를 이기신 예수여!

나도 부활을 믿고 사망 권세를 내 발아래 밟게 하시옵소서. '사망아 네 쏘는 것이 어디 있느냐.' 나는 부활하신 예수를 믿고 나도 부활하리로다. 아멘, 할렐루야!

(하면서 주 목사는 강단을 쾅 밟고 만당의 청중을 둘러볼 때에 사망의 권세는 그 발아래 부서지는 듯하였다.)

나의 사랑하는 교우 여러분, 그리스도의 사람은 살아도 그리스도인답게 살고 죽어도 그리스도인답게 죽어야 합니다. 죽음이 무서워 예수를 저버리지 마시오. 풀에 꽃과 같이 시들어 떨어지는 목숨을 아끼다가 지옥에 떨어지면 그 아니 두렵습니까? 한 번 죽어 영원한 천국의 복락이 그 아니 즐겁습니까! 이 주 목사가 죽는다고 슬퍼하지 마시오. 나는 내 주님 밖에 다른 신 앞에서 무릎을 꿇을 수는 없습니다. 더럽게 사는 것보다 차라리 죽고 또 죽어 주님 향한 정절을 지키려 합니다.

주님을 따라, 나의 주님을 따라서 가는 죽음은 나의 소원입니다. 다만 나에게는 일사각오가 있을 뿐입니다. 소나무는 죽기 전에 찍어야 푸르르고 백합도 시들기 전에 떨어져야 향기롭습니다. 세례 요한은 33세, 스데반도 청장년에 뜨거운 피를 뿌렸사옵니다. 이 몸도 시들기 전에 주님 제단에 제물이 되겠습니다.

두 번째는 '장기간의 고난을 견디게 하여 주옵소서' 하는 기도입니다.

단번에 받는 고난은 이길 수 있으나 오래 오래 끄는 장기간의 고난은 참기

어렵습니다. 칼로 베고 불로 지지는 형벌이라도 한 번에 죽어진다면 그래도 이길 수 있으나 한 달 두 달, 1년 10년 계속하는 고난은 견디기 어렵습니다. 그것도 절대 면할 수 없는 형벌이라면 할 수 없이 당하지만 한 걸음만 양보하면 그 무서운 고통을 면하고 도리어 상 준다는데 많은 사람들이 넘어갑니다.

말 한마디만 타협하면 살려 주는 데 용감한 신자도 넘어지게 됩니다. 하물며 나같이 연약한 약졸(弱卒)이 어떻게 장기간의 고난을 견디어 배기겠습니까! 다만 주님께 의지하는 것 뿐입니다. 그러기에 예수께서 "끝까지 참는 사람은 구원을 얻으리라"(마 24:13)고 신신 부탁하였습니다. 주님도 십자가를 직면하사 그 받으실 고난을 인하여 겟세마네 동산에서 피땀 흘려 기도하시고 십자가 상에서 그 혹독한 고통을 이기셨습니다. 두 손과 두 발이 쇠못에 찢어질 때, 그 고통이 너무나 심해서 "엘리 엘리 라마 사박다니"라고 부르짖었습니다. 그 고통의 소리를 우주도 감당하지 못하여 태양이 빛을 잃고, 그 고통의 핏방울은 땅도 감당할 수 없어, 지축이 흔들리어 지진이 터졌던 것입니다.

내 주 예수 날 위하여 이렇게 고난을 참으셨는데 내 당하는 고난이야 그 무엇이겠니까! "믿음의 주요 또 온전케 하시는 이인 예수를 바라보자 저는 그 앞에 있는 즐거움을 위하여 십자가를 참으사 부끄러움을 개의치 아니하시더니 하나님 보좌 우편에 앉으셨느니라."(히 12:2) 그러므로 '처음에는 우리가 십자가를 지지만 나중에는 주님의 십자가가 우리를 지어줍니다.'

(이 구절은 주 목사의 체험적인 신앙에서 나온 말이다.)

십자가, 십자가, 내 주의 십자가만 바라보고 나아갑시다.

나의 사랑하는 교우 여러분! "현재의 고난은 장차 우리에게 나타날 영광과 족히 비교할 수 없도다."(롬 8:18) 이제 받는 고난 오래야 수년간이요, 장차 받을 영광은 천년만년 영원무궁합니다. 이제 받는 고난은 죽을 몸이 죽는 것 뿐이요, 장차 받을 영광은 예수의 부활하신 몸과 같이 영생불사의 몸이 영원 영화의 몸입니다.

고난의 명상(주 목사의 필적으로 전한 말씀, 이순경 목사 전송)

주님을 위하여 오는 고난을 내가 이제 피하였다가 이 다음 내 무슨 낯으로 주님을 대하오리까. 주님을 위하여 이제 당하는 수욕을 내가 피하였다가 이 다음 주님이 "너는 내 이름과 평안과 즐거움을 다 받아 누리고 고난의 잔은 어찌하고 왔느냐"라고 물으시면 나는 무슨 말로 대답하랴!

주님을 위하여 오는 십자가를 내가 이제 피하였다가 이 다음 주님이 "너는 내가 준 유일한 유산인 고난의 십자가를 어찌하고 왔느냐"라고 물으시면 나는 무슨 말로 대답하랴?

세 번째 기도는 '노모와 처자를 주님께 부탁합니다' 입니다.

나는 80이 넘은 어머님이 계시고 병든 아내가 있고 어린 자식들이 있습니다. 남의 아들로의 의무도 지중하고 남의 가장, 남의 아비된 책임도 무겁습니다.

① 자식을 아끼지 아니하는 부모가 어디 있으며, 부모를 생각지 아니하는 자식이 어디 있겠습니까? 내 어머님이 나를 낳아 애지중지 키우고 가르치신 은혜 태산 같이 높습니다. 어머님을 봉양하지 못하고 잡혀 다니는 불효자의 신세 어머님 생각이 더욱 간절합니다. 내 어머님은 나를 금지옥엽으로 길러주신 이 몸이 남의 발길에 차이고 매 맞아 상할 때 어머님 가슴이 얼마나 아프실고!

춘풍추우 비바람이 옥문에 뿌릴 때에 고요한 밤 달빛이 철창에 새어들 때에 어머니 생각 간절하여 눈물 뿌려 기도하였습니다. 어머님을 봉양한다고 하나님의 계명을 범할 수는 더욱 없습니다.

주님 십자가에 달리실 때 당신의 아픔도 잊으시고 십자가 밑에서 애통하는 어머님을 제자 요한에게 부탁하시던 주님 심정 어떠하였을꼬! 십자가 밑에서 가슴치며 애통하시는 성모 마리아의 아프신 가슴 어떠하였을까? 오! 당신 어머님을 요한에게 부탁하신 주님께 내 어머님도 부탁합니다. 불효한 이 자식의 봉양보다 무소불능하신 주님께 내 어머님을 부탁하고 나는 주님 자취를 따라가렵니다. 연약한 나를 붙들어 주옵소서. 사랑하는 나의 어머니, 80넘어 늙으신 내 어머님을 자비하신 주님께 부탁합니다.

② 남편이 아내를 사랑하고 아내가 남편을 연모하는 것은 인지상정입니다. 내 아내는 병약한 사람으로 일생을 내게 받치었거늘 나는 남편된 의무를 못합니다. 병약한 아내를 버려두고 잡혀 다니는 이 내 마음 또한 애처롭습니다.

오! 주님께서 당신의 신부되는 어린 교회를 뒤에 두고 골고다로 나가시는 심정이 어떠하겠습니까? 병든 내 아내도 주님께 부탁하고 불초 이 내 몸은 주님의 자취! 주님의 눈물 자취를 따라 가렵니다. 연약한 나를 붙들어 주옵소서.

③ 세상에 제 자식을 돌보지 않는 자 어디 있으며 자기 아버지를 의지하지 아니하는 자식이 어디 있겠습니까? 나도 4명의 아들이 있어 어린 것도 있습니다. 아버지로서 자식을 키우고 가르칠 의무를 다하지 못하고 우는 어린 것을 뒤에 두고 잡혀 다니는 마음 또한 애처롭기 한정이 없습니다. 아버지가 나라의 역적으로 잡혀 죽으면 그 자식들이 어디서 어떻게 살 수 있겠습니까? 짐승도 제 새끼를 사랑하거든 어린 자식을 떼어두고 죽음의 길을 떠나지 아니하지 못하는 이 내 마음 끝없이 처절합니다. 주는 십자가를 지시기 전날 밤에 당신의 자식 같은 제자들을 앞에 모으시고

위로하시는 말씀 한마디 한마디가 눈물 어린 말씀이었고 교훈하시는 말씀 말씀이 피 끓는 소리였습니다. 어린 자식과 같이 연약한 제자들을 뒤에 두시고 십자가에 달리시는 주님의 마음 어떠하셨으리까? 연약한 제자들을 뒤에 두시고 골고다로 향하신 주님께 나의 자식을 부탁합니다.

④ 나는 주님께서 맡기신 양떼, 사랑하는 교우가 있습니다. 그런데 나는 저들, 내 양떼를 뒤에 두고 다시 돌아오지 못할 길을 떠나지 않을 수 없습니다. 험한 세대, 악한 세상의 이리떼 중에 내 양들을 두고 떠나지 않으면 안됩니다. 대 목자되신 예수님 손에 내 양떼들을 맡기옵니다.

나의 어머님도 주님께 부탁하나이다. 나의 병든 아내도 주님 손에 부탁하는 것이 이 못난 사람의 도움보다 좋은 줄로 압니다. 나의 어린 자식들도 자비하신 주님 품에 두는 것이 변변치 못한 아비의 손으로 기르는 것보다 복될 줄 믿습니다. 나의 양떼도 선한 목자 주님께 부탁합니다. 병들고 상한 자를 주님이 싸매어 주시고, 길 잃고 헤매는 자를 주님 손수 인도하여 주시고, 낙심하고 범죄한 자를 주님 보혈로 사유하여 주옵소서. 악하고 험한 세상에 양떼를 두고 가는 이 내 마음 차마 못할 일이올시다. 저들이 사막의 음침한 골짜기를 지날 때 주님 지켜 주옵소서.

나의 늙으신 어머님과 나의 병든 아내를 주님께 부탁하고 나의 어린 자식들과 나의 사랑하는 양떼를 자비하신 주님께 부탁합니다. 그리고 나는 마지막으로 이 산정현의 강당을 떠나지 않을 수 없습니다. 주님을 따라 주님의 발자취를 따라가려 합니다.

(여기까지 얘기를 했을 때 주 목사의 음성은 울음으로 떨렸고 그 눈에는 눈물이 고였다. 만당의 교우들이 흐느끼는 것은 말할 것도 없었다. 독사 같은 고등계 형사들마저도 울었다.)

나의 사랑하는 교우 여러분! 나는 내 어머니, 내 아내, 내 자식들을 여러분께 짐되게 할 마음은 없습니다. 다만 무소불능하신 하나님께 부탁합니다. 여러분! 사람이 제 몸의 고통은 견딜 수 있으나 부모와 처자를 생각하고 철석같은 마음도 변절하는 경우가 많습니다. 어린 자식이 목메어 우는 소리에 순교의 길에서 돌아선 신자도 허다합니다. 인간의 얽히고 얽힌 인정의 줄이 나를 얽어매지 말라, 주님 따라가는 나를 얽어매지 말라. 부모나 처자를 예수보다 더 사랑하는 자는 우리 주님께 합당치 아니합니다.

네 번째 나의 기도는 '의에 살고 의에 죽도록 하여 주옵소서' 입니다.

사람이 이 세상에 태어나서 사람으로서 마땅히 행하여야 할 의가 있습니다. 나라의 신민이 되어서는 충절의 의가 있고, 여자가 되어서는 정절의 의가 있고, 그리스도인이 되어서는 그리스도인으로서 신앙 정조가 있습니다. 그래서 제갈공명은 무너지는 한 나라를 붙잡고 오장원에서 죽기까지 국궁진쇄 죽기를 한정하여 애를 썼습니다. 더구나 우리는 그리스도의 사람입니다. 주를 위하고 또 그 교회와 그 의를 붙들고 죽도록 충성해야만 하겠습니다.

백이, 숙제 두 형제는 은 나라의 신민으로서 주 나라에서 살 수가 없어 수양산에 숨어 서산의 고사리를 뜯어 먹다가 굶어 죽으니 백세청풍 모두 그 고상한 인격에 놀라게 했습니다. 정몽주는 망하는 고려 나라를 위하여 선죽교에다 피를 뿌렸습니다. 이는 우리 선인들이 나라를 사랑하는 충의대절이었습니다. 사람이 나라에 대한 의가 이러하거늘 하물며 그리스도인이 되어 주님 향한 일편단심 변할 수는 없습니다. 사드락, 메삭, 아벳느고는 신앙의 대의를 지키느라 풀무불에도 뛰어 들었고, 다니엘은 이스라엘의 정신을 가슴에 품고 사자굴 속에도 들어갔습니다. 예수를 사랑하여 풀무불이나, 예수를 사랑하여 사자굴이나, 그 무엇이 두려울 것인가! 스테반은 돌에 맞아 죽고, 베드로는 십자가에 거꾸로 달렸습니다.

백제 나라의 도미 부인은 개루 왕의 협박과 부귀의 유혹도 물리치고 두 눈 뽑힌 남편 도미를 찾아 일엽편주 조각배로 만경창파 서해에 떠서 황주마늘뫼 아래서 한평생 그 남편을 섬겼습니다. 이는 우리 한국의 딸들이 정절을 지키던 피 눈물입니다.

그런데 오늘 우리가 그리스도의 신부되어 주님 향한 정절을 변할 수 있겠습니까? 주후 2백 년 카르다고의 벨뻬츄어는 22~23세의 방년에 젖먹이와 늙은 아버지의 우는 소리를 뒤에 두고 현장에 나가서 사나운 소뿔에 찔려서 죽었습니다. 천고의 열녀 벨뻬츄어는 주님 나라에서 승리의 찬송을 부를 것입니다.

못 합니다. 못 합니다. 그리스도의 신부는 다른 신에게 정절을 대 드리지 못 합니다. 그리스도의 신부는, 신사에 절하지 못 합니다. 이 몸이 어려서부터 예수 안에서 자랐났고 예수께 헌신하기로 열 번, 백 번 맹세했습니다. 예수의 이름으로 밥 얻어 먹고 영광을 받다가 하나님의 계명이 깨어지고 예수의 이름이 땅에 떨어지게 되는 오늘, 이 몸이 어찌 구구도생이 말이 됩니까? 아! 내 주 예수의 이름이 땅에 떨어지는구나. 평양아! 평양아! 예의동방에 내 예루살렘아! 영광이 네게서 떠났도다. 모란봉아 통곡하라. 대동강아 천백 세에 흘러가며 나와 함께 울자! 드리리다. 드리리다. 이 목숨이나마 주님께 드리리다. 칼날이 나를 기다리느냐? 나는 저 칼날을 향하여 나아가리라. "누가 우리를 그리스도의 사랑에서 끊으리요 환난이나 곤고나 핍박이나 기근이나 적신이나 위험이나 칼이랴"(롬 8:35). 죽고 죽어 열백 번 다시 죽어도 주님 향한 대의 정절 변치 아니하겠습니다. 십자가, 십자가, 주님 지신 십자가 앞에 이 몸 드립니다. 우리 초로인생 살면 며칠입니까? 인생은 짧고 의는 영원합니다.

나의 사랑하는 교우 여러분! 의에 죽고 의에 살으십시다. 의를 버리고, 더구나 예수께 향한 의를 버리고 산다는 것은 개 짐승의 삶만 같지 못합니다. 여러분 예수는 살아 계십니다. 예수로 죽고 예수로 살으십시다.

(의를 말할 때 주 목사의 얼굴은 붉고 눈에서는 불이 떨어지고 그 음성은 강열 또 비장해서 예배당이 온통 진동하는 듯했다. 만당에 모인 교우들은 모두가 흐느껴 울었다. 주 목사도 감격에 넘쳐 손을 들고 발로 마룻바닥을 구르면서 197장 찬송가를 소리 높이 부르기 시작했다.)

"이 세상 험하고 나 비록 약하나 늘 기도 힘쓰면 큰 권능 얻겠네. 주의 은혜로 대속 하여서 피와 같이 붉은 죄 눈 같이 희겠네!"

다섯 번째 나의 마지막 기도는 '내 영혼을 주님께 부탁합니다.'

오! 주님 예수여, 내 영혼을 주님께 부탁합니다. 십자가를 붙잡고 쓰러질 때 내 영혼을 받으시옵소서. 옥중에서나 사형장에서나 내 목숨 끊어질 때 내 영혼을 받으시옵소서.

아버지의 집은 나의 집, 아버지의 나라는 나의 고향이로소이다. 더러운 땅을 밟던 내 발을 씻어서 나로 하여금 하늘나라 황금길을 걷게 하시옵고 죄악 세상에서 부대끼던 나를 깨끗게 하사 영광의 존전에 서게 하옵소서. 내 영혼을 주님께 부탁하나이다. 아멘.

(이 설교는 그 당시 산정현교회의 청년회장 유기선 의사가 듣고 전한 것이다.)

— 「순교사와 그 설교집」에서 —

이 설교로 일본 경찰은 주 목사의 신사참배 반대 의사는 꺾이지 않았다는 사실을 알게 되어 3개월 이내에 목사직을 사면하라는 지시가 내려왔다. 주 목사는 목사직만 사면하면 신사참배는 강요하지 않겠다는 조건이 있었으므로 남과 투쟁하기를 좋아하지 않는 온유한 성격의 소유자인 주 목사에게는 유혹이 되기도 하였다.

노모, 처자, 교우, 주 목사는 열심히 기도드렸다. 그랬더니 가정의 주 목사도 아니고 산정현교회의 주 목사도 아니고 한국교회의 주 목사임을 더 확실히 깨닫게 했다.

무너져 가는 교회를 위해서 자기의 목숨을 제물로 바칠 수밖에 딴 방법이 없었던 것이었다.

Chapter 03

주 목사와
한상동 목사

주 목사는 신사참배 반대 운동자들과 화합한 일도 없이 순수한 일사각오로 일관했지만, 한상동 목사는 신사참배 반대 운동을 위하여 모임도 갖고 조직도 해 보고 진주, 거창, 마산 등지를 다니면서 동지들을 규합하기도 하였다. 마산에 가서는 최덕지란 부인 동지를 얻었다.

그는 남해에 있는 최상림 목사하고도 연락이 있었다. 경남 노회 산하의 부인 전도회의 역원 선거가 3월 5일에 있었는데 '신사참배 반대 신도단을 역원에 당선시켜 그 실권을 쥐고 목적 달성을 촉진시키는 게 어떠냐'고 제의를 하여 이것을 통과시킨 바도 있었다. 그리고 그들이 원한 대로 최덕지 전도사가 회장에 당선이 되고 총무와 기타 간부에도 신사참배 반대자가 당선되었다.

3월 11일에 밀양군 상남면 마산리의 한상동 목사 자택에 이인재 전도사가 평양에서 돌아와 여러 가지 소식을 또 전했다. 북한지방의 지도자, 만주에 있는 미국인 선교사 한부선 목사가 신사참배 반대 이유서를 인쇄해서 뿌린 사실 등도 이 전도사를 통해서 알게 되었다. 평양 산정현교회의 주 목사를 중심으로 하는 신사참배 반대 운동의 대개와 평양의 함일톤 선교사가 지하교회 운동에 쓰라고 백 원을 내어 놓은 일 등을 모두 얘기했다. 이렇게 되어 주 목사의 출옥 후의 비장한 설교의 내용은 이인재 전도사의 입으로 한상동 목사 등 성도들에게 전달되었다.

손양원 전도사는 신사참배 반대로 쫓겨다니다가 1939년 7월 15일 부로 여수 애양원에 가 있었다. 여기서도 나병 환자들에게 예수를 위해서 순교를 하자는 요지의 설교를 굽힘 없이 하고 있었다.

한상동 목사는 1938년 9월에 벌써 신사참배 반대로 마산 문창교회에 있다가 목사직을 사면 당했었다. 그는 남해, 진주, 거창, 밀양을 돌아다니면서 운동을 하던 중에 4월 20일경에 비로소 농우회 사건으로 검속되었던 주 목사가 출옥했다는 소식을 듣고 평양에 올라왔었다. 그리고 경창리에 있는 이인재 전도사 집에서 최봉석 목사와 유명한 박관준 장로를 만났는데 박관준 장로는 한상동 목사를 보고 열띤 어조로 외치는 것이었다.

"일본 정부가 신사참배를 강요하기 때문에, 작년에는 여호와의 신의 진노로 흉년이 들었는데 정부가 이러한 행위를 하는 한, 더 심한 불상사가 일어날 게 빤하니까 우리들은 끝까지 신사참배를 반대해야 됩니다."

그 자리에 있던 모든 사람은 박관준 장로의 얘기에 크게 동감했다. 22일날 한상동 목사는 장별리 2번지에 있는 채정민 목사 집에서 오랫동안 서로 아끼던 동지 주 목사와 다시 만나게 되었다. 모인 사람은 주 목사의 위문 겸 모인 사람들이었다.

채정민 목사, 이인재 전도사, 오윤선 장로, 김형락 전도사, 박의흠 전도사, 김의창 목사, 최봉석 목사, 안이숙 선생 등 약 20명이 모였다.

"내가 북에서 싸울 터이니 당신은 남에서 싸우시오."

이렇게 얘기를 하던 주 목사의 얼굴을 보고 있던 한상동 목사는 그가 좀 소극적인 것만 같았다.

"우리 경남에서는 신사참배 반대자로만 노회를 결성할 준비가 무르익어 갑니다. 그런데 이것은 경남만 그렇게 할 게 아니라 전국적으로 해야 될 줄 압니다. 지난 3월 5일 경남 부인 전도회에서는 우리 동지들의 활동으로 부인 전도 회장에 최덕지 전도사가 당선되고, 임원들도 다 우리 동지들이 선출되어 하나님의 도움이 우리에게 있다는 것을 알 수가 있습니다."

한상동 목사는 자신만만하고 강경하게 얘기를 했다.

주 목사는 개개인의 심령 문제가 그러한 정치적 운동으로 되는 게 아니라는 생각을 하고 있었다.

"노회 조직이나 교회 재건은 시기상조라 생각합니다."

잔뜩 열을 올리고 있는 한상동 목사에게 미안하다는 듯이 주 목사는 그렇게 얘기를 했다. 모두 그 말을 타당한 것 같이 생각했다.

그 후 1940년 7월에 한상동 목사는 경남에서 체포되었다. 한 목사와 함께 검속된 사람은 주남선, 조수옥 등 수십 명이었다.

한 목사는 혹독한 고문에도 굴함이 없이 자기의 소신을 밝혔다.

"우리는 신사참배 반대 운동을 숨어서 하지 않습니다."

그 반대 이유는

첫째, 십계명에 위반이 된다.

둘째, 국가가 망한다.

셋째, 자신이 지옥 간다.

이것은 한 목사가 기도 중에 얻은 하나님의 지시였다.

1940년 어느 주일날이었다. 아직도 더운 여름이었다. 일본 경찰대는 시미즈의 지휘로 몰려들었다. 그리고는 교회를 포위하고 협박을 하는 것이었다.

"오늘부터 설교하지 말라!"

시미즈는 주 목사 앞에 바싹 다가서면서 말하는 것이었다.

"나는 설교권을 하나님께 받았소. 하나님이 못 하게 하면 안하겠소만 경찰서에서 설교를 하라 말라 할 수 없다고 생각하오."

그러니까 시미즈의 얼굴은 일그러지면서 또 한마디를 더 했다.

"경찰에서 금지함에도 불구하고 설교하면 체포하겠소."

"설교하는 것은 내 할 일이요. 체포하는 것은 당신들의 할 일이오. 나는 내 할 일을 하겠소."

"대일본제국 경찰관의 명령에 반항할텐가?"

"일본의 헌법은 종교의 자유를 허락했소. 당신들이 예배를 방해하면 당신네들은 헌법 위반이요."

주 목사의 얼굴에는 결사의 각오와 위험이 있었다.

형사대는 며칠 후 다시 와서 주 목사를 끌고 갔다. 이렇게 되어 한국의 신사참배 운동의 반대자들은 전부 옥중 신세가 된 셈이다.

1940년 9월 25일에 손양원 목사가 여수경찰서에서 검속되었다.

한상동 목사의 부인 김차숙 여사는 열심히 뛰어다니면서 돈을 얻어서 옥중에 있는 성도들의 사식을 공급했다. 영주동교회와 산리교회에서 80여 명이 연보를 하여 60원 정도를 감옥으로 보냈다. 이 사실이 발각되어 교회까지 문을 닫게 되었다. 주 목사는 평양경찰서에서 시미즈한테 시달리고 있었다. 시미즈는 목사 사직서를 내어놓고 거기다 서명 날인하라고 협박하는 것이었다.

"왜 못해!"

"나는 목사의 성직을 하나님께 받았습니다. 못 합니다."

"그럼 주 목사는 대일본제국의 국민이 아닌가."

"일본 국민이긴 합니다마는 십계명을 어길 수는 없습니다. 일본의 장래를 위해서도 십계명을 어겨서 하나님의 진노가 일본 국위에 떨어지기를 원치 않습니다."

때려도 소용이 없었다. 발길로 차고 매를 때려도 주기철 목사는 마음속에 십자가를 지고 골고다를 올라가는 주님의 모습만 그리고 있었다. 어떻게 된 셈인지 아픈 줄도 모르고 지낼 수 있었다. 발길질을 하고 매를 맞아 몇 번 까무라치기도 했다.

"불의한 사람이나 불의한 나라가 망하지 않을 수 없는 것이오."

주 목사는 매를 때리고 발길질을 하는 형사를 보고 꾸짖듯이 말했다. 그 말에 형사 하나가 놀란 나머지 매를 취조실 콩크리트 바닥에 떨어뜨리고 말았다. 이렇게 되어 고문은 일단 중지가 되었다. 그러더니 평양 노회장 최지화 목사를 불러 가지고 주 목사를 파면하도록 엄명을 했다.

"내가 한번 권면해 보겠소" 하더니 최지화 목사가 경찰서에 나타났다.

"주 목사가 사면하면 자기 일신도 평안하고 우리 노회도 태평 세월이 될 터인데 뭘 그렇게 고집을 부려요. 좀 남의 생각도 하시오."

"당신도 양심이 있소?"

이러한 시선에 부딪힌 최 목사는 움찔해지고 말았다. 결국 설복시킬 수 없음을 깨달은 최지화 목사는 그냥 파면시키기로 결심을 하는 것이었다.

남문교회에서 때아닌 평양노회가 모였다. 그들은 평양 기독교 친목회에 소속돼 있는 어용 목사들이라 최지화 목사의 생각대로 무슨 일이든지 술렁술렁 잘 넘어갔다. 가미다나를 교회에다 모셔 두기로 작정한 목사들의 정신은 빤한 것이었다. 주 목사를 파면하기 위해서 일부러 모인 노회라 의제의 첫 조항이 주 목사를 파면한다는 것이었다.

1. 주기철 목사는 파면함
2. 편하설 선교사가 산정현 강단에 서는 것을 금지함

3. ○○○ 목사를 산정현교회 당회장으로 택함
4. 산정현교회 수습위원으로 장운경 목사, 이인식 목사, 박응율 목사 등 7인을 택하기로 함

이상이 소위 이들이 결의한 사항이다. 주기철 목사의 파면을 결정하려 할 때 우성옥 목사가 "아니오"라고 외치다가 검속 당했다. 편하설 선교사는 "불법 노회요" 하고 소리를 질렀다. 산정현교회의 박정익 장로도 "이것은 노회가 아니오" 하고 퇴장하였다.

주 목사가 마지막 설교에서 말한 것처럼 "대동강아, 천백 세에 나와 함께 흐르면서 울자"라고 하던 목소리가 쟁쟁하게 들리는 듯한 교인들은 주구 목사들을 이끌고 이인식 목사가 오는 것을 보고 극도로 흥분하고 있었다.

평양의 정기는 벌써 땅에 떨어진 것이나 마찬가지였다.

서기산에도 벌써 그 이름자에 합당한 서기는 볼 수가 없었다. 7인 위원들이 강단을 향해서 올라가려고 할 때 양재연 집사가 양팔을 벌려서 가로막았다. 그러다가 형사대에 끌려갔다. 7인 위원은 강대상 위에 기어이 올라서고야 말았다. 오정모 집사는 강대상 앞에서 소리 높여 기도를 올렸다.

"내 주는 강한 성이오!"

힘찬 찬송 소리가 터져나왔다.

▶ 주기철 목사의 목사직 파면 기사
1939년 12월 20일 매일신보에서 보도한 "문제의 목사는 파면, 신사참배를 실현키로"라는 제목으로 평양 산정현교회의 신사참배거부사건을 보도한 기사이다. 1940년 3월 25일 부활절 아침 신사참배에 반대하던 주기철 목사는 면직됐고 산정현교회는 폐쇄됐다.

또 '십자가 군병들아' 찬송을 부르는 소리도 터져 나왔다.

시미즈는 목구멍이 터지도록 "해산! 해산!" 하고 소리를 쳤으나 천군 소리와 같은 찬송 소리에 파묻혀서 시미즈가 외치는 소리는 들리지도 않는 것이었다. 해산은커녕 더 우렁찬 찬송이 터져 나왔다.

"믿는 사람들은 군병 같으니!"

찬송 소리는 교회 안을 뒤흔들었다. 엎치락뒤치락 교회에는 수라장이 되었다. 어떤 형사 하나가 편하설 선교사 부인을 밀치니 그녀는 넘어지면서 다리가 상했다. 그리고 손목에서도 피가 흘렀다. 편 부인은 절면서 7인위원 중 자기가 친한 이 목사 앞에 왔다. 피가 흐르는 팔목을 내어 보이면서

"목사, 이 피 보시오. 이 목사, 회개하시오!" 라고 했다.

끝내 그들 형사대는 양재연 집사 등 지도층의 인사 약 30명을 끌어갔다. 바로 이 날이 3월 25일 부활 주일날이었다.

그 이튿날이었다.

평양경찰서에서는 산정현 예배당 출입문에 횡(十)자로 나무를 대고 못을 쾅쾅 쳤다. 이렇게 되어 산정현 예배당은 폐쇄되고 말았다.

Chapter 04

영광스런 십자가

주 목사는 평양경찰서 유치장에서 최봉석 목사, 이인재 전도사, 방계성 장로, 이광록 집사와 안이숙 선생 등 수십 명과 함께 매일같이 문초를 받게 되었다.

그는 몸이 쇠약한 데다가 발바닥을 몹시 맞아 계속 고문 받으러 갈 만한 기력이 없었다.

"누가 업고 갈 사람이 없는가?"라고 할 때에 같이 있던 방계성 장로가 주 목사보다 여덟 살이나 위지만 나서서 거뜬히 업었다. 그랬더니 고문하던 형사들은 방 장로가 매를 덜 맞아 그런다고 더욱 치는 것이었다.

주 목사는 유치장에서 고문을 받으면서 더욱 그리스도의 고난을 체험하고 있었다. 그는 유치장 안에서 지난 일들을 하나하나 생각해 보았다. 언젠가 산정현교회에 있을 때였다. 당국에서 일본이 전쟁에 승리하도록 기도를 드리라는 공문이 온 일이 있었다. 주 목사는 예배 시작하기 전에 그 공문을 광고와 같이 낭독해 버리고 나서 기도하기를,

"불의한 자는 어서 망하게 하고 의로운 자는 흥하게 하소서."

이렇게 기도를 했다.

오정모 집사는 안질이 있는 데도 극도로 몸이 쇠약해진 남편 주 목사를 위해서 사식을 차입하기도 하고 겨울이 되면 솜옷도 두둑하게 해서 들여놓기도 했다. 그리고 아침 다섯 시면 집안 식구를 다 깨워 일으켰다. 이때 장남 영진이는 오산고등보통학교를 졸업하고 일본에 가 있었다. 그는 신사참배는 물론이고 궁성요배까지 죄라고 맹렬하게 반대하여 어려움을 당하고 있었다.

오정모 집사는 아이들에게도 아버지가 하나님의 은혜로 감옥 안에서 모든 유혹이나 고문에도 이겨서 최후의 승리자가 될 수 있도록 기도를 시키는 것이었다. 주 목사가 경찰서에 검속된 지 얼마 안 되어서 소위 일인들에게 아부하는 창동 예배당에서 평양 정기노회가 모이게 되었다. 그리고 이미 평양신학교가 채ㅇㅇ목사를 위시한 친일파 세력으로 넘어간 터라 일인 교수를 청해오는 등 어용 교수진으로 얼마간 지속했다.

"산정현교회 목사관을 평양신학교 교수 사택으로 쓰게 해 주시오."

하는 주구파가 제출한 평양신학교측 청원이 들어오자 일제에 아부한 평양노회는 즉각적으로 이 안건을 통과시키고 말았다.

노회가 끝난 그다음 날 평양 노회장과 평양 시찰장과 당회장 세 목사가 유계준 장로에게 찾아와서,

"금번 우리 평양노회에서 목사 사택을 평양신학교 교수 사택으로 쓰기로 가결됐으니 주 목사의 가족을 다른 집으로 옮겨 주시오."

유계준 장로는 속에서 격분이 치솟는 것을 지긋이 누르면서

"이 추운 때 부리던 일꾼도 내어쫓을 수 없는데 어떻게 목사 가족을 내어 쫓겠습니까? 안됩니다" 하고 거절했다.

이 세 분 목사는 오윤선 장로 집을 또 찾아갔다. 세 목사 중 한 사람이 오 장로를 보고 얘기했다.

"우리도 경찰서의 엄명이니 어쩔 수가 없습니다. 우리도 사람인데 목사 가족을 추방하고 싶지는 않습니다. 아무쪼록 우리 입장을 좀 봐주셔야 하겠습니다."

"목사님들이 월급을 경찰에서 받습니까? 이런 심부름은 경찰서 소사나 할 일이 아닙니까? 목사가 되어 어떻게 목사의 가족을 내어쫓으려는 심부름을 다닙니까?"

그러니까 노회장, 시찰장, 당회장 목사가 무색해져서 돌아갔다.

다음 날 평양경찰서에서는 평양노회의 결의에 의해서 주 목사의 가족과 그 세간을 집어내는 등 또 소동이 벌어졌다.

"하나님이 주 목사에게 주신 사택이네. 나는 이 집에서 죽어서 나가겠소."

70세가 넘은 주 목사의 어머니 조재선 여사가 이렇게 버티니 경찰은 할머니를 억지로 끌고 광 속에다 감금시켰다. 그랬더니 주야를 통곡했다. 그리고 오정모 집사를 경찰서 유치장에 가두니 3일 3야를 물도 마시지 않고 크게 소리를 내어 기도했다. 자지도 아니하거니와 먹지도 않았다. 경찰서에서는 그 정경을 참아 볼 수가 없었던지 어느 형사의 집 건너방에 주 목사의 가족을 이사시켜 놓고 감시를 하는 것이었다.

그리고 나서 자칭 신학교 교수가 산정현교회의 사택에 입주했으나 투서가 자꾸 들어오고 불신자들까지 욕을 하니 퇴거하고 말았다.

주 목사는 모든 것을 하나님께 맡기기로 했다. 하나님의 아들 예수가 지신 십자가를 진다는 것이 무한 영광이니 자기의 어머니와 아내와 자식들까지라도 지는 게 영광이라고 믿는 것이었다.

그는 1926년부터 1940년이 되기까지 15년간 설교를 했는데 그 설교가 모두 문서가 된다면 자기가 이렇게 매 맞고 핍박을 받고 피 흘려 순교하는 것은 그 문서에 도장을 누르는 격이 된다고 생각했다. 인주의 붉은 빛은 피를 의미하는 것이 아닐까 생각되었다. 총독 한 사람이 자기의 치적이 좋았다는 공명심 때문에도 한국에 새로운 기독교의 수난사가 피로 점철이 되는 것이었다. 주남선, 산상동, 조수옥 같은 분들이 경남에서 검속되어가지고 부산도청 경찰부에서 문초를 받고 있었다. 신사참배를 반대하는 세력의 그 알맹이들이 모두 붙들린 셈이 되었다.

주 목사는 안질이 있어서 성경을 보는 시간도 지극히 제한될 수밖에 없었다. 설상가상에 폐와 심장이 지극히 쇠약해져 있었다. 그런데 매일같이 끌어내어서는 때리니 죽을 지경이 되었다. 몹시 맞아 실신할 지경에 이르렀다가도 정신이 들면 더욱 몸을 단정하게 하고 성경 읽기와 기도하기에 여념이 없었다. 목포 사람으로 공산당 사건으로 들어온 김복동이란 사람이 있었다. 그는 늘 주 목사만을 입에 침이 마르도록 칭찬을 하는 것이었다.

"주 목사님만은 참으로 훌륭한 어른입니다."

주 목사는 다른 죄수의 옷에 이도 잡아주고 좋은 말로 옥중 고생을 이겨 나가도록 권면을 하며 주님의 말씀을 가르쳐 주었다. 주 목사는 요한계시록 중에서도 2장 10절을 반복해서 암송하고 또 읽었다.

"죽도록 충성하라 그리하면 내가 생명의 면류관을 네게 주리라."

1941년 7월 1일 밤 여덟 시경에 남해교회에 시무하던 최상림 목사와 한상동 목사, 주남선 목사, 이현묵 장로, 조수옥 전도사 등이 경남경찰서에서 평양 형무소로 이감되기 위하여 압송되어 왔다. 여기서도 평양 감옥에 구금시키는 데는 우선 평양 종로경찰서에 며칠 송치시킬 필요가 있었는지 옥중 성도들이 모두 한곳에 구금되게 되었다. 공교롭게도 한상동 목사는 주기철 목사가 갇힌 감방으로 들어가게 되어 그들은 간수의 눈을 피해 가면서 밤이 새도록 담론을 했다.

평양경찰서 유치장에서 며칠간을 취조받는 사이에 8월 25일엔 수감자 대부분이 평양형무소로 넘겨지게 되었다. 주 목사는 이날따라 진리투쟁 동지들을 볼겸 쇠창살 가까이 다가가 앉아 있었다. 모두들 이송되어 가면서 복도에서 마주 보게 되었다.

주 목사가 쇠창살 너머 보이는데 얼굴에 광채가 났다.

"주 목사님 얼굴에 광채가 납니다."

최상림 목사는 자기도 모르게 감탄한 나머지 소리를 질렀다. 딴 사람도 너도 나도 하고 쳐다봤는데 과연 얼굴에 광채가 나는 것이었다.

옥중 성도들 중에 자기의 신세를 비관하는 사람은 없었다. 그 중에도 더욱 주 목사는 무너져가는 한국교회의 그루터기가 되는 기쁨을 늘 마음속에 뿌리 깊이 간직하고 있었다.

신사참배 문제에 대해서만은 전 한국의 죄수들을 평안남도 경찰부에서 도맡아 취급하도록 돼 있었다. 그렇게 되어서 주남선, 한상동, 최상림 목사나 조수옥 전도사가 여기 평양으로 압송되었던 것이다. 주 목사는 최상림 목사나 한상동 목사를 대면했을 때 꿈은 아닌가 의심할 정도로 반가웠던 것이다.

평양에는 경찰서가 세 곳이나 있었다. 평양 본서를 제외하고 대동경찰서와 선교리경찰서가 있었다. 경찰서 유치장에 여러 해를 썩는 경우도 있었다. 처음에는 신사참배 반대로 들어온 사람이 많았다. 그물에 걸린 것은 많았지만 거기는 못 쓸 게 많이 들어 있었다. 키를 들고 가볼 때에 알곡만 남게 되는 현상을 실제 그대로 보는 느낌이 드는 것이었다.

주 목사는 자기의 얼굴에서 광채가 난다는 최상림 목사의 얘기를 이따금 생각할 때가 있었다. 마음속에는 언제나 시원하고 기쁘고 또 흐뭇한 행복감에 젖어서 지낼 수가 있었다.

경남 성도들, 한상동 목사 일행은 또 한 번 더 경애하는 주기철 목사의 얼굴을 대하고 대동경찰서로 갔다가 평양형무소로 이감되었다.

이때엔 '예수천당'으로 유명한 최봉석 목사와 '천상천하 독일무이 대성대권 만왕지왕 기독예수 부활증인'이란 명함을 가진 박관준 장로도 평양형무소에 먼저 이감되어 복역 중에 있었다. 감옥에서 모진 매를 맞아가면서도 새벽마다 큰 소리로 외치는 최봉석 목사의 목소리가 들렸다.

"회개하고 예수를 믿으라!"

산정현교회의 교인들은 채정민 목사의 집에 몰래 모여서 예배를 드렸다. 한상동 목사의 부인 김차숙 여사는 오정모 집사와 함께 뛰어 다니면서 돈을 구해다 옥에 있는 분들의 사식을 넣어 주기도 하고 옷을 빨아다 입히기도 했다.

아직도 평양에는 창동교회에 김화식 목사, 동평양교회에 황은윤 목사, 신암교회에 김상권 목사가 남아 있어 주일날이 되면 몇 군데 교회에서 그래도 땡그랑땡그랑 종소리가 들려 예배의 분위기가 남아 있는 셈이었다.

한국교회가 신사참배를 가결하고 그 신앙의 절개를 굽혔지만 의인은 아직도 많았다. 모두 한결같이 죽음으로써 신사참배를 반대했다. 평양 감옥만 해도 주기철, 주남선, 한상동, 이기선 같은 목사와 이인재 같은 전도사 등 도합 36명이나 되었다. 이들은 끝끝내 옥중에서도 그 절조를 변치 않는 것이었다.

부산 해운대교회에 문말례라는 전도사가 있었다. 그 친구에 임두연이란 분이 있었다. 열심 있는 교인이었다.

그리고 신사참배에 적극적으로 반대하는 분들이었다. 그 임두연의 남편은 이경성이란 분인데 자동차 운전수였다. 임두연 씨와 문말례 전도사가 해운대 근방의 신자 집에 심방을 다녔다.

어떤 교우 한 분이 병이 났다고 해서 문병 겸 찾아갔다. 문을 열고 방에 들어가 자리를 잡고 앉아보니 성경 위에다 십 전짜리 가미다나를 놓고 있는 것이었다. 문말례와 임두연은 화가 났다. 그 가미다나를 때려 부수면서,

"보소, 이런 걸 정신 사납게 놔둥께네 병이 안 나능기오. 참 보이소, 사람 좀

삽시다."

그렇게 얘기를 했다.

문말례와 임두연은 열심을 내어서 기도를 하고 찬송을 부르면서 성경 말씀을 보고 예배까지 봐주고 나왔다. 그런데 이 교인이 이 사실을 경찰에다 고발을 했던 모양이었다.

이경성이 집에 혼자 있을 때에 고등계 형사가 와서 임두연을 찾는 것이었다. 형사가 가고 나서, 이경성은 속히 문말례를 금강산으로 피신시키고, 자기는 울산 신암으로 이사했다.

그 후 이경성이 아내와 함께 금강산에 가보니, 문말례 전도사는 신앙동지 김형식과 결혼해서 살고 있었다. 그래서 이경성 부부는, 신사참배를 반대하고 신앙의 지조를 지키는 박인순 전도사를 피난시키기 위하여 우선 만주로 망명시켰다. 그는 한상동 목사와 같이 경남 도경찰부에 검속되었다가 병보석을 받고 나온 기도의 사람이었다.

그 길로 즉시 이경성 부부도 만주로 건너가서 거기서 자동차 새 면허증을 얻어 가지고 영업을 시작했다. 그랬더니 사업이 잘되어 차를 3대나 사게 되었다. 마침 이경성 선생은 친형이 만주에 살고 있어서 밑천을 대어 주기도 했던 것이다. 그런데 마침 거기 최덕지 전도사의 딸 김해수가 일본 국기에 경례를 거부하다가 만주로 피신해 와 있었다.

김해수는 아직 보통학교에 다니는 꼬마지만 퍽 똑똑한 아이였다. 임두연은 평양에서 옥중 성도들의 사식을 차입하느라고 고생하는 오정모 집사와 김차숙 여사에게 돈을 갖다 주도록 부탁한 것이었다. 그러면 김해수는 재치있게 그 돈을 잘 전달했다. 돈은 주로 일본 은행권과 조선 은행권이 섞여 있었고, 이경성은 꼭꼭 자기 아내의 이름으로 보내었다. 이렇게 평양과 만주 사이에는 동지들의 사랑의 혈맥이 통해져 있었다.

1941년 12월 8일에는, 일본이 기어이 미국을 상대로 전쟁을 떠벌리게 되었다. 침략자 일본은 선전 포고도 없이 하와이의 진주만에 있는 미국 태평양 함대를 격침시켜 삽시간에 전멸시켰다. 미국 전토는 잠에서 깨어나서 긴장하기 시작했고, 일본 국민은 환호성을 울리게 되었다. 이렇게 되어 일본이 지배하기 시작한 지역이 곧 지구의 반을 차지하게 된다고 떠들었다. 일본 국민은 전부 황대신궁을 향해서 절을 하게 되었다. 한국의 기독교 학교는 거진 반 폐교가 되고, 27회 총회에 신사참배를 가결한 친일 목사는 말할 것도 없거니와 주구파인 평양의 기독교 친목회나 서울에 있는 혁신 교단은 물론, 모두 사신우상 앞에 절을 함으로 계명을 범하는 데 앞장을 섰다.

1939년에는 영국과 프랑스가 독일에 대해서 선전 포고를 했으며 1940년에 프랑스는 파리를 전쟁없이 내어주게 되고, 독일군은 파리에 무혈 입성하게 되었다. 같은 해에 이탈리아가 영국과 프랑스에 대해서 선전 포고를 했다.

1941년에는 독일이 소련에게 선전 포고를 해서 전 세계는 대전 가운데 휩쓸려 들어가게 되었다. 소돔과 고모라를 태우던 유황불은 이제 유럽 천지를 태우고 있었다. 인간의 죄가 많은 사람을 죽이고 있다고 하던 주기철 목사는 형무소 안에서 흐느끼고 있었다. 그는 어느 나라든지 전쟁을 지탱해 나갈 세력이 4, 5년이면 바닥이 날 것이라는 사실을 알고 있었다. 주 목사와 같은 감방 안에 또다시 주영하라는 공산당이 한 사람 들어왔다. 주 목사의 조카벌이었다.

영하는 주 목사에게 대부라고 존칭을 쓰면서 심심하면 공산당과 기독교에 대해서 논전을 벌이곤 하는 것이었다. 그럴라치면 그전부터 있으면서 인격적으로 주 목사를 존경하고 따르던 김복동도 주 목사의 편을 들어주는 것이었다. 주영하는 모스크바에 가서 공산대학까지 졸업을 한 유능한 공산당원이었다.

오랜 논전 끝에 영하는 순간적이나마 눈물을 흘리며 예수를 믿겠다고 하는 것이었다.

경찰서 유치장 안이라고 해서 유혹이 전연 없고 안전한 곳도 아니었다. 일본 경찰은 인간이 상상할 수 없는 모든 방법으로 옥중 성도들의 마음을 뒤집어 놓으려고 애를 썼다. 여러 날, 여러 달을 외부와의 연락을 전부 끊어버리고 외로움에 지치도록 하는가 하면, 외롭게 한 다음에 가족들을 면회시키고 신앙심이 흔들리도록 하는 것이었다.

"아버지 배고파"하며 창살문을 붙잡게 하고 아이들을 울리기도 했다.

"신사참배를 하기만 하면 즉시 내보내 준다."

아들이 우는 것을 보고 눈물이 글썽해진 죄수에게 경찰은 낚시밥을 던지는 것이었다. 이러한 시험을 못 견디어 나가는 신도도 이따금 있었다. 끝까지 충성한다는 것은 정말 어려운 일 가운데 가장 어려웠다.

오정모 집사는 면회를 와도 언제나 강경하게 순교의 각오로 승리하는 것만을 원한다는 의사 표시를 했다.

"내가 아무리 당신을 사랑해도 주님만큼은 사랑하지 못해요."

이 말 한마디로 지상에서의 부부의 사랑을 초월하는, 순수한 아가페의 사랑으로 정화되는 것이었다.

주 목사는 자기의 어머니가 엄동설한에 3일 간이나 광에 갇혀서 꽁꽁 얼어서 통곡했다는 사실로 간장이 녹는 듯했지만 십자가를 저마다 지는 것만이 우리가 면류관을 타게 되는 오직 하나의 길이라는 신앙을 더욱 굳게 갖는 것이었다.

"어머님을 잘 부탁하오."

주 목사는 이따금 면회를 오는 오정모 집사에게 그렇게 부탁을 하였다.

다섯 가지 종목의 기원을 한 비장한 기도는 예수님이 요한복음 17장에 남긴 기도와 다윗의 눈물 어린 기도의 뒤를 따른 비장한 기도였다. 그런데 하나님은 주 목사의 가족에게 우선 차디찬 연단을 주었던 것이다.

만주에서 도시락 밥 밑에다 돈을 가지고 오는 행복의 파랑새가 된 김해수는, 돈 주머니를 다 털고 우울해진 평양의 오정모 집사나 김차숙 여사를 기뻐 뛰게 하는 것이었다. 평양역에서 목도리로 목을 감고 눈만 내어놓고 도시락을 끼고 꼬부장하게 해 가지고 쌔까맣게 걸어가는 김해수의 모습이 김차숙 여사와 오정모 집사의 셋방에 나타나면 이네들은 무엇보다도 먼저 하나님께 감사를 올렸다.

"하나님 아버지 감사합니다. 아버지께서 이 어린 것이 당신의 종들에게 줄 돈을 가지고 무사히 여기까지 올 수 있는 담력과 지혜와 총명을 허락해 주신 은혜를 감사합니다. 한국교회의 기둥들을 당신께서는 최후까지 버리시지 않을 줄 믿습니다. 소돔과 고모라의 그 열 사람의 의인에 비길 수 있는 분들 36명이 감옥에서 신음하고 있사옵니다. 그들에게 건강을 허락해 주시고 그들의 생각을 굳게 지켜서 마귀가 틈타지 못하도록 지켜 주시옵소서. 예수님의 이름으로 빕니다. 아멘."

오정모 집사와 김차숙 여사의 기도는 그들의 남편이 잡혀 있는 터이라, 특히 정성이 더 들어 있는 기도였다.

Chapter 05

평양형무소로 모인
한국교회

평양형무소는 사실상 한국교회가 된 것이나 마찬가지였다. 신사참배를 좋지 않게 생각하는 모든 신도들의 마음은 역시 평양형무소로 집중이 돼 있었다. 그리고 한상동 목사가 해석한 것 같이 신사참배를 함으로 음녀가 된 교회는 사실상 교인들의 죽은 혼들이 있는 시체실이나 다름이 없었다.

회개하고 예수를 믿으라고 외치는 평양형무소 내의 최봉석 목사의 고함소리는 그대로 광야의 소리라고 할 수가 있었다. 그렇게 기백이 살아 있었다. 목포에서 전도를 하다 잡혀온 장현경이란 여 전도사는 경찰서에서 본적이 어디냐고 물으면 "하늘나라"라고 대꾸를 했다. 그리고 현 주소는 어디냐고 하니까 "이 세상"이라고 말했다. 이 장현경 전도사는 아침 다섯 시에는 고운 소프라노로 310장 찬송가를 소리 높이 부르는 것이었다. 그렇게 되면 옥중 성도들의 새벽 기도 시간이 되는 것이었다. 하나님이 함께하시면 어려운 일들이 아주 자연스럽고 조금도 어색함이 없이 해결되어 나갔다. 이렇게 옥중에서 올리는 향내 나는 기도는 하나님 보좌에 상달이 되었을 것이다.

일본이 천조대신이란 이교의 신을 치켜들고 세계의 반을 암흑 천지로 만들어 놓고 죄악에다 죄악을 더하는 역사를 꾸미고 있을 때에 이곳에 잡힌 성도들은 그것에 도전하는 오직 하나의 산 생명체이기도 했다. 한국교회는 이 구멍을 통해서 호흡하고 있었다.

▲ 평양형무소

한국교회의 모든 가지는 다 말라버리고 이 한군데만 푸른 잎사귀 서른여섯 개가 달려 있다고 할 수가 있었다.

이러한 형편으로 주기철 목사의 신사참배 반대는 청교도들의 기상 그대로 엄격한 신앙 양심을 뒷받침하는 세력이었다. 그 세력은 형무소 밖에도 뻗쳐 있었다.

그때 평양 신사는 을밀대 밑 남쪽에 자리잡고 있었다. 평양 시민은 모두 앞을 다투다시피 신사참배를 하러 다녔다. 평양 신사는 일본인 촌보다는 한국인 촌 쪽에 있었다. 거기서 멀지 않은 곳에 을밀대가 있고 청일 전쟁 때에 일본군이 용매의 이름을 날린 현무문이 있었다. 바알신의 지도자는 4백 명이요, 여호와의 종은 오직 한 사람이던 엘리야의 시대와 같이 36명 대 수십만 명의 싸움이라고도 할 수가 있었다.

이때는 양촌에도 머리털이 누렇고 눈알이 푸른 사람의 그림자란 볼 수 없었다. 평양형무소는 바로 철길 가까이 있었다. 평양형무소에서 기차가 지나가는 소리가 들렸다. 일본의 군인들을 실은 대륙행 기차는 끽 소리를 지르면서 지나가는 것이었다. 평양역에서는 이따금씩 "반자이 반자이"라고 외치면서 일본인 청년이 출정이란 붉은 줄을 그은 띠를 어깨에다 걸치고는 부산 쪽으로 혹은 만

주 쪽으로 향해서 달려가는 것이었다.

주 목사의 얼굴에는 터부룩하게 수염이 났다. 그의 행동은 단정하고 얼굴에는 언제나 화평한 표정이 넘쳐 있었다. 과연 광채가 나는 듯했다. 공산당 김복동도 주영하도 주 목사에게만은 경의를 표하고 있었다.

"기독교인이 죽어서 천당에 간다는 얘기만은 도무지 믿어지지 않습니다. 대부."

"그것을 마음속 깊이 참으로 믿게 되는 것도 보통으로는 안 되지요. 그것 보세요. 수십만 명 중에서 그것을 문자 그대로 믿는 사람이 겨우 36명 있었다는 얘기나 같지 않습니까?"

"대부는 진실로 믿으신단 말씀입니까?"

"나뿐이 아니지요. 여기 전국에서 모여온 36명이 다 그렇소."

"모든 이론에는 기독교인들에게 이길 자신이 있다고 생각합니다. 그런데 어떻게 죽음 앞에서 그렇게도 태연자약할 수가 있습니까? 아니 공산주의자도 자기주의로 대담할 수도 있고 태연자약할 수까지는 있다고 봐요. 그런데 죽음을 마치 큰 경사나 난 것처럼 즐거움으로 기다릴 정도가 될 수는 없어요."

하나님을 모르는 주영하는 그것이 부럽다는 듯이 말하는 것이었다.

"종 씨도 하나님의 아들 예수를 깊이 인식하고 기도생활을 하도록 하시오."

주 목사는 그렇게 권면도 하였다. 주영하는 공산주의의 이상에 심취되어 있었다. 김복동도 그랬다.

인간의 이상이 성신을 받는 데 있는 것인가, 사회의 평화와 번영을 위해서 있는 것인가 자문자답을 하고 있었다. 기독교가 저 주기철 목사 같은 성자를 만들어낸 데 대해서 주영하도 이제 의심할 여지가 없었다. 주 목사는 주먹밥 한 개도 반만 먹고 같은 감방에 있는 배고프다는 자에게 나눠주었다. 이런 것은 보통으로 하는 일이었다. 그의 이러한 사랑에 불량배들마저 그 앞에서는 어린아이처럼 순진해지는 신적 권능을 가지고 있었던 것이다.

그는 늘 순교를 진심으로 즐거워하며 기다리고 있는 것이었다. 그리고 얼굴에는 알 수 없는 광채가 나는 것이 확실했다.

평양형무소로 넘어와서 복역하는 동안의 생활은 단조로웠다. 겨울에는 이 때문에, 여름에는 빈대 때문에 혼났다. 빈대는 죄수들의 피라는 월급을 받고는 맹공격을 하는 것이었다. 눌러 죽여도, 눌려 죽여도 빈대는 자꾸만 그 수가 많아졌다.

평양경찰서에서는 주 목사의 가족에게 월급을 주지 못하게 하다가 이 문제에 있어서는 자기네들이 급기야는 지고 말았다. 주 목사의 월급만 지불하는 게 아니었다. 방계성 전도사의 월급과 백인숙 전도사의 월급도 꼬박꼬박 지불하고 있었다.

한 번은 평양경찰서에서 유계준 장로를 호출하는 것이었다. 경찰서라는 데는 죄가 없이 가도 소가 도살장이나 가는 것처럼 기분이 좋지 않은 것이었다.

"유 장로, 당신네들은 경찰서에서 지시하는 것을 뭘로 아는 것이요?"

일본인 고등계 주임은 땅땅 얼렁대는 것이었다.

"우리가 뭘 잘못했다는 것입니까? 줘야 할 월급을 안 준다고 경찰서에서 주라고 한다면 '네, 잘못했습니다' 하고 사과라도 하겠습니다마는 우리가 모시던 목사님이 감옥에 들어가서 욕을 보시는데 그 가족의 월급까지 어떻게 안 줄 수 있습니까? 우리는 우리 도덕을 지켰을 뿐입니다."

"주 목사는 우리나라의 반역자요, 그 가족도 마찬가지요. 우리나라의 역적 편을 들다가 당신도 나라의 역적이 될 필요는 없지 않소."

"주 목사는 나라가 시키는 대로 창씨(創氏)[3]까지 했습니다. 또 나라가 잘못을 저질러서 망하지 않도록 신사참배도 반대한 것입니다."

---

3. 창씨(創氏): '일본식 성명 강요'의 전 용어.

이렇게 되어 이 문제만은 어떻게 어물어물하게 넘겼다.

"일본의 도덕은 자기 선생이 어려움을 당할 때에 그 가족이 굶어 죽는 것을 그대로 보고 있으라고 가르치지 않을 것이요."

이 말에는 일본 경찰도 더 말을 못하는 것이었다.

유계준 장로는 평남 안주군 사람이었다. 그는 18세 때 장사를 시작했다. 23세 때에는 자수성가를 하여 돈 있고 재주 있는 청년이었다. 그는 불신자 때에는 마포삼열이 예수교 믿으라고 전도를 하는 것에 대해서 그전부터 좋지 않게 생각하고 있었다. 그는 마포삼열을 평양에서 내쫓을 생각으로 여러 청년과 같이 그를 둘러쌌다. 유명한 평안도 박치기 맛을 좀 보여 줄 생각이었다. 그런데 청년 유계준은 이때에 도리어 감화를 받고 예수를 믿게 되었다. 그의 생활은 180도로 변경이 되었다. 그는 9남 2녀를 잘 길렀다. 그리고 평양 산정현교회의 장로가 된 후부터 교회 근처에 살면서 교회를 지성껏 받들었다.

한편 평양노회에서 주 목사를 파면했다는 소식을 들었을 때에 70세 노인인 채정민 목사는 격분하여 펄펄 뛰었다.

"썩은 목사들아!"라고 외치고 모 장로는 "목사 새끼들"이라고 욕설을 해서 말썽거리가 되었다. 이렇게 평양은 그 암탉의 품을 떠나버리고 주 목사는 천백 세에 대동강과 함께 울자고 하는 형편이 되었던 것이다.

이 무렵 주 목사의 장남 주영진도 신사참배를 반대하다가 동경 루터신학교 졸업을 앞두고 퇴교를 당했다. 그래서 일치신학교로 전교를 했으나 여기서도 퇴학을 당하고 말았다. 다 같은 구주의 일을 보는 전도자를 기르는 학교였건만 신사참배를 반대하는 신앙의 이상은 통하지 않는 것이었다.

천지에 몸 둘 곳 없는 외로움에 싸인 주영진은 초췌한 몰골이 되어가지고 고국으로 돌아오게 되었다. 마지막으로 아버지의 얼굴이나 한번 뵙고 가서 숨든지 외국으로 망명하든지 할 생각을 했다. 주영진도 그의 아버지처럼 신사 불참배 운동의 선봉에 나서려고 하는 그를 어머니 오정모 집사는 한사코 말리는 것이었다.

"너까지 그럴 필요는 없다. 아버님께서 이미 이 문제로 일본 사람과 기독교 신자들에게 진리를 보여주고 있으니까 너는 차라리 은신하여 신앙을 지키는 동시에 다시 일어날 때를 기다리는 게 좋은 줄로 안다."

이렇게 타이르는 말을 그냥 달게 알아들을 수밖에 없었다.

3일간 어머니와 함께 지내다가 그는 평양형무소로 아버지를 면회하러 갔다.

"아버지 꼭 승리하시기 바랍니다."

영진은 목이 메어 더 말할 수가 없었다. 그는 아버지의 모습에서 예수님의 향취를 느낀 것 같이 생각되었다.

아버지를 면회하고 돌아온 영진은 오랜만에 동생들과 한자리에 모였지만 그는 곧 떠나야 했다. 할머니는 장손을 끌어안고 놓을려고 하지 않았다. 그러나 그 품을 떠나야만 하는 숙명적인 사실이었다. 집에서도 숨어 살 수 없기 때문이다. 이렇게 잠시 다녀가기까지도 중도에서 무수한 고비를 돌파하고 올 때 이런 일도 있었다.

부산행 열차를 타고 오다가 서울을 통과할 무렵에 형사에게 붙들려 하차 당했다. 역전 파출소까지 연행되었다. 도중에 주영진은 숨어 살기가 하도 고생스러워서 차라리 형무소에 갇혀 있는 게 좋겠다는 생각이 들었다. 본명과 본적지가 어디란 말은 이미 다 얘기를 했다. 그래도 무엇 때문에 숨어다니느냐는 질문을 하는 것이 성가셔서 화가 벌컥 났다.

"나는 신사참배를 반대하다가 평양형무소에 복역 중인 주 목사의 장남이 되는 주영진이란 사람인데 나도 아버지와 같이 신사참배를 반대하다가 숨어 사는 중입니다."

라고 자기의 입장을 똑똑하게 얘기를 하고 말았다.

형사는 묵묵히 무엇을 생각하고 있었다. 무서운 눈초리지만 형이 아우를 보는 것같이 온정이 느껴지는 시선이 되는 것이었다.

"그것은 시국에 뒤떨어진 생각이야. 나쁜 놈의 선교사들의 꾀임에 빠져서는 안돼. 미국놈 선교사가 간 나라 사람들은 모두 양코배기의 식민지가 되어 피를 발리고 있어. 우리 대일본제국은 그들을 무찌르고 모든 사람이 다 잘 살게 해주려는 것이다. 주영진 군은 우리들의 천조대신의 고마움을 알아야지. 아버지와 같은 완고 덩어리가 되어서야 되나. 물고기가 물속을 떠나 살 수는 없듯이 우리 일본제국의 신민으로 신사참배를 안하고는 못 살지. 그러다간 형무소 생활을 하게 돼."

라고 말하며 어깨에다 손을 얹으면서 다정하게 의자에 앉도록 권하는 것이었다.

"저는 그 형무소 생활을 하는 것이 소원입니다. 아버지 혼자 형무소에서 그 무서운 고문을 당하시는 데 저 혼자 평안하게 지낼 수는 없습니다. 그리고 대일본제국도 제 신앙관으로 보면 천지를 만든 여호와 하나님이 지은 나라인데 다른 신한테 절을 하다가 그 무서운 벌을 어떻게 할 참인지 걱정됩니다. 신사참배는 개인적으로나 국가적으로나 용인될 수 없는 큰 죄가 되는 것입니다."

형사의 눈에는 어느새 눈물이 어리는 것이었다.

"주 군, 미안하네. 갈 길을 늦추어서 미안하네. 차표를 내가 하나 사 주지. 어디를 가든지 예수 잘 믿고 훌륭한 사람이 돼 다오."

그렇게 얘기를 하면서 웃는 얼굴로 친절하게 대해 주는 것이었다.

영진은 그 후 정처없이 피해 다니며, 전전했다. 때로는 염전 같은데 가서 품팔이 노동도 하고 때때로 지하 성도들의 도움도 받았다. 그러던 어느 날 어느 성도의 소개로 황해도에 있는 깊숙한 어장에서 서기 일을 봐주며 숨어 살게 되었다.

주 목사는 한 달에 한 번씩 면회오는 오 집사로부터 이러한 영진의 소식을 듣고 또 남 모르는 깊은 생각에 잠기곤 했다.

일본인이 한국 와서 저질러 놓은 죄가 어떤 것인가를 주기철 목사는 다 잘 알고 있었다. 일본인들의 피와 땀과 정성이 우리의 그것보다 월등하게 앞선다는 사실은 그대로 알기도 했지만, 그들은 그 왕성한 정력으로 수탈행위를 일삼는 것이다.

일본만이 아니었다. 세계의 죄는 관영했다고 할 수도 있었다. 소돔과 고모라를 태운 유황불이 각국의 병기창에서 끓고 있다고 전쟁 전에 경고했지만 그 유황불은 이제야 유럽 전체를 잿더미로 화하게 하고 있었다.

독일 공군은 매일같이 런던을 공습하고 있었다. 레닌그란드의 어느 고지의 싸움에는 소련 군대가 거진 20만 명이 죽어서 문자 그대로의 시산혈하(屍山血河)를 이루었다.

"일본은 4, 5년 내에 망할 것이오."

주 목사는 신사참배 반대로 들어온 동지들에게 가만히 그렇게 얘기를 하였다. 주영하와 김복동이도 주 목사의 얘기를 존중하고 있었다.

'나는 죽어서 천국에 간 후에도 한국교회를 위해서 기도하겠다!'

주 목사는 물론 살아 있을 동안에도 교회를 위해서 열심히 기도하였다.

주 목사는 일본 동경에서 루터신학교를 다니다가 신사참배 반대로 졸업을 앞두고 퇴학당하고 일치신학교에 가서도 퇴학을 당한 아들이 천신만고 끝에 아버지 면회를 한번 하고 황해도 어느 어장으로 피해야만 되는 비극을 생각했다. 그리고 죽은 아내가 꿈에 나타나서 죽도록 충성하라는 말과 살아 있는 아내는 더욱더 결사적으로 자기를 만날 때마다 승리하라고 격려하던 모습들을 곰곰이 생각하여 보았다.

"장기간의 고난을 이기게 해 주시옵소서!"

주 목사는 하나님 앞에 언제나 간절히 기도하였다. 형무소 가까이 기차 철로가 깔려 있어 기차 지나가는 소리가 또 들린다. 주 목사는 만주로 직통하는 이 기차 선로로 기차가 지나갈 때 만주와 북지로 내달리는 일본인의 맥박이 약화될 날이 가까워 올 것이라고 생각하고 있었다. 북은 알류샨 열도로부터 지시마(千馬)를 거쳐 남으로는 뉴기니와 남양군도에 이르는, 지구의 표면을 가로질러서 그은 이 긴 방어선이 인적 자원이나 빈약한 물적 자원으로는 너무나 억지로 하는 전쟁이란 사실은 삼척동자라도 알 만한 사실이었다.

일본이 믿은 것은 그들의 천조대신인 사신우상이었다. 그러나 그들의 신, 천조대신은 평화를 애호하는 여신이었고, 그들의 자손이 자기 땅에서 번영해서 살라는 분부를 내렸다고 감언이설적인 자부를 하는 것이다. 그의 남동생 스사노오노미코토가 사납게 굴기 때문에 암혈 속에 숨기를 잘 했다. 그러면 딴 신들은 나무에다 거울을 걸어 놓고 가구라(神樂)⁴⁾를 연주하는 것이었다.

현재 일본은 자기네들의 천조대신은 암혈에 숨고 그 동생이 사납게 구는 시대라고 할 수 있었다. 그러니 일본은 그들의 신화대로 한다고 해도 패망할 것임이 틀림없었던 것이다. 그러나 주 목사는 자기의 살 날이 얼마 남지 않았다는 사실을 깨닫게 되었다. 나날이 몸이 쇠약해졌다.

웅천면 북부리나 백일리에서 주 장로의 막내둥이로 자라난 유년 시대를 돌이켜 볼 때도 있었다. 갓 피어난 나뭇잎같이 싱싱했던 유년 시대의 자기 자신과 보통학교 시대의 자기 자신과 오산학교 시대 때 민족주의 교육을 받게 된 자기의 과거가 주마등 같이 뇌리에 번득거리는 것이었다. 신학교 이 후 자기 자신의 목회 시대를 돌이켜서 생각해 볼 때 자기의 일생은 너무나 평탄하고 축복과 영광의 연속이라고도 할 수가 있었다. 그러나 1940년 이후의 고난은 그 15년간 자기의 언약 시대란 그 양심의 문서에 도장을 찍어서 하나님께 바치는

---

4. 가구라(神樂): 신에게 제사지낼 때 연주하는 무악(舞樂)

성스러운 순간이란 생각이 들어 마음속 바닥까지 환해지는 것이었다.

　잠이 든 수인들의 얼굴을 바라보면서 주 목사는 먼 미래를 위해서 기도를 드렸다. 또 평양경찰서 유치장에 있을 때 맞은 편 감방에서 손가락 회화로 의사를 전달하던 안이숙 선생의 일본 국회의사당 사건을 생각하다가 일본 제국주의의 무지를 더욱 몸서리치게 느끼곤 했다.

　봄이 오고 빈대가 나오는 여름이 되고 귀뚜라미가 구슬프게 우는 가을이 되곤 했다. 15년의 화려한 목회생활의 뿌리같이 벌써 6년이 되는 영오의 생활이 계속된다는 생각이 들기도 했다. 4만 6천 원이나 들여서 신축한 산정현교회의 성전을 어떠한 고난이 와도 주님께서 다시 성도들에게 찾아 주실 줄로 믿었다. 그 예배당을 매매하지 못하게 결사적으로 싸워 준 제직들을 생각해 보기도 했다.

Chapter 06

안이숙 선생과
손가락 회화

주 목사와 안 선생은 같은 날 검거되어 평양경찰서 유치장에서 서로 마주보는 감방에서 1년간을 지내게 되었다.

안 선생은 수감되기 전부터 주 목사를 잘 알고 있었다. 주 목사는 안 선생을 잘 몰랐다. 거기에는 이와 같은 이유가 있다. 평소에 주 목사의 능력 있는 설교에 많은 신도들이 감동을 받다가 당시 신사참배 문제로 교계 거물급들이 주 목사의 주위에 떠날 날이 없었다. 그런데 안 선생은 이때 자신을 나타낸다거나 하는 것 같아서 일체 개별적인 방문이나 인사를 삼가 왔다는 것이다. 그러므로 주 목사가 안 선생을 기억할리 만무했다. 그런데 공교롭게도 감방 맞은편에 서로 있게 되어 안 선생은 손가락으로 주 목사와 처음 대화를 갖게 된 것이다. 인사를 나눈 주 목사는,

"자, 안 선생 지금까지 일어난 일을 좀 더 자세히 말해 주십시오. 처음부터 이 시간까지의 자세한 경과와 특히 일본 국회의사당 경고 사건말입니다."

안 선생은 손가락으로 신호하면서 얘기하는 동안 감정이 격해져 울면서 글

을 썼고, 보고 있던 주 목사도 저고리 섶으로 눈물을 닦으면서 대화에 열중하고 있었다.

"하나님이 인물을 참 잘 선택하셔서 그 어마어마한 일본 국회의사당에 박 장로님과 함께 가서 경고시키셨군요" 하며 감탄하였다.

"저는 그렇게 생각하지 않습니다. 목사님은 그렇게 말씀하시지만 저는 아무 가치 없는 불쌍한 주님의 여종이에요."

"물론 우리들의 상급은 천국에 있는 것이니까 세상에서의 크고 작은 것을 논할 필요는 없습니다. 그러나 이 놀라운 역사가 우리 교회사에 오를 때에는 그야말로 빛나고 찬란한 광채를 세계에 발하게 될 것입니다."

이 말에 안 선생은 너무 자신이 과분한 칭찬이라도 받은 듯 부끄러움을 느끼기도 했다. 그리고 또 힘을 내어 계속 대화를 이어갔다.

"선수가 뛰기도 전에 월계관을 받는 것 같은 심정이 되어졌어요. 목사님 저는 죽기를 원해서 나섰지만 앞으로 더 극심한 고문을 당하거나 못 견딜 핍박이 닥쳐와 죽다 못 죽으면 어떻게 합니까? 그것이 무서워요."

"우리는 그저 한 발자국 한 발자국씩만 걸읍시다. 떨려고도 말고 날려고도 말고 그날 닥쳐오는 일을 한 발짝씩만 다지면서 가면 갈 수 있겠지요. 죽는 것이 목표이면 그 죽음이 언제 오던지 죽음의 선만 목표하면 그 나머지 일은 예수님이 살아 계시니 그에게 맡길 수밖에 없습니다. 나는 안 선생의 심경을 잘 알겠어요."

그리고 주 목사는 계속해서 말했다.

"역사는 반복합니다. 정말 주님을 위해 죽으려는 사람이 실패한 전례는 없습니다. 예수님은 우리가 우리 자신을 사랑하고 아끼는 이상으로 그를 따르고 죽고자 하는 자를 괄시하시거나 방관하지 않으시는 분이 아닙니까? 마귀는 큰일을 하는 것 같이 떠들썩해도 결국 거꾸러지는 법이고 믿는 자들은 다 죽어 없어지는 것 같아도 큰 힘을 빚어내고야 마는 것입니다. 또 믿는 자들이 약하게 죽어도 주님 복음은 빛을 발하고 강렬해서 능력으로 전파만 되어지는 것입니다."

이때 안 선생은 다시 힘을 얻어서 말했다.

"저는 일본인들을 잘 아는데 그들이 이렇게도 미치광이가 될 줄은 생각도 못했어요. 이 사람들의 지도층들은 그래도 사리에 밝고 무엇을 좀 아는 줄로 알았는데 하는 짓을 보니 야만 중에도 가장 우악스러운 개만도 못한 야만인 족속으로 보이니 기가 막힙니다."

주 목사도 머리를 끄덕이고 나서는,

"우상을 섬기면 다 그렇게 되는 법입니다. 귀신이라는 것은 약은 것 같지만 가장 미련한 것이기 때문에 귀신 들리면 높은 자도, 지식인도, 왕도 다 마찬가지입니다. 일본이 미국을 먹겠다고 달려든 것을 보시죠. 그것은 마치 개구리가 큰 뱀을 삼키겠다고 입에 물고 시위한다는 격이 아닙니까? 그래서 나는 너무 고문이 심할 때는 '주님! 매를 맞아도 사람 같은 것한테 맞게 해 주십시오. 미친 개에게 맞고 있으니 몸이 아픈 것보다 마음이 더 아픕니다' 라고 기도하고 후에 회개를 했습니다. 한편 예수

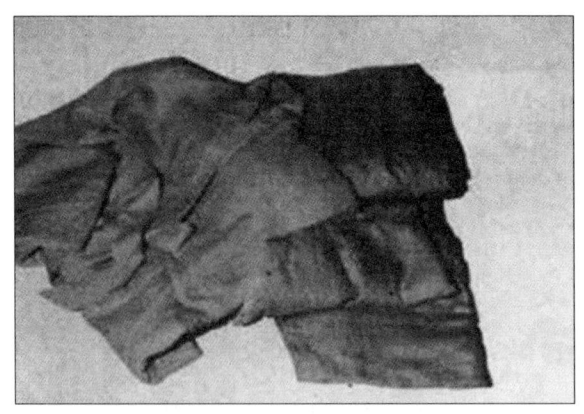

◀ 주기철 목사가 옥중에서 입었던 한복

당시 평양 산정현교회 집사가 보관하던 것을 총신대 박용규 교수가 사진으로 책에 수록한 것. 오정모 집사는 한겨울 평양형무소에서 고문당하는 주 목사를 위해 솜을 넣어 한복을 지어 보냈지만, 주 목사는 피고름이 얼어붙어 칼날이 되어 살을 에이자 차라리 솜을 넣지 말라고 부탁하게 된다. 오정모 집사는 피고름이 엉겨붙은 한복을 받아 가족들이 볼까 몰래 숨어 빨면서 눈물을 삼켜야 했다.

님이 그 옆구리를 찌른 자를 위해 하신 기도가 생각났지요."

사실 주 목사는 고문을 받으면서도 인간의 몸이 이렇게도 아플 수가 있는가 하고 체험하다가도 이내 또 주님이 힘을 주시리라는 확신을 갖기도 했다.

안 선생이 주 목사에게 "만일 또 주 목사님을 고문할 땐 형사들에게 달려 들어서 고문하지 못하게 결사적으로 덤비겠어요"라고 말하자, 주 목사는 옷깃으로 눈물을 닦기도 했다.

"제가 남자라면 목사가 되어서 하나님을 자랑하고 위대한 설교자가 되려고 애썼을 것이라고 생각도 해 봤습니다."

"네, 그것이 인간이 가장 해야 할 일입니다. 나는 젊었을 때 목사가 되리라고는 생각한 적이 없었지만 목사가 되고 보니 나 같은 것이 감히 하나님의 말씀을 전한다니, 이보다 더 영예스럽고 귀한 일은 없다고 믿습니다. 인간으로서 가질 수 있다는 직책 중에 가장 존귀하고 영예스러운 일입니다."

이렇게 주 목사는 천사도 감당하지 못하는 성직에 대한 우월감이 철저했었다.

손가락이 피곤하면 잠시 쉬었다가 다시 계속하고 또 계속하고 하여 충분한 의견 교환을 할 수 있었다. 한 번은 이런 대화도 있었다. 안 선생이 주 목사더러 시장하시지 않느냐고 묻자 주 목사는 명상 중에도 갖가지 음식이 선하게 눈에 보인다고 했다. 그래서 안 선생도 이 음식들은 시험이 아니라 이제 곧 나가서 잡수시게 될 것이라고 하자 주 목사는 손을 내리고 눈을 번쩍 뜨며 말했다.

"뭐라고 했소? 안 선생."

"지금 도청 경시에게 청구했으니까 멀지 않아 사식이 허락될 것입니다."

그 말을 들은 주 목사는 안면에 미소를 떠우며 물었다.

"언제쯤 됩니까?"

"주님이 허락하시면 곧 됩니다. 그런데 목사님은 무엇이 제일 잡수시고 싶습니까?"

"쑥갓을 넣어 쇠고기로 어떻게 요리하는지는 몰라도 쑥갓 물에 잠긴 것을 슬쩍슬쩍 집어 먹으면서 국물도 훌훌 마시면 그것은 참 진미지요. 원래부터 나는 그것을 좋아해요"라고 실토를 하며 웃음을 건네기도 했다.

안 선생은 또 어느 날 천을 번쩍 들어 손가락으로 이런 말을 했다.

"저는 요즘 웃고 싶어도 웃지 못하고 참고 견딥니다. 즉 웃고 싶은 일이란 바로 우상을 섬기는 일본 고관들이 세도를 부리고 있는 꼴불견들을 보면 웃음이 절로 터져서 그것을 참느라고 여간 고심을 하는 게 아닙니다."

이런 이야기를 들은 주 목사는 물었다.

"안 선생, 어디서 그러한 믿음이 생길까요? 모든 천하가 다 이들 앞에 떨고 있는데 우리 중에 안 선생 한사람이라도 이 핍박을 웃고 싶어 못견디는 이가 있다는 것은 굉장한 기적입니다" 하고 흐뭇해 했다.

한 번은 안 선생 어머니께서 면회를 왔을 때의 일이다. 면회 시에 있었던 일을 알게 된 안 선생은 이렇게 말했다.

"모든 고등 경관들이 다 저에게 반해서 저만 특별 대우를 하고 저는 형사들을 종같이 부려먹고 여왕같이 행동을 하니 믿는 자로서 합당치 않다고 수근수근하며 참 말이 많대요."

이 말을 듣고 있던 주 목사는 의분을 금치 못하고 얼굴색이 변하였다.

"믿노라 하면서도 믿음은 적고 얕아서 인간성이 시기와 질투가 더 강한 이들의 무지한 말이지요. 그런 말에 상심하면 그 같이 귀한 신앙에 금이 생길 터이니 사탄의 송곳이라 생각하고 단번에 물리치고 담대해야 됩니다."

이 말을 들은 안 선생은 다시 계속해서 말했다.

"사실 저는 그런 일에 대해서 다른 사람들이 상상도 못할 만큼 달리 생각합니다. 사라가 애굽에 내려갔을 때 애굽 왕이 말했던 일과, 리브가가 그곳에 내려갔을 때에 블레셋 왕 아비멜렉이 리브가에게 반했다는 일 등에 대하여 하나님이 노여워하신 것이 없지 않습니까? 저는 정말 이 고관들이 모두 제게 반했다면 여자로서 보람이 있지 않는가 하고 생각을 합니다.

여자로서 사람들이 보기도 싫어하는 것보다 가치가 있다는 증거가 아닙니까? 사람들의 눈에 보기 싫은 나를 하나님께 바쳤다는 것보다 고급 경관들이 모두 반할 만큼 가치 있는 제 자신이 무엇인지 세상에서도 쓸 만한 나를 주님 앞에 바쳤다는 뜻이 되는 걸로 저는 여겨져서 하나도 상심은커녕 신이 날 지경입니다. 하지만 제 어머니는 질색이시고 근심을 하십니다. 어머니는 근심에 눌리시는데 저는 그것이 우스워서 또 깔깔 웃음이 폭발할 지경인데 또 참지요. 한 번 폭소가 터져서 웃다 보니까 어머니가 울으셔요. 그래서 웃음이 쑥 들어갔어요."

주 목사도 이 말에 웃으면서,

"누구나 안 선생의 사고방식을 따라갈 사람이 없을 것이고 미치지도 못할 것이요. 주님 하시는 일이 놀랍기만 합니다" 하고 위로해 주기도 했다.

"목사님, 제가 그런 말을 듣고 웃음이 터져서, 거기서 깔깔 크게 웃었다는 소문이 밖에 있는 분들에게 알려지면 미쳐서 정신이상이 되었다고 하겠지요."

"글쎄, 그랬을지 모르지요. 여하간 믿음이 높은 자는 언제나 얕고 낮은 자들을 끌어올려 주어야지, 높은 이가 얕고 낮은 이들 때문에 시험을 받으면 큰일입니다."

"높은지 얕은지는 몰라도 이 세상에는 슬픈 일도 많은 대신 우스운 일도 얼마든지 있어서 웃으려면 끝이 없는 것 같아요."

"아, 그거 얼마나 높은 곳까지 도달한 신앙 상태입니까? 그런 뜻에 있어서 안 선생은 여자인 만큼 예수님은 약한 자에게 더 편이 되어 주시는 것을 알겠습니다. 안 선생이 우리 남자들 같이 눌리기만 하면 견디어 내겠어요?"

1년간을 두 감방 창문을 종이로 삼고 손가락을 붓으로 삼아 대화한 주 목사와 안 선생은 이와 같은 우리의 가슴에 깊은 감동을 준다. 그때그때 상황에서 꾸밈없이 오고 간 이 손가락 대화 가운데는 우상숭배 강요에 따르는 우리 성도들의 줄기찬 신앙이 생동하고 있고 또한 우리 민족의 울분이 숨어 있다.
　나약한 인간들이기에 시험에서 싸워야 하는 면도 여실히 보여주면서, 아울러 주 목사는 건강상에도 병약한 중에 시달렸고, 안이숙 선생은 여자의 몸으로 옥고를 견디어야 하는 심한 어려움 속에서도 그들은 모두 잘 견딘 사람들이었다.

진달래 필 때 가버린 사람, 순교자 주기철 목사 생애

6장

순교로 가져온 승리

Chapter 01

옥중 명상

"하나님은 즐거움의 근원이시다. 모든 죄를 벗어버리고 죄인이 하나님께 사유함 받고 구원받는 즐거움 이상의 기쁨은 없을 것이다. 세상의 향락은 고통의 씨요, 하늘의 즐거움은 즐거움의 씨가 된다. 순교는 부득이한 순교가 아니라 감사한 마음에 겨워서 드리는 희생이다. 하나님을 사랑한다 하면서 형제를 미워하는 자는 거짓말하는 자이다. 지구가 공기 가운데 있는 것처럼 전 세계는 죄악에 충만해 있다. 잘 살 준비 이상으로 죽음의 준비가 더 필요하다."

주 목사는 옥중에서 자기가 신자들을 앞에다 놓고 설교할 때 했던 토막토막의 얘기를 생각해 볼 때도 있었다. 주 목사는 스스로 옥중에 앉아 있다는 사실마저도 잊어버릴 때도 있었다. 어느 때는 안질이 심해서 성경도 볼 수가 없어 그냥 명상에만 잠겨 있었다. 사도 바울은 '예수님의 사랑의 권면이 큰 물결같이 파도쳐 와 자기도 그 사랑에 휩쓸려서 도취되는 것을 느꼈다' 고 한다.

주 목사는 지난 15년 동안에 설교한 자기의 말이 생생하게 영원토록 생명을 갖도록 하기 위해서 자기가 이제 밀알 하나가 되어 썩어야 한다는 생각을 하면서 되도록 가야바의 법정에 나간 후부터의 예수님에 대해서 더욱 깊히 알아 보려고 애를 썼다. "나는 세상 끝날까지 너희와 함께 있겠다"고 하신 예수님의 말씀을 회상해 보는 것이었다.

한상동 목사는 몸이 부었다 빠졌다 하면서도 태연하게 신앙 절개를 지키고 있었다. 평양형무소 밖에서는 오정모 집사와 김차숙 여사가 남편들이 성도의 반열에서 하늘나라로 가는 것을 기뻐하면서 이 세상의 소망을 끊고 살고 있었다. 사랑하기 때문에 죽기를 기다린다는 사실은 기묘한 심정이라 아니할 수가 없었다.

오정모 집사는 한겨울에 불도 안 땐 찬 방에서 기도를 하고 있었다. 김차숙 여사도 어지간했지만 찬 방에서 기도를 하다가 그만 배탈이 나서 설사까지 했다고 한다. 한겨울에 찬 방에서 기도를 하는 오정모 집사의 인내심에는 두 손을 바짝 든 김차숙 여사였다. 그런데 하루는 기도를 하다가 잠이 들었는데 비몽사몽간에 "하나님께서 특별히 오정모 집사에게 은혜를 주었다"라고 말하는 것이었다. 두 목사 부인은 남편이 병보석으로 출옥하는 일을 바라면서도 마치 하나님에게 받을 면류관이라도 놓치는 것만 같아서 꺼림직하게 생각하고 있었다.

옥중 성도 가운데에 병이 든 분이 많았다. 그중에도 주기철 목사의 병이 제일 심하다는 것이었다. 주기철 목사는 혼자 면회소에 걸어나올 수가 없어서 업혀 나올 때도 있었다. 한상동 목사도 폐병으로 사경을 헤메고 있기는 했지만 하나님께서 건강을 지켜 주시는 터이라 위기에 들어갔다가도 다시 회복이 되곤 하는 것이었다. 병은 바닷가에 밀려오는 파도와 같았다. 병은 일진일퇴했다.

오정모 집사는 시어머니를 모시고 교회에서 주는 월급으로 먹고사는 생활에 큰 곤란을 느낄 정도는 아니었지만, 큰 아들 영진이의 소식도 궁금하고 옥중에 있는 주 목사를 위해서 기도하느라 항상 밤잠을 제대로 잘 수가 없었다. 산정현교회의 교인들은 백인숙 전도사와 오정모 집사를 숨겨서 항상 돌봐주고 있었다.

창씨를 하고 개명을 한 일본의 충량한 신민이 되었다고 하여 한국 사람들은 군 소재지마다 지어놓은 신사에다 상부에서 시키는 대로 참배를 하러 다녔다. 황국신민의 서사를 못 외면 관청 사무를 봐주지 아니했다. 그리고 신사참배를 반대하는 사람이 혹시 또 생기지 않나 하고 언제나 눈총과 박해가 따라다녔다.

"뭐가 잘났다고 그리 군단 말이오? 남 하는 대로 하고 살면 될 것 아니오. 그래 4만 6천 원이나 들여서 예배당 지어놓고, 그 예배당을 써보지도 못하고 밤낮 경찰서만 다니게 됐으니 그게 무슨 꼴이오?"

이렇게 숙덕거리는 교인도 있었다.

신사참배를 하러 갔다 오는 교인들을 볼 때에 오정모 집사와 김차숙 여사는 이쪽에서 못 본 척해 주어야만 되었다. 이럴 때일수록 오정모 집사는 "대동강과 함께 천백 세를 울며 흐르자"라고 설교를 하던 주기철 목사의 음성이 구약의 선지자 예레미야의 그것 같아 간장이 녹는 듯했다.

형무소에서 송장이 되어가는 남편이 일세의 명 설교가이며, 능력있는 목사라는 사실이 슬퍼질 때도 있었다.

1943년은 일본 제국주의의 탄압 밑에 우리 한국의 새 생명들이 돌 밑에 잡초와 같이 시달림이 심했던 시절, 그 한 해 동안에 평양형무소에서 호흡하고 피를 순환시키면서 주기철 목사는 육신의 생명을 많이 소모하고 있었다. 한상동 목사가 폐병으로 시달리면서도 교회 재건의 이상을 생각하고 있을 때에 주기철 목사는 먼저 하늘나라에서 편히 쉴 차림을 하고 있었다.

산정재에 큰 예배당을 달라고 기도한 최봉석 목사의 기도가 이뤄지면서 주기철 목사는 일본 제국주의가 마련한 함정에 빠지게 되었다. 거기서 하나님을 열심히 사모하고 만날 장소를 예비하면서 1943년은 여러 가지로 난관이 많았다. 하지만 오정모 집사와 주 목사가 서로 사랑의 영교로 체온을 높이면서, 등

불이 되고 등대가 됨으로 순교의 밀알이 되어 가고 있었다.

성전이 탄다는 사실은 흔히 있는 일이었다. 예루살렘의 성전도 탄 일이 있고 다시 세우고 또 타고, 돌하나도 돌 위에 겹놓일 수 없도록 예수를 푸대접한 바리새 교인의 화석된 양심은 급기야 유대인을 전 세계에 흩어지게 만들었던 것이다.

유대인이 팔레스타인에 다시 나라를 세울 것인가를 주 목사는 생각하면서 일본이란 나라가 곧 망할 것을 예언하기도 하였다. 감옥 안에다 숨 쉴 구멍과 잠망경으로 밖을 보는 기술을 발휘하기도 하였고, 주 목사는 결코 사망의 권세 앞에 무릎을 꿇은 것은 아니었다.

미처 죽은 시체를 생각하고 현대의 기독교적 신앙의 황무지에 한 알의 밀알이 되고자 한 주 목사의 반석 같은 신앙심은 베드로의 그것같이 굳었고, 대동강도 풀린다는 우수를 보내고 경칩을 맞이하면서, 자기의 아내 오정모 집사의 알맹이로 영근 마음의 무화과를 마시면서 그는 조금도 슬퍼할 순간이 없었던 것이다.

"길선주 목사 이후 한국교회의 이상이 죽도록 충성하는 데 있었고, 생명 책에 기록이 되고 인 맞은 14만 4천 명이 되는 데 있었고……."

이것은 이기선 목사의 설교 제목이기도 했다.

이기선 목사는 주 목사에게 좀처럼 잊기 어려운 분이었다. 주 목사 또한 한국교회에 반짝이는 북극성이다. 손양원 목사에게 그의 생명력은 하나로 연결되는 힘을 나타내었다. 호형호제를 하는 이 두 신앙의 용사 중 한 분은 평양형무소에서, 한 분은 청주 형무소에서 하나님으로 통하는 제전을 올리고 있었다. 구렁이같이 칭칭 감은 조선 총독부와 60만 일본인의 게다짝 세력도 그 근본으로부터 공포를 갖게 했던 것이다.

주 목사는 옥중에서 다섯 종목의 기도 내용에 대하여 또 명상하고 있었다.

첫째, 죽음의 권세를 이기게 하여 주옵소서.

둘째, 장기간의 고난을 견디게 하여 주옵소서.

셋째, 노모와 처자를 주님께 부탁합니다.

넷째, 의(義)에 살고 의에 죽게 하여 주옵소서.

다섯째, 내 영혼을 주님께 부탁합니다.

주 목사는 자기의 일생이 이미 하나님에 의해서 예정되어 있었다는 사실을 알 수가 있었다. 경상남도 창원군 웅천면과 같은 시골에서 평안북도까지 중등교육을 받으러 가게 되고 일본 동경에 가서 교육을 받고자 한 소원은 꺾여지고, 연희전문학교를 중도에서 그만두어 버리고 성령을 받고 평양신학교에 오게 되었으며, 신학교에 온 후는 늘 하나님과 함께하는 생활을 해왔던 것이었다.

그중에서도 제일 어려웠던 시기가 1933년에 상처를 한 때였다. 안갑수 여사가 어린 4형제를 두고 죽은 후부터는 이 세상이 허탈해지고 빈 쭉쩡이가 된 것만 같았다. 하나님은 주 목사에게 이 세상에 대하여 지나치게 애착을 갖지 못하도록 이치를 깨닫게 해 주었던 것이다. 정에 약한 안갑수 여사를 데려가고 강직한 오정모 집사를 보내주지 않았더라면 주기철 목사 자신도 장기의 고난을 견디어 나가는 데는 적지 않게 지장이 생겼을는지도 모른다는 생각도 해보았다. 주 목사는 죽음의 벽 저쪽을 내다볼 수 있는 이치에 자기 자신이 왔다는 사실을 깨닫고 있었다.

감옥 안에서도 해동된 바람이 불어오기 시작한다는 사실을 확실히 느낄 수 있는 계절이 되어가고 있었다. 새파란 보리밭 위에 날아다니는 제비와 샛노란 민들레와 개나리 그리고 온 산에 붉게 피어 번지는 진달래 꽃이 눈에 선명하게 떠오르는 것이었다.

옥에서는 이따금씩 죽어서 나가는 사람이 있었다. 또 거의 송장이 다 된 사람은 병보석이란 이름으로 석방이 되기도 했다.

Chapter 02

병사냐?
타살이냐?

이 땅에도 봄이 왔다. 1944년의 봄이었다. 산등성이마다 개나리와 진달래 꽃이 피었다.

주 목사는 49세가 되었다. 그의 영혼은 오랜 육신 속의 찬바람 속에서 시달리다가 저쪽 나라를 향해서 눈을 뜨기 시작하고 있었다. 그는 프랜시스와 츠빙글리 같이 40대에 영유를 얻는 것이다. 뿐만 아니라 그의 사랑은 감옥에서도 모든 출옥 동지는 물론 공산당에까지도 눈물로써 마음의 때를 씻게 했다. 주 목사, 그의 옥중 생활은 그냥 그대로 예수 그리스도가 제자들의 발을 씻긴 겸손과 통한 것이다.

형무소 앞에 있는 경의선 철길에는 홍아나 아까쓰기같은 일본의 국책으로 이름을 붙인 기차가 기적소리도 우렁차게 달려가곤 했다. 만주에서, 중국 본토에서, 동남아시아에서, 태평양 전선에서, 이제 수세를 지키기에도 힘에 겨운 일본 제국주의자들의 기세는 날로날로 힘이 한 가닥씩 빠져가고 있는 형편이었다.

눈이 오던 계절에서 눈과 비가 섞여서 오다가 비만 내리는 계절로 서서히 옮아가는 대자연의 그것과 같이 평양형무소에 갇혀 있는 죄수들도 또 새로운 해를 맞이하여 저쪽 세계로 새싹을 내는 사람과 이쪽 세계로 아직도 회생을 유지하는 사람으로 나누어지고 있었다.

제일 나이가 많은 이기선 목사는 건강도 좋아진 듯했고, 폐병으로 사경을 헤매던 한상동 목사는 폐병을 기도로 극복하고 다시 생명의 불이 붙기 시작한 것 같았다.

4월 13일날 주 목사는 병감으로 옮겨졌다. 꿈에 안갑수 여사가 나타나서 "죽도록 충성하라 그리하면 생명의 면류관을 네게 주리라"(계시록 2:10)라고 한 소복을 한 죽은 아내와, "승리하지 못하면 당신과는 이혼할 것을 각오하십시오"라고 말한 오정모 집사의 진심을 이제는 더욱 뜨겁게 사랑할 수 있게 되었다. 부활한 예수님을 제일 먼저 발견하고 기뻐하는 막달라 마리아의 모습과 아내의 모습이 겹쳐서 눈까풀 밑에 아롱거리기도 했다.

병감에 옮겨져도 한 달에 한 번씩은 면회 허락을 받았는지 아내 오정모 집사가 면회를 왔다. 최봉석 목사와 최상림 목사도 거의 사경에 있었고, 박관준 장로와 이현속 장로도 거의 소생할 가망이 없을 정도가 되어가고 있었다. 김차숙 여사는 경찰서에서 무슨 소식만 와도 가슴이 덜렁 내려앉는 심사가 되곤 했다.

어느 날은 김차숙 여사에게 한상동 목사의 사건을 담당하던 하 부장이 와서,

"한 목사가 이젠 항복을 했소. 곧 나오게 될거요"하고 천연스레 얘기를 하는 것이었다. 이때 김차숙 여사는 온 세상이 캄캄해지는 심사가 되어,

"아, 정말 우리 목사님이 항복하셨단 말입니까?"

"내가 괜히 거짓말을 하겠소."

김차숙 여사는 울고만 싶었다. 그때 김차숙 여사의 마음 가운데 암만 해도 수상한 데가 있었다.

"면회를 시켜 주시겠습니까?"

"그것은 안 됩니다."

그제야 김차숙 여사는 안심을 하는 것이었다.

김차숙 여사와 오정모 집사는 지난날을 회상하면서 얘기를 하곤 했다.

"말이 그렇지, 지금까지 고생하다가 순교를 못하고 그냥 항복이나 하고 나와 보시오. 우리는 못살 것이오."

오정모 집사의 얘기에 김차숙 여사는 동감을 표시하는 것이었다. 김차숙 여사는 자기 남편만 살아 나오게 되고 오정모 집사의 남편만 죽기라도 하면 입장이 퍽 난처해질 것 같기도 했다. 그러나 어쩔 수 없었다. 두 목사 부인은 모름지기 딴 사람의 입장이 되어서 그 마음의 아픔을 위로하면서 하루하루를 살고 있었다.

이들뿐만 아니라 이들 주변에는 같은 운명의 이기선 목사 부인 임신선 여사, 안이숙 선생 어머니 장중렬 여사, 또 최봉석 목사 딸 최광옥 양 등 많은 성도들이 함께 위로하고 물질을 통용하며 살고 있었다.

주 목사는 오직 자기 한 사람을 키운 보람으로 살아오면서 신앙 면에서는 아직 아내만큼 장성하지 못한 어머님이 늘 걱정이 되었다. 어머님은 78세가 되어 있었다. 큰 아들 영진이는 벌써 26세의 청년이 되었을 거라 생각이 되었다. 그리고 젖먹이로 어머니를 잃었던 그 어린 광조가 13세의 소년이 되어 금년 봄에는 보통학교를 졸업했을 텐데 자녀들을 무척 사랑하는 주 목사의 마음속에는 가족들의 모습이 떠나지 않는 것이었다. 특히 신앙 문제를 가지고 아버지와 같이 수난을 당하고 있던 영진이가 어떻게 지내고 있는지 주 목사는 모든 것을 하나님께 의뢰하고 있었다.

감방 안의 공기는 사람의 배설물과 호흡으로 흐려 있고 악취가 풍긴다. 일본 제국주의는 자기네들의 정부에 반대하는 사람은 어떻게든지 괴롭게 해서 죽이려고만 하였다. 한 알의 밀알이 되어서 썩는 그 아픔을 주 목사는 큰 기쁨으로 소망을 가지고 달게 받고 있었다. 마음속 깊은 곳에 있는 성령을 근심되게 할 수가 없어서 주 목사는 성령의 깊은 역사와 기도에 순응하는 것만이 그의 생활의 전부라고 할 수가 있었다.

'하나님 앞에 바른 사람이 되라!'

주 목사의 양심이 자기 자신을 돌보고 있었다. 그는 벌써 여러 날을 아무것도 먹지 않은 채 지내고 있었다. 한 열흘 뭘 먹지 않으니까 대소변도 나오지 않는 것이었다. 평양형무소의 소장과 직원들도 주기철 목사에 대해서는 그의 경건한 신앙과 투철한 인품에 존경심을 갖고 있었다.

"우리 대일본제국에 대해서 끝까지 항거하는 사람이 있었다고 하는 사실을 우리는 여기서 보고 있는 것이오."

평양 형무소장은 부하들 앞에 그러한 얘기를 하면서 사무실 벽에 있는 가미다나를 쳐다보았다.

"여보, 그렇잖소. 36명이 모두 죽을 것 같은데 일본 땅에서 신사참배를 안 하고도 살 수가 있다는 건 정말 분통이 터지는 일이올시다."

"일본의 우찌무라 간조라는 자가 이세징구(伊勢神宮)[1]를 지팡이로 가리키면서 '이까짓게 뭐야?'라고 했다는데 소장님 그게 진짜일까요. 상상도 못하겠던걸요."

소장의 부하는 소장의 얼굴을 정면으로 쳐다보면서 얘기했다.

"기독교를 믿으면 머리가 돌아요. 영 국가 관념이 없어져요. 죽어서 천국에 가겠다 생각하고 있으니까 이 세상 같은 건 아무래도 좋다 생각하고 있으니까."

"네."

---

1. 이세징구 : 일본 황실의 종묘

"그것 좀 봅시다. 신천기철의 카드를 좀 봅시다."

옆에 있던 차석이 서류 뭉치를 들고 가서 소장에게 갖다 바친다. 소장실에는 화병에 벚꽃이 꽂혀 있었다. 아무리 아름다운 꽃이 꽂혀도 그 형무소의 사무실은 지옥문으로 들어가는 대합실 같은 인상을 주었다.

평양 형무소장은 자기 형무소 안에 죄수로 거의 다 죽게 된 주 목사를 위시한 36명의 성도들에 대해서는 특히 맹렬한 적개심을 갖고 있었다.

차석으로부터 소위 '죄수 명부'란 카드를 받아 든 소장은 36명의 명단을 차례로 뒤지기 시작했다.

1. 이기선(李基宣) 원목사(元牧師) 67세
2. 김본인희(金本隣熙・舊 金隣熙) 원전도사(元傳道師) 38세
3. 김전형락(金田瀅樂・舊 金瀅樂) 농업 43세
4. 염야신근(鹽野信根・舊 朴信根 농업) 37세
5. 김화준(金化俊) 원전도사(元傳道師) 47세
6. 고도흥봉(高島興鳳・舊 高興鳳) 원목사(元牧師) 51세
7. 서정환(徐廷煥) 원전도사(元傳道師) 40세
8. 장원두희(張元斗熙・舊 張斗熙) 원서기(元書記) 35세
9. 청천대록(淸川大祿・舊 楊大祿) 원집사(元執事) 32세
10. 서원상동(西原尙東・舊 韓尙東) 무임목사(無任牧師) 45세
11. 신무남고(新武南皐・舊 朱南皐) 무임목사(無任牧師) 58세
12. 삼산수옥(三山壽玉・舊 趙壽玉) 부인 전도사(婦人傳道師) 32세
13. 이원현속(李原鉉續・舊 李鉉續) 원전도사(元傳道師) 46세
14. 최덕지(崔德支) 원부인 전도사(元婦人傳道師0 45세
15. 고아전명복(廣田明復・舊 孫明復) 원전도사(元傳道師) 35세

16. 국본주원(國本朱元 • 舊 李朱元 常用名으로는 李仁莘) 40세

17. 채정민(蔡廷敏) 무임목사(無任牧師) 74세

18. 안천이숙(安川利淑 • 舊 安利淑) 원교사(元敎師) 38세

19. 단양광록(丹陽光祿 • 舊 李光祿) 매약상(賣藥商) 39세

20. 방계성(方啓聖) 전도사(傳道師) 58세

21. 오윤선(吳潤善) 원장로(元長老) 75세 등등

이렇게 명부들을 들쳐 보다가 소장은 신천기철의 것을 찾아내게 되었다.

"그가 가진 사상은 그가 신봉하는 장로교파의 기독교리의 독선적 해석으로 출발하여 성경은 여호와 신의 명시묵시의 성지를 여실히 기재한 것으로, 그의탁된 신의는 전부가 절대로 현세에 현현되어 그 예언은 장래에 반드시 실현될 것으로 확신하고, 여호와 신은 천지 만물을 창조하고 또한 지배 통괄하는 최고 유일 절대의 전지전능의 신이라는 반면에 다른 신이라고 칭하는 것은 모두가 위신 내지는 우상이라고 속단하고 전조대신을 위시하여 역대천황은 여호와 신의 피조물인 아담과 하와의 자손으로 필경 불완전한 인간에 불과하여 이를 봉사하는 황대신궁을 비롯하여 일본의 모든 신궁신사는 모두가 위신 내지는 우상을 봉사하는 것으로 이를 제사 예배하는 것은 모세 십계명 중에 소위 타신숭배 혹은 우상예배로 최대한 계명 위반행위라고 하여 이를 전면적으로 부정하고, 또한 일본제국의 천황이라도 여호와 신에게서 통치권이 부여되어서 일본을 통치하도록 명령을 받고 있는 것에 불과함으로 신의에 의해서는 이것을 박탈할 것도 가능하며, 필경 일본제국의 존망도 한갓 여호와 신의 뜻대로 된다고 망단하고, 오히려 여호와 신은 인류로 하여금 지행지복의 생존을 하게 하도록 창조하였음에도 불구하고 인류의 시조 아담과 하와는 악마의 유혹에 의하여 신의 계명을 파하여 인류 사회는 악화 일로를 걸어,

드디어 악학이 지상에 충만하게 되자, 신은 노아의 홍수로써 제1회 심판을 행하여 인류 사회를 사멸케 하였던 바 그때 신명에 복종한 노아와 그 가족은 난을 면하고 그 자손이 지상에 번영하였는데 그들도 사악을 거듭하게 되매 신은 독생자를 세상에 보내어 만민의 죄를 대속하고자 십자가에 매달려 죽음으로써 자애에 의한 제2회 심판을 행하였다. 그러나 인류는 그 미궁에서 깨지 못하고 감히 죄악을 거듭하면서 현세에 이르렀는데, 현재 동서양에 전란은 계속되고 한재, 수재, 악병 유행 등으로 괴롭힘을 당하는 거기에다 또 신사참배 강요에 의한 예수교도의 수난 시대를 맞이하고 있다.

이는 성경이 예언한 소위 말세 현상으로서 여호와 신은 기독을 지상에 재림케 하여 일본제국을 포함한 현존 각 국가조직을 모조리 붕괴시킨 후에 기독을 수반으로 하는 이상왕국 즉 천년왕국을 지상에 건설하게 할 것이다. 즉 충신자는 승천하고 이미 사망한 충신자는 육체 부활 후 승천하여 기독을 중심으로 하고 7년간 공중에서 혼인잔치를 시작한다. 그동안 지상에서 모든 대환란이 와서 인류의 3분의 1이 사멸한다. 그리고 그 기간이 끝난 후 기독은 그 육체로 지상에 재림하여 이론제국을 포함한 세계 각 국가의 국가제도를 파괴하고 이 지상에 기독 교리로써 통치제도를 하는 무죄악 무차별 무압박한 절대 평화한 이상적인 지상신국 소위 천년왕국을 건설하여 기독은 만왕의 왕으로 이를 통치하고 기독신자를 각 지역의 만왕으로 임명할 것이라고 하고 이상과 같은 독선적 성경관에서 오는 말세론을 터전으로 하여 우리나라를 포함한 현존 각 국가의 멸망과 천년 건설의 필요성을 확신하고, 이를 실현하는 것을 신의 애정이나 신의를 체득한 예수교 충신자의 협력도 또한 그 예정 중에 포함되어 있는 것으로, 충신자는 반드시 이에 협력할 책무를 신에게 대해서 부담하고 있는데 그 협력 방법이란 다만 신의 계명을 준수하여 신사참배는 물론이고 기타 반신의적 정책에는 극력 반대하여 이미 말한 독선적 해석에 의한 교리선명에 노력하고 이에 공명하는 동지를 다수 획득하는데 있다고 하여 건국 이래의 국가 관념 국민 감정을 교란시켜 현존질서의 혼란 동요를 유발하면서 궁극에 있어서 현 질서를 붕괴하여 만세일계의 천황이 다스리는 우리 일본제국 국체 변혁까지도 필연 초래할 기독 독재의 소위 천년왕국 건설을 실현시키도록 희망하여, 이 건설 협력을 목적으로 하는 그 주의 사상을 선도하는 일에 충실한 자로서……."

여기까지 읽어 내려온 형무소장은 다시금 신천기철로 창씨가 된 본적과 성명을 봤다.

경상남도 창원군 웅천면 북부리 신천기철(新川基徹)
구 주기철 기독교 목사 49세

평양 형무소장은 옥중에서 그들이 죽어 나가는 것을 볼 때에 하나님의 기적으로 그들이 살아남는다든지, 일본이 신화로 믿는 신풍을 일으키는 일 같은 기적이 일어날까 두려워했지만 그런 일이 일어나지 않는 것을 보고는 적이 안심이 되는 것이었다. 미국의 해군이 일본 본토에 접근할 때는 '신풍이 불 테지' 생각했다. 그리고 자기네들의 가미다나를 향해서 참배를 하는 것이었다.

1938년부터 시작된 옥중 생활은 어느덧 7년이란 긴 세월이 되었다. 주 목사는 외적으로 다가오는 유언으로 남길 말을 사색하는 동안 슬픔과 기쁨이 부딪치는 골짜기를 넘어야 했다. 신부와 같이 죽음이란 신랑을 기다렸던 것이고 정절한 입정으로 얼굴에다 빛을 더 하면서 별화산상의 기적을 옥중에서 이루면서 진달래가 피는 계절 앞에서 예수인의 자랑을 더 높이고 있었던 것이다.

주 안에서 무소불능을 체험하면서 옥중 성도들의 심중에다 상큼한 사랑의 향기를 전하면서, 신비스러운 성령이 딱딱한 죽음을 뚫고 올라오는 난초 싹 같이 보여주고 있었던 것이다.

어느 날 주 목사의 모친 조재선 할머니가 산정현 예배당에서 새벽 기도를 드리다가 강대를 쳐다보니 주 목사가 흰 도포를 입고 양손에 푸른 대나무를 힘차게 짚고 서 있는 것을 보았다. 꿈이 아니고 기도드리다가 본 것이다. 조재선 할머니는 그 후부터는 울지 않았다고 한다. 그는 자기의 귀한 아들이 승리하고 하늘나라로 갈 것을 다시는 의심치 않았다.

병감으로 간지 1주일이 지난 날이었다. 그러니까 4월 20일이었다. 주 목사의 모친이 꿈을 꾸니 "어머님, 저 왔습니다" 하고는 주기철 목사가 나타나더니 사라지더라는 것이었다. 오정모 집사는 무슨 일이 생긴 줄 직감하고 있었는데 그때 마침 병감으로 출감된 분으로부터 주 목사가 보낸 쪽지를 받게 되었다.

급히 면회하러 갔더니 평양형무소에서는 면회 일이 아니라고 거절했지만 무슨 사고가 생겼을 거라고 간청했다. 그들은 더 지체하면 그들의 흉계가 폭로될 것 같았음에서인지 위독하다면서 더 지체한 후에 면회를 허락해 주었다.

주 목사는 4명의 간수에게 부축을 받아가지고 간신히 면회실까지 걸어 나왔다. 거기 형무소장과 간수들 십여 명이 다 나와서 둘레에 있었다. 그들은 신사참배 반대 운동의 대표자 격인 주 목사가 자기 부인에게 최후의 유언을 하는 시간인 줄을 알고 미리 와서 대기하고 있었던 것이다. 말씀을 시작하니 그들 중 한 사람이 "유명한 목사님의 유언이라 우리도 듣고 싶으니, 일어로 말해 주시면 고맙겠습니다" 하면서 간청하기도 했다.

"여보, 나는 아무래도 몸이 더 견디지 못할 것 같소. 나는 주님이 맡긴 짐을 지고 가느라고 어머님 봉양을 못 해드려서 송구스럽소. 나를 대신해서 어머님을 부탁하오."

이렇게 말하고 주 목사는 잠시 숨을 몰아쉰 후 또 계속해서 말을 이어갔다.

"나는 하나님 앞에 가서 주님의 한국교회를 위해서 기도하겠소. 교회에 이 말을 전해 주시오. 나를 웅천에 가져가지 말고 평양 돌박산에 묻어 주오. 내 어머님도 세상 떠나시거든 내 곁에 묻어 주오……. 우리 한국교회의 장래는 어찌 될 것인가?

한국교회에 닥쳐올 시험은 오늘의 신사참배 문제뿐 아니라 이 문제가 지나가면 또 다른 시험이 오고 점점 더 어려운 시험이 닥쳐올 것인데, 이것을 어떻게 이겨나갈 것인가? 한국교회가 진리에 바로 서야 하는데, 양떼를 잘 먹일 참 목자는 누구일까?…… 산정현교회 교우들이 보고싶소. 진리의 교회가 돼야지……. 내가 생명보험에 든 것 찾아다가 영진이 장가보내주고 어머님 세상 뜨시면 장례 치러 주시오."

"목사님, 아무 염려 마세요. 하나님이 살아 계시지 않습니까? 나는 목사님이 깨끗하게 하나님의 제물로 받쳐지는 것을 기쁘게 생각합니다."

오 집사는 남편에게 위로와 격려의 말을 하면서도 눈물을 닦곤 하였다.

그날 밤 9시 30분에 주 목사는 잘 벌려지지도 않는 입술을 크게 벌리어 마지막 유훈을 뿜은 외마디 기도를 드렸다.

"내 여호와 하나님이시여! 나를 붙드시옵소서!"

이 마지막 기도 소리에 감방 문지방이 우둑둑하며 진동하여 가까이서 듣던 간수들은 크게 놀랬다고 한다. 운명하는 주 목사의 얼굴에는 미소가 떠돌고 있더라는 것이다.

그날 온 식구들은 금식 기도를 하였다. 그런데 밤에 오 집사의 꿈에 낙화생을 뿌리채 뽑아서 보니 낙화생이 주렁주렁 결실이 되어 있더라는 것이다. 이 낙화생 꿈으로 오정모 집사는 남편이 순교한 사실을 깨닫게 되었다.

이 순간을 맞이하기 위해서 싸워온 긴 세월이었음을 생각할 때 감개무량했다. 기뻐하는 게 옳을지 울어야 하는 게 좋을지 분간할 수가 없었다. 그러나 영광스러운 승리를 기어코 하고야 만 것이다.

병감에서 4명의 간수에게 부축 받아 면회장에서 "이대로 여기서 기다리며 지키시는 게 좋겠습니다"라고 오 집사가 말했을 때,

"내 생각에도 벌써 각오했소"라고 하며 끝까지 일사각오로 파수하다가 영생의 화환을 들고 기다리시는 주님 품으로 간 모습 그대로를 오정모 집사는 또 회상해 보는 것이었다.

다음 날 아침 오정모 집사는 평양형무소에 나가 대뜸 수위 간수를 보고 말했다.

"주 목사 시체 찾으러 왔습니다."

그들은 깜짝 놀라면서 말하는 것이었다.

"어떻게 아십니까?"

"네, 다 압니다" 하면서 안으로 들어갔다.

이날이 4월 22일 토요일이었다.

주 목사의 시체를 달라는 오정모 집사의 말에 간수들은 처음에는 약간 속이는 듯했으나 이내 정색을 하고, "시체는 형무소 규칙상 24시간이 지난 후에야 내어줄 수 있소"라고 했다.

오정모 집사는, "우리 기독교는 성수주일해야 하므로 주일에는 찾아갈 수 없으니 속히 모셔 가야 되겠습니다"라고 했다.

오 집사의 끈질긴 독촉을 못 이겼음인지 시신 인수를 허락해 주었다. 오 집사는 곧 교우들에게 연락을 취했다. 12시경에 산정현교회 유계준 장로를 비롯한 김경진 집사, 양재연 집사, 송소영 집사, 정인복 교우 등 여러 신도들이 손수레를 가지고 주 목사의 시신을 인수하려고 왔다.

오 집사는 주 목사의 시신을 모셔 내오면서 간수들에게,

"오랫동안 신세 져서 미안합니다"라고 인사를 하고 나오니 간수들은 두려움과 무안함에 몸 둘 바를 몰랐다.

교인들은 주 목사의 시신을 정중히 손수레에 싣고 상수리에 있는 초라한 두 칸 방으로 옮겼다. 이렇게 하여 주 목사의 순교에 사인은 단순히 병사로만 전해지고 말았다. 지금까지 우리 교계에선 평소에 몸이 허약했던 주 목사의 건강 상태와 옥고에 시달리면서 더욱 악화된 병으로 인한 옥중사(獄中死)로 단정하고 믿어 오는데 이의가 없었던 것이다. 그러던 차 1968년에 「죽으면 죽으리라」의 옥중 수기를 간행키 위하여 20년 만에 일시 귀국했던 안이숙 여사에 의해 병사로만 알아오던 주 목사의 사인이 비로소 베일을 벗게 되었다.

안이숙 여사는 필자와의 대담에서 주 목사는 병사가 아니라 타살이라고 증언했다. 안이숙 여사가 평양형무소에 수감되어 있을 때 형무소 의무과장에게 들은 극비의 사실로 의무과장을 출장보내고 그 조수에게 시켜서 주사로 타살케 했는지, 그 조수가 또 다른 사람에게 시켰는지는 모르지만 분명히 타살이었다고 했다.

주 목사가 병감에 있을 때 주사에 물을 넣었는지 공기를 넣었는지 혹은 어떤 독약을 넣었는지 모르지만 주사로 인한 타살이 틀림없다고 생각되었다. 그때 어느 간수를 통하여 이 사실을 알았을 때 안 여사는 식음을 전폐하고 사흘을 계속 흐느꼈다는 것이다. 육적인 인정 때문이 아니고 분하고 억울해서 그토록 슬퍼했다는 것이다. 그런데 이러한 사실이 규명되지 못하고 지금까지 의문시된 것은 그때 오정모 집사가 시신 인수 시 주사 자국을 확인하여 검진하지 못했기 때문에 타살이었다는 사실이 감추어지고 만 것이다.

Chapter 03

진달래 필 때
가버린 사람

주 목사의 시신을 쓰러져 가는 골방에 옮겨 모신 오정모 집사는 넷째 광조를 찾아갔다. 당시 장남 영진 군은 황해도 어느 어장에 숨어서 서기일을 보고 있었으며, 차남 영만 군은 동경에서 공부하고 있었고, 셋째 영해 군은 부산 통공장에서 일하고 있었다.

넷째 광조 군은 소학교를 갓 졸업한 13세의 소년으로 동일치과에 취직한지 3일 만에 이와 같은 아버지의 별세를 목격하게 되었다.

어머니 오 집사의 통보를 받은 광조 군은 급히 상수리 집으로 되돌아왔다. 숨 가쁘게 달려온 광조 군은 사과 상자로 아무렇게 만든 관을 물끄러미 쳐다보았다. 형들은 아직 참석하지 못했고 혼자만이 어머니의 얼굴을 마주 보면서 울음을 터뜨렸다. 그리고는 아버지를 마지막 한 번만이라도 만져보고 싶은 애달픈 어린 심정으로 구멍이 뻥뻥 뚫린 상자 사이로 손가락을 넣어 휘져어 보았다고 한다.

이때 어머니의 심부름으로 우선 8촌 형과 친척들에게 연락을 하러 나선 광조 군은 눈물이 어리어 길이 잘 보이질 않았다. 오정모 집사는 사과 상자 같은 관을 치워버리고 남편 주 목사의 시신을 정중히 다루어 씻기 시작했다. 어디서 구했는지 글리세린과 크레졸을 세면대에 풀어서 남루한 옷들을 벗기고 직접 씻기기 시작했다. 타인이 만지는 것을 불허하고 손수 일일이 씻겼다는 것이다.

오랜 옥고에 시달려서 초췌한 살결과 앙상한 체구를 오 집사는 씻으면서 7년간의 긴 옥고를 회상하며 몸서리치기도 했다.

수의로 갈아입힐 때만 송소영 집사 등이 협조했었다.

이렇게 하여 입관 예배를 드리고 입관식을 끝낸 것은 9시경이었다. 이로써 주일날 해야 할 모든 일을 성수주일하기 위해 토요일에 모두 끝냈던 것이다.

이와 같은 입관식 광경을 옆에서 물끄러미 지켜보고 있던 광조 군은 밖으로 나와 3월 31일 아버지를 면회했던 것을 회상했다. 3월 중순경 어머니가 면회 시 아버지로부터 "광조가 보고 싶으니 다음 면회 때는 데리고 오라"고 부탁해서 어머니는 미성년자인 광조가 면회가 되지 않으므로 광조를 데리고 와서 문 밖에 둘 터이니 문이 열릴 때 밖을 보도록 약속이 되었던 것이다.

그때 어머니를 따라 형무소 정문까지 따라간 광조는 4시 면회시간이 되자 어머니가 일부러 문을 활짝 젖히고 안으로 들어가는 순간 광조는 발돋움을 하고 면회장에 나와 계신 아버지를 보았다. 아버지는 깡말랐지만, 만면한 웃음을 띠우고 있었다. 광조 군은 자신도 모르게 꾸벅 아버지께 절을 했다. 이때 간수가 눈치를 채었는지 어머니더러 "왜 문을 닫지 않소!"라고 고함을 치면서 문을 쾅 닫아 버렸다.

광조가 고개를 들고 보니 문은 닫히고 아버지의 모습은 보이지 않았다. 광조는 차라리 절을 하지 않았더라면 좀 더 오래 아버지의 얼굴을 볼 수 있었을 텐데 하고 아쉬워했다. 결국 한 번 쳐다보고 고개 꾸벅하고 아버지의 웃는 얼굴을 보고 문이 쾅 닫힌 게 마지막으로 아버지 모습을 대했던 광경이었다. 이

▼ 주기철 목사의 장례식

1944년 4월 21일 금요일 오후 4시에 오정모 집사와의 마지막 면회를 한 후, 당일 저녁 9시 평양형무소에서 주기철 목사는 순교한다. 중앙에 어린 막내 광조를 중심으로, 왼쪽에 오정모 집사, 오른쪽에 셋째 영해와 장남 영진이 상주로 서 있다. 당시 일본에 피신 중이던 둘째 영만은 소식을 늦게 접하고 오지 못해 장례식에 참석조차 못했다.

런 일을 회상한 광조 군은 뭔가 커다란 것을 놓친 심정이었다.

이리하여 주일은 주 목사의 시신을 모신 안방 빈소에서 형사들의 눈을 피하여 문상하러 온 몇몇 교우들과 함께 주일 예배를 드린 후 월요일을 맞아 장례 준비에 나섰다.

주 목사의 장례는 오일장으로 했는데 그 이유는 아들들이 모두 흩어져 있었기 때문에 5일간의 여유를 만들기 위함이었다. 그러던 차 오후에 장남 영진 군이 도착하였다. 장례식 준비는 교우들과 친척들의 주선으로 착착 진행이 되었다. 현금 부조도 많았으나 대부분이 현물인 쌀을 비롯한 여러 가지로 부족함 없이 들어왔다. 부조 들어온 봉투는 오 집사가 들어오는 대로 변소에서 모두

없애 버렸다.

　혹시 교인들에게 화가 미칠까 봐서 그 근거를 소멸해 버리기 위함이었다. 후에 그 명단을 조사하려고 했으나 오 집사 혼자만이 알고 아무도 몰랐다. 25일이었다. 주 목사의 장례식장은 집에서 약 15미터 떨어진 서광중학교 정문 앞 도로 연변이었다. 산정현교회는 3년 전부터 폐쇄되었고 서광중학교 교정도 일경들의 감시 때문에 허락이 안되어 도로 연변을 택했던 것이다.

　아직까지도 오지 못 했던 3남 영해 군이 부산에서 밤차로 도착하였다. 오 집사는 입관식 후 아들들이 아버지의 모습을 마지막으로 볼 수 있도록 관에 못질을 하지 않았었다. 영해 군이 방에 들어서서 관을 열고 아버지의 모습을 마지막 보는 순간, 오 집사는 비로소 대성통곡을 하였다.

　지금까지 수감 이후 눈물의 흔적을 찾아볼 수 없었던 오 집사는 이때 마지막 보는 모습 앞에서 통곡했다. 항상 울음을 참아오던 오 집사는 영해의 애끓는 슬픔과 주위 친척들의 울음 소리가 높아감에 따라서 걷잡을 수 없이 흐느꼈다.

　이리하여 관에 못질을 하고 장례식장인 서광중학교 정문 앞으로 운구되었다.

　먼 데서는 성 밖을 비롯하여 가까이는 옥중 성도들을 중심으로 7백여 명의 조객들이 인산인해를 이루었다. 그 가운데는 불신자들도 있었고, 고등계 형사들도 엄중한 감시를 펴고 있었다.

　운집한 조객과 함께 엄숙한 가운데 예배를 마치고 거기서 25리나 떨어진 돌박산을 향하여 서서히 움직였다. 도중 구청 앞을 지날 무렵 도청 관리가 나타나서 "죄인의 장례식이 어찌 저렇게 어마어마한가?" 하면서 제지하라고 했다. 그러나 그 엄숙하고 위엄있는 장례 행렬을 그들의 사찰력으로도 감히 어쩔 수가 없었다. 실로 감격적인 장례 행렬은 평양의 중심가를 거쳐 어느덧 돌박산에 도착했다. 과연 장지인 돌박산은 그가 유언에 웅천 고향으로 가지 말고 이 돌박산에 묻어 달라는 의미 그대로 기독교인들이 잠들 묘지에 적합했다.

돌박산은 산봉우리가 우람한 돌들로 이루어져 있어서 돌박산이라 칭했던 것처럼 그 웅자가 마치 주위의 산들을 어거하는 듯 보였고 나무라고는 뒤편 소나무 숲이 울울하게 섰을 뿐 진달래만이 가득한 산이다.

그 진달래 꽃들이 마치 순교의 피를 상징하는 듯 붉게 온 산을 물들이고 있었다. 모두가 엄숙하고 경건되이 하관예배를 드리고 진달래 뿌리와 함께 타원형의 묘소가 이루어졌다. 이 장지는 이미 오 집사가 가족들의 장지를 위해서 백여 평을 준비해 두었던 것이다. 이리하여 순교자 주기철 목사는 49세를 향년으로 돌박산 진달래 밭에 고이 잠드셨다.

장례를 마친 그날 밤 고등계 형사대는 장례 인파에 소요되는 장례비 등의 명단을 입수하기 위해 오정모 사모를 위시한 유계준 장로, 양재연 집사 등 수 명을 평양경찰서로 연행해 갔다. 이때 집에 숨어 있던 장남 영진군만은 다행히 피하는 등 또 한 번 고난을 당하는 소동이 빚어졌다. 이러한 나날 속에 어린 광조 군은 아버지 떠난 묘소를 생각해서인지 진달래를 한아름 꺾어 집으로 가져와서 뒤뜰 항아리에 물을 채우고 진달래를 가꾸기 시작했다. 광조는 이 진달래를 잘 가꾸어서 아버지 묘소에 갈 때 심어 주려고 그 어린 마음에 정성을 다하였다. 그러던 어느 날 '아버지가 돌아가셨는데 꽃은 길러 무엇하느냐, 기도나 하라' 는 꾸중을 듣기도 했다고 한다.

◀ 오정모 집사 장례식
중앙에 막내 광조, 왼쪽으로 장남 영진, 오른쪽으로 큰며느리인 김덕성 사모다. 오정모 집사는 1947년 1월 27일 별세했고, 발인하기 전 평양 산정현교회 예배당 앞에서의 모습이다.

◀ 오정모 집사의 장례행렬

평양 산정현 교회당 앞에서 장지로 발인하기 직전의 모습. 오정모 집사는 주기철 목사가 7년 옥고를 치르는 동안, 일제의 탄압 속에서도 산정현교회 교우들을 심방하고 성경공부를 가르치며 양떼를 지켰다.

진달래가 필 때 가버린 사람의 뒤를 이어 1947년 1월 27일 오정모 집사도 갔고 장남 주영진 전도사는 아버지의 뒤를 이어 목회를 하다가 6·25가 나던 해에 31세의 젊은 나이로 순교했고, 또한 같은 출옥 동지인 최봉석 목사, 박관준 장로 등 여러 신앙 동지들이 주 목사의 순교를 전후로 순교의 꽃을 피웠다.

이처럼 하나님의 특별한 은혜인 "지금 이후로 주 안에서 죽는 자들은 복이 있도다"라는 말씀과 같이 장엄한 순교의 역사는 영원히 빛날 것이다. 우리도 그 뒤를 따라 순교적 각오로 살아야 할 것이다.

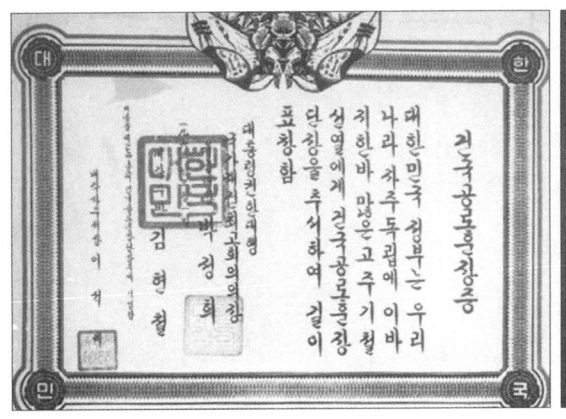

▲ 건국훈장

1963년 3월 1일 건국공로훈장(독립장) 수여. 대한민국 정부는 고 주기철 목사에게 건국공로훈장(독립장)을 수여하고 국가유공자로 추대했다.

▼ 국립묘지 내 세워진 주기철 목사의 묘

1963년도에 세워진 주기철 목사의 묘는 평양에 있으며, 현재 국립묘지에는 가묘가 있을 뿐이다.

하늘과 땅 사이에 다리를 놓아
성령은 늘 함께 빛을 발하고
골고다를 향하는 무거운 발길
주여!
그는 살고 싶었지만
어쩔 수 없는 제물이었습니다.
죽으면 살기 때문입니다.

그토록 긴 순간을
진달래 빛으로 태우는
햇살 넘치는 거기 환한 지역엔
고요로운 기도가 일렁이어 왔고
어둠으로 어둠으로

거센 행렬들은 기어오르고
허튼 산의 줄기마다
한마음이 우는데
그는 십자가 아래 무수한 밤들을
지새웠습니다.

밀물져 오는 그의 뒷모습도
저나 저런 푸른 후배들도
오직 한차례 되뇌고 싶은 것은
일사각오 일사각오
그것도 순교의 산 노래였습니다.

또 한 번
역사를 부러뜨리는 긴 순간을
계절이 익어가는 변두리에 서서
7년간의 옥고가 하늘 가는 길 같이
웅천에 피었던 진달래가
돌박산에도 필 무렵
천국문에서 만나자고
그는
가 버렸습니다.

| 순교자 주기철 목사 약력 |

1. 고 주기철 목사는 주후 1897년 11월 5일 경남 창원군 웅천면 북부리(慶南 昌元郡 熊川面 北部里)에서 부친 주현성(朱炫聲) 장로와 모친 조재선(曺在善) 여사 사이에 4남으로 태어나시다.
2. 8세시 웅천면 개통학교(熊川面 開通學校)에 입학하여 졸업 후에는 평북에 있는 민족의 지도자 이승훈(李昇薰) 장로께서 설립한 오산학교(五山學校)에 입학하여 1916년 20세시에 우수한 성적으로 졸업하셨고 다시 동년에 연희전문학교 상과(延禧專門學校 商科)에 입학하여 면학중 안질환(眼疾患)으로 부득이 중퇴를 피치 못하였으나 고향 웅천에 귀향하여 안질 치료 중에도 불철주야로 교남학회(嶠南學會)를 지도하시면서 청년운동에 여념이 없으셨다.
3. 뿐만 아니라 청년의 몸으로 교회에서 집사직을 맡아 봉사하던 중 한국이 낳은 대 부흥사이며, 신유(神悠)와 복음(福音)의 종 김익두(金益斗) 목사의 가화로 성직에의 소명과 사명감에 불붙어 1921년에 신학을 연구코자 뜻을 세워 평양신학교(平壤神學校)에 입학하시어 신학을 연마하였으니 이때로부터 복음의 사람 불굴의 신앙투사로 키움을 받은 것이다.
4. 목사님은 초취 안갑수(安甲守) 씨와 결혼하시었고, 1926년 봄에는 평양

신학을 제19회로 졸업하셨다.

5. 1926년 봄 신학졸업 후엔 곧 부산 초량교회(草梁敎會)의 위임 목사로서 처음 목회생활을 시작하셨으니 슬하에는 영진, 영만, 영해, 광조, 4형제를 둔 다복한 목사의 가정이었고, 목사님은 목회뿐만 아니라 진주 성경학교를 비롯하여 경남성경학원에서 성경 교수까지 담당하셨으니 유능 다재한 목사였다.

6. 1926년에서 1931년까지 즉 6년간 초량교회의 시무 중 일제의 신사참배(神社參拜) 문제에 대하여 단호히 참배 거절안을 경남 노회에 제출하여 투쟁하시니 이것이 목사님의 순교적 승리의 첫 공적 포고였으며 한국교회에 큰 경종이 울리기 시작한 것이다.

7. 1931년 9월 23일에는 경남 마산 문창교회(文昌敎會)에 부임하여 그곳에서 6년간 시무중 어린 광조를 둔 채 신앙의 봉조자인 부인께서는 먼저 천국으로 불리우셨고, 그 후 하나님께서 종을 도우실 배필을 다시 정하셨으니 평남 강서 태생이며, 평남 정의여학교(正義女學校)를 졸업하고, 마산 의신여학교(義信女學校) 교사인 오정모(吳貞模) 양과 1935년 여름에 재혼케 되었다.

8. 1936년 여름에 하나님께서 진리의 마지막 투쟁의 간성 평양 산정현교회(山亭峴敎會)로 목사님을 불러 주시었으니 신앙투쟁의 본거지가 된 것이다.

9. 산정현교회 당회는 주 목사님의 제안인 예배당 신축건을 만장일치로 결정하고 1937년 3월 7일 주일, 성도들이 합심하여 건축기금을 헌금하니 4만원으로 최시화(崔時和) 집사에게 청부하여 건축케 하였다. 2층 연와조 1,170평이었으며 총 공사비 4만 6천 원이었다.(당시로서는 거액의 공사비였다.)

10. 1937년 기공식을 거행하여 동년 9월 5일엔 건축공사가 준공되어 입당 예배를 보게 되니 예배당 내부 250평에 천여 명 교인을 수용할 수 있게 되었으며, 산정현교회는 1906년 1월 7일 창립 이후 최대의 부흥에 도달하였다.

11. 1938년 봄 평북노회가 신사참배(神社參拜)를 가결하니, 이로써 한국교회가 우상에게 무릎을 꿇은 첫 오점이 되었던 것이다. 의분에 참지 못한 신학생 장(長)은 평북 노회장 김일선(金一善) 목사의 신학졸업 기념식수를 평양신학교 교정원에서 찍어버렸는데, 이것이 주 목사님이 사주한 것이라 하여 평양경찰서에서는 주 목사님을 검속하게 되니 1938년 2월 8일 새 예배당 헌당식 일이었다. 검속하러 온 형사들에게 제직 대표가 사정사정하여 헌당식만은 주례한 후 검속을 집행케 하니 헌당식은 온 교인들의 눈물 속에서 거행되었다.

12. 1938년 2월 8일은 산정현교회 새 예배당 헌당일이요, 주 목사의 첫 검속일이다. 이때 벌써 교회 핍박의 선두에서 일제의 손발이었던 기독교 친목회(基督敎親睦會)와 혁신교단(革新敎團)이 날뛰기 시작한 때였다. 주 목사는 불법집단의 간부들을 찾아 충고하기를 수차나 하였다.(간부들의 명단은 약함)

13. 그 후 잠시 동안 석방되어 1938년 7월 김화식(金化湜) 이유택(李裕澤) 양 목사님과 더불어 한국교회를 위하여 평북 영변에 있는 묘향산(妙香山)에 입산 기도하였고, 다음은 몇몇 동지들과 평양 북방 약 20리 떨어진 대성산(大成山)에 입산하여 일주일간 금식 기도하면서 십자가 제단에 온전히 그 생명을 제물로 바칠 것을 다짐하였다. 산에서 내려오자 그때에 바로 일본에서 부전만(富田滿) 목사가 평양에 와서 평양의 전 교역자들을 산정현교회 하층에 소집하고 시국인식 강연회를 개최하였다. 기

독교 친목회 주최(基督敎親睦會主催)로 무장 경찰의 호위하에 부전만 목사는 풍부한 신학적 논리를 나열한 끝에 '신사참배는 성경적으로 죄가 되지 않는다'는 결론을 내렸다. 이때 주 목사는 분연히 일어나서 "부전만 목사님 모든 지식에 풍부하시며 더욱이 신학적 지식도 풍부하시나 성경을 너무 모르십니다. 신사에 절하는 것은 제1계명과 제2계명을 범하는 것인데 죄가 안 된다니 그 무슨 말씀이십니까!"라고 정중히 항의하였다. 그때 이유택(李裕澤)·김화식(金化湜) 목사님도 같이 반대하고 일어섰다. 부전만 목사는 아무 답변도 못한 채 뒷문으로 빠져나갔기 때문에 일본 아국인식 강연회는 중단되고 말았다.

14. 1938년 9월 조선 예수교장로회 제28회 총회는 평양서문(平壤西門)밖 예배당에 회집하여 천추의 한이며, 천인공노할 신사참배 안을 가결하여 한국교회 역사에 큰 오점을 찍고 말았던 것이다. 이 사건은 주 목사님을 본격적 신앙투쟁에로 재촉케 하였던 것이다.

15. 1939년 7월 유재기 목사의 농민 복음운동인 농우회사건(農牛會事件)의 혐의로 1939년 8월 18일에 주 목사님은 경북 의성 경찰서에 검속당해 압송되었다. 7개월간의 구속이 지나 아무런 혐의도 잡지 못했으나 신사참배 거절을 이유로써 대구로 이송되었으니 신앙투쟁에 가일층 괴로움은 더 하였다. 그러나 불굴의 그의 신앙 앞에서 경찰도 항복했음인지 주 목사님이 그대로 석방케 되어 평양으로 귀가하니 1940년 2월 첫 주일 아침이었다.

16. 목사님은 그날 마태복음 5장 11, 12절, 로마서 8장 31~39절을 본문으로 "다섯 가지의 나의 기도"란 제목의 설교는 주 목사님의 유언적 최후의 기도요 결사를 각오한 설교였으니 '첫째 죽음의 권세를 이기게, 둘째 장기간의 고난을 견디게, 셋째 노모와 처자를 부탁, 넷째 의에 살고 의에

죽도록, 다섯째 내 영혼 부탁의' 이러한 요지의 설교였다. 주 목사님의 가슴속에 순교적 신앙의 불길은 산정현교회의 온 교인들의 가슴에도 불타기 시작하였다.

17. 급기야 1940년 5월 산정현교회 시무사면(山亭峴敎會視務辭免)을 강요하는 일경의 압력이 평양노회를 통하여 또는 직접 가해졌으나 주 목사님은 끝까지 사면을 거절하였고, 산정현교회 당회도 끝까지 이에 응하지 않았다.

18. 1940년 6월부터 9월 총회를 앞둔 3, 4개월여 동안에 수십 명의 목사를 검거하므로 일대 암운(暗雲)이 교회를 온통 삼키는 듯하였다. 그 후 평양 노회장 최 목사는 주 목사님의 파면을 선언하였으나 산정현교회는 주 목사의 파면을 온 교인과 더불어 끝까지 항거하여 7인 장로도 파면을 당하기에 이르렀던 것이다. 평양노회는 7인 전권위원을 선정하여 산정현교회 사후 처리를 위임하였다.

19. 그해 4월 16일부터 1주간은 고난주간인데, 방계성(方啓聖) 장로(전도사)는 교인들 앞에서 남녀 집사 전원에게 1주간의 금식기도를 선포하면서 평양노회 전권위원 7인이 내 주일에는 예배를 주장하러 온다는 소식을 전하였다. 제직은 긴급회집하여 결사투쟁을 결의하였다. 4월 23일 부활절에 소위 평양노회 전권위원(平壤老會全權委員) 일행 7명이 산정현 교회당에 내도하여 예배를 인도하려고 성단에 오르려 함에 부인 집사들을 선두로 전 직원이 제지하니 경찰 호위하에 강제 등단한 저들은 최지화 사회, 장운경 설교, 심익현의 기도 등 순서로 김선한, 이인식 목사와 변○○, 김○○장로 합 7명 진행 중에 회중은 여기에 항거하여 양재연(梁在演) 집사 인도로 '내 주는 강한 성이요' 시편 찬송 204장을 계속 불렀다.

20. 그 당시 주 목사님은 평양경찰서(平壤警察署) 감방에 계셨다. 예배가 끝난 다음에도 교인들은 예배당을 떠나지 않고 기도하니 평양서 형사 80여 명이 동원되어 교인들을 예배당 밖으로 다 내어쫓고 장운경 목사가 형사와 같이 예배당에 지켜서 교인들을 못 들어오게 하고, 그날 밤 평양노회 7인 위원은 형사들과 같이 산정현 예배당에 못을 박았으니 이것이 첫 번 문의 닫침이다. 예배당 문이 닫힌 후 낮 예배는 채정민(蔡廷敏) 목사님 댁에서 채 목사님 인도로 유년들은 정낙선(鄭樂善) 집사 댁에서, 밤 예배는 이인재(李仁宰) 전도사 방에서 보았다.

21. 다시 평양노회는 그해 엄동설한에 구속 중인 주 목사님의 남은 가족들을 사택에서 축출하였으니 노모(老母)는 3일 3야를 물치간에서 지나며, 사모 오 집사님은 3일 3야를 유치장에서 금식 기도로 지새니 주 목사님의 가정은 신앙의 공동투쟁으로 목사님을 도왔다. 주 목사님 가족을 축출한 사택에는 주구(走狗) 세력들로 구성된 새 평양신학교(平壤神學校) 직원들 중 서무 고○○ 목사가 입주하였다.

22. 1940년 여름 마지막 검거 후 평양경찰서 제4호 감방실이 목사님의 항거하시는 방이 되었으나 급격한 안질환의 악화 및 폐와 심장의 약화는 포악한 일경(日警)의 고문과 함께 육신으로는 더 이상 견디지 못할 지경에 이르게 되었다.

23. 1942년에는 평양형무소(平壤刑務所)로 이감 되었고, 2년 후인 1944년 4월 13일에는 병감(病監)으로 옮겨지게 되었으니 주님께서 부르실 시간이 불원한 때였다. 1944년 4월 19일 오 집사의 면회는 마지막이 되었고, 1944년 4월 21일 밤 9시 30분 경 49세를 일기로 백절불굴의 신앙의 투사는 6, 7차의 구속과 7년간의 옥중 투쟁을 끝으로 주의 품에 안기시어 순교의 제물이 되었다.

24. 왜경의 방해에도 불구하고 7백여 명 성도들의 손으로 장례식이 거행되었으니 지금 그 육(肉)은 평양북방(平壤北方) 돌박산 평양노회 묘지에 묻히셨고 영(靈)은 보좌 앞 순교 성도들의 반열에 계시다.
25. 8·15의 민족해방은 같이 옥중에서 투쟁하시다 나오신 출옥 성도 방계성 목사(장로)로 하여금 순교제단(殉敎祭壇)을 지키게 했으며 1947년 1월 27일은 정모(吳貞模) 사모님께서 목사님의 뒤를 따라가셨으니, 드디어 장남 주영진(朱寧震) 전도사도 장현교회(長峴敎會)를 시무하다가 공산도당들에게 순교 당하였고, 남은 유족은 영만(寧萬)과 영해(寧海) 그리고 광조(光朝) 3형제이다.

〈기념 준비위원회 엮음〉

| 항일독립운동가 주기철 목사 기념관 |
Minister Ju Gi-cheol Memorial Hall

위　　치　경남 창원시 진해구 웅천동로 174
전화번호　055-545-0330
이용시간　평일~토요일 09:00~18:00 (일요일 휴관)

◀ ▼ 기념관 전경과 입구

▲ 제1전시실
주기철 목사님 흉상

▲ 기념관 제1전시실 입구 모습

▲ 벽면 전시 사진들

▲ 주기철 목사님 '일사각오' 설교 모형

▲ 항일운동 현장복원 모형

▲ 제2전시실

▲ 한국 기독교 순교자

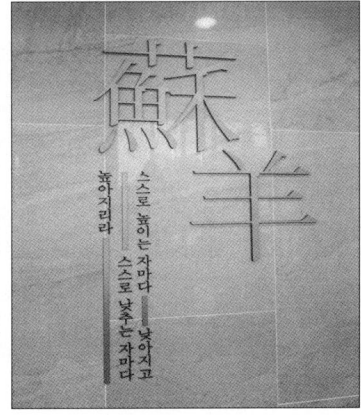
▲ 벽면에 쓰여진 '소양'

진달래 필 때 가버린 사람
순교자 주기철 목사 생애

초판발행	1970년 03월 02일
5쇄(수정발행)	2001년 08월 25일
13쇄(수정발행)	2016년 04월 11일

지은이	김충남
펴낸이	장현덕
편집디자인	박소린
펴낸곳	Grace 은혜출판사 (Grace Publisher)

주소 서울특별시 종로구 종로 65길 12-10
전화 (02) 744-4029 팩스 744-6578
출판등록 제 1-618호(1988. 1. 7)

ⓒ 2016 Grace Publisher, Printed in Korea
ISBN 978-89-7917-975-0   03230

본 도서에 수록된 사진 자료는 저자 김충남 목사님과 주기철 목사 기념관에서 제공하였습니다.
이 출판물은 저작권법에 의해 보호를 받는 저작물이므로 무단 전재와 무단 복제를 할 수 없습니다.

국립중앙도서관 출판예정도서목록(CIP)

진달래 필 때 가버린 사람 : 순교자 주기철 목사 생애 / 지은이: 김충남. — 서울 : Grace 은혜출판사, 2001 (2016 13 쇄)
  p. ;   cm

ISBN 978-89-7917-975-0 03230 : ₩13000

목사(성직자) [牧師]
전기(인물) [傳記]

230.99-KDC6
230.092-DDC23   CIP2016008828